LES MEILLEURS
CONTES FANTASTIQUES
QUÉBÉCOIS
DU XIXe SIÈCLE

LES MEILLEURS CONTES FANTASTIQUES QUÉBÉCOIS DU XIXᵉ SIÈCLE

Troisième édition

*Introduction et choix de textes
par Aurélien Boivin*

FIDES

Données de catalogage avant publication (Canada)

Vedette principale au titre :
Les meilleurs contes fantastiques québécois du XIXe siècle
Publ. antérieurement sous le titre : Le conte fantastique québécois au XIXe siècle, 1987.
Publ. à l'origine dans la coll. : Bibliothèque québécoise.
Comprend des réf. bibliogr.

ISBN 2-7621-2330-5

1. Contes - Québec (Province). 2. Canadiens français - Québec (Province) - Folklore.
3. Roman fantastique canadien-français - Québec (Province). 4. Nouvelles canadiennes-françaises - Québec (Province).
5. Roman canadien - français - XIXe siècle. I. Boivin, Aurélien. II. Titre : Conte fantastique québécois au XIXe siècle.

PS8323.S97C66 2001   C843'.087660803   C2001-941670-9
PS9323.S97C66 2001   PQ3916.C66 2001

Dépôt légal : 4e trimestre 2001
Bibliothèque nationale du Québec
© Éditions Fides, 2001.

Les Éditions Fides remercient le ministère du Patrimoine canadien du soutien qui
leur est accordé dans le cadre du Programme d'aide au développement de l'industrie
de l'édition. Les Éditions Fides remercient également le Conseil des Arts du Canada
et la Société de développement des entreprises culturelles du Québec (SODEC).
Les Éditions Fides bénéficient du Programme de crédit d'impôt pour
l'édition de livres du Gouvernement du Québec, géré par la SODEC.

IMPRIMÉ AU CANADA

Le conte fantastique au XIXe siècle : essai de classification

Le XIXe siècle québécois n'a pas fini de nous étonner. Des travaux d'envergure, comme l'édition du *Dictionnaire des œuvres littéraires du Québec* où une équipe de chercheurs de l'Université Laval s'applique, depuis 1971, à faire une lecture systématique et globale — peut-être la première — de la littérature québécoise depuis les origines jusqu'à nos jours, ont permis de jeter un nouvel éclairage sur notre production littéraire, de réfuter certaines théories, de corriger certains jugements, de formuler de nouvelles hypothèses, voire de proposer de nouvelles interprétations... Si certaines œuvres ont ainsi pu être réévaluées, un genre, le conte, qui faisait pourtant figure de parent pauvre aux yeux de plusieurs, à côté de l'immense popularité du conte oral, dans une société toute traditionnelle, s'était pourtant développé, parallèlement au roman et à la littérature officielle, et s'avère aujourd'hui d'une richesse insoupçonnée comme en témoigne la bibliographie que nous avons publiée chez Fides, en 1975 [1]. Contrairement au roman, qui a

---

1. Aurélien Boivin, *Le conte littéraire québécois au XIXe siècle. Essai de bibliographie critique et analytique*, Montréal, Fides, 1975, xxxviii-385 p. On pourra se reporter à cette bibliographie pour trouver les références à plusieurs contes cités dans cette étude.

mis du temps à gagner ses lettres de noblesse après avoir été
boudé par plusieurs intellectuels, tel Étienne Parent, le conte
a échappé aux jugements sévères car on l'a toujours considéré
comme un divertissement sain, sans danger pour l'âme et pour
l'esprit. De plus, par sa longueur, il convenait mieux à une
société encore largement analphabétisée. Son succès s'explique
aussi par la situation géographique du Québec et par le climat
qui y prévaut, en certaines saisons. Privés d'agences de nouvelles, les rédacteurs de journaux du XIXe siècle ont souvent recours aux feuilletons pour remplir leurs colonnes. Surtout
pendant les longues saisons d'hiver, alors que les bateaux, en
raison des glaces, fuient les ports du Saint-Laurent. C'est donc
souvent par le conte publié dans quelque journal, quotidien
ou hebdomadaire que plusieurs de nos auteurs abordent la
littérature.

Ces contes répertoriés dans les périodiques du XIXe siècle,
nous les avons déjà regroupés en trois grandes catégories[2] : les
contes *surnaturels*, qui lorgnent souvent du côté du fantastique,
les contes *anecdotiques* et les contes *historiques*.

Pour nous attarder uniquement aux premiers, les plus
connus et les meilleurs, qui relèvent tous du fantastique et qui
en respectent toutes les lois, réglons rapidement le sort des
contes anecdotiques. Ils s'apparentent à la nouvelle parce qu'ils
sont réalistes, vraisemblables, et sont l'apanage des gens culti-
vés. Le conteur rapporte un événement réel qu'il puise dans sa
vie ou dans celle d'un proche, se remémore un souvenir,
décrit une scène de mœurs, telles une épluchette de blé d'Inde,
une noce campagnarde, la montée dans les chantiers, le
réveillon de Noël, la veillée du Jour de l'An ou du Mardi gras.
Fidèle à l'idéologie officielle, le conteur condamne l'exil aux
États-Unis, la désertion des campagnes, l'ivrognerie, vante les

---

2. *Id.*, « La thématique du conte littéraire québécois au XIXe siècle », *Québec
français*, n° 20 (décembre 1975), p. 22-24.

mérites de l'agriculturisme et loue les bienfaits et les joies de la famille, qui grandit à l'ombre du clocher paroissial, sous la tutelle d'un clergé omniprésent, tout-puissant. La majorité des récits de cette catégorie font donc partie intégrante de cette littérature à thèse ou terroiriste, qui s'éternise jusqu'à la Deuxième Guerre mondiale et dont *Trente arpents* de Ringuet et *Le Survenant* de Germaine Guèvremont sonnent le glas.

Les contes historiques, de leur côté, privilégient les hauts faits d'armes, les glorieux exploits de certains héros connus, tels Chénier, Salaberry, Montcalm, sans oublier l'héroïne Madeleine de Verchères, ou inconnus, tels Louis Bois, dit le Balafré, terreur des Anglais sur la Côte de Beaupré, ou Madeleine Bouvart, l'héroïne de Faucher de Saint-Maurice, responsable de l'échec de Montgomery et d'Arnold, lors du siège de Québec, ou Marie Berthelet, cette héroïne d'Henri-Émile Chevalier, qui parvient, par la ruse, à prévenir le général Salaberry et à assurer la victoire des troupes canadiennes lors de la Guerre de 1812-1813. Tous ces contes se développent d'ailleurs autour des grandes dates de l'histoire canadienne : 1755, 1760, 1775, 1812, 1837-1838, 1855...

Beaucoup plus intéressants sont les contes de la première catégorie que nous avons appelés surnaturels mais qui n'en sont pas moins fantastiques pour autant. Ils regroupent tous les récits de notre corpus où se manifeste un être ou un phénomène surnaturel quelconque, vrai ou faux, accepté ou expliqué. Ces contes, que nous tenterons de regrouper selon les êtres étranges qui s'y manifestent, s'apparentent, faut-il le préciser, à la légende. S'ils sont situés dans l'espace et dans le temps, ils sont encore, à des degrés divers, objets de croyance. La légende n'est-elle pas, de par sa définition, un récit basé sur un fait réel, déformé par la tradition, mettant en scène des êtres étranges, le diable et ses suppôts, diablotins ou sorciers, les loups-garous, les feux follets et autres bêtes mystérieuses (bête à grand-queue, à sept-têtes, hère, lutins...), les revenants et les fantômes. Autant de personnages effrayants dont le but est de provoquer la peur et qui ne sont pas étrangers à la pratique du culte. Les conteurs du xixe siècle empruntent donc pour la plupart à la légende bon nombre de leurs sujets. Chacun veut faire sienne, à ce qu'il semble, la célèbre phrase de Charles Nodier : «Hâtons-nous de raconter les délicieuses histoires du peuple avant qu'il ne les ait oubliées», phrase qui devient, à la suggestion de l'abbé Henri-Raymond Casgrain, le mot d'ordre des *Soirées canadiennes* en 1861 et qui aurait dû se lire : «Hâtons-nous d'écouter les histoires du peuple avant qu'il ne les ait oubliées», comme le rapporte Luc Lacourcière (dans *Les Cahiers des Dix*, n° 32), en 1967.

Ainsi le conte surnaturel écrit du xixe siècle repose presque essentiellement sur des récits oraux antérieurs, que les écrivains «intellectuels» vont fixer dans l'écriture. L'abbé Casgrain prêche d'exemple quand il publie, en 1861, ses *Légendes canadiennes* dont seulement une des trois, à proprement parler, mérite le titre de légende véritable parce qu'elle est basée sur la croyance populaire en la Jongleuse, sorte de sorcière indienne, mi-humaine, mi-esprit, qui terrorise les habitants de Rivière-Ouelle et de toute la région de Kamouraska car elle tente de s'emparer des enfants des Visages-Pâles et de les entraîner dans son royaume[3]. Le fils de Madame Houel lui échappe de justesse quand il se rend, avec sa mère, au chevet de son père blessé. Depuis l'apparition de cette lueur, les bords du fleuve sont à jamais lugubres. Quant au «Tableau de la Rivière-Ouelle», autre légende du recueil, dans lequel la Vierge sauve la vie à un jeune soldat qui a fait la promesse d'offrir un ex-voto à la première église visitée s'il parvient à échapper à la mort qui le guette, on pourrait le considérer

---

3. Henri-Raymond CASGRAIN, *Œuvres complètes*, Québec, Typographie de C. Darveau, 1875, vol. I, p. 34-54. Cette légende est intitulée «La Jongleuse. Légende canadienne».

comme relevant de l'imagination populaire si Casgrain ne prétendait pas se trouver devant des faits historiques contrôlés par lui. Un peu comme s'il avait voulu détruire le fantastique! C'est le premier recueil du genre publié au Québec.

Philippe Aubert de Gaspé (le fils), aidé du père, semble-t-il, n'avait cependant pas attendu le mot d'ordre des *Soirées canadiennes* pour interrompre l'intrigue de son roman *L'influence d'un livre* afin de raconter un conte de diablerie, la légende du diable au bal (ou du diable à la danse) qu'il a intitulée «L'étranger». C'est la légende de Rose Latulipe que Jean Du Berger[4] a suivie à la trace, dans la tradition orale du Canada français. Cette légende, fort populaire chez nous et l'une des plus répandues — Du Berger en a recueilli plus de 500 versions —, rapporte qu'un étranger, le soir du Mardi gras, surgit tout à coup, tard en soirée, dans un fracas d'enfer. À minuit, comme c'est la coutume, le père veut interrompre la danse. Rose, la jeune fille de la maison, insiste toutefois pour poursuivre les réjouissances et promet son amour au bel étranger richement vêtu de velours noir, «galonné sur tous les sens», qui lui a fait une cour assidue depuis son arrivée, malgré les protestations de la grand-mère égrenant son chapelet dans un coin de la pièce. Le gracieux danseur, les mains toujours gantées et la tête coiffée d'un immense chapeau pointu, remet alors à la jeune fille un magnifique collier de perles. Peu de temps après avoir conclu le pacte, la jeune écervelée, coupable, s'évanouit, brûlée au cou par le collier, devenu un véritable charbon ardent. Le curé, prévenu miraculeusement, accourt aussitôt, l'étole au cou, et somme Satan — car c'était bien lui qui se cachait sous les traits du gracieux jeune homme — de déguerpir. Le visiteur obéit aussitôt à l'ordre énoncé et dispa-

---

4. Cette thèse de Jean Du Berger doit bientôt paraître aux Presses de l'Université Laval dans la collection «Ethnologie de l'Amérique française» que dirige Jean-Claude Dupont.

raît en laissant derrière lui une forte odeur de soufre. Quant à
la pauvre jeune fille, elle entre au couvent pour expier sa faute.
Car toute transgression entraîne obligatoirement une punition,
toute faute nécessite, à coup sûr, réparation. L'ordre perturbé
du monde doit être rétabli pour préserver la morale traditionnelle. Parfois, dans d'autres versions moins réussies parce que
le conteur, moins chevronné, néglige trop de détails, la jeune
fille paie de sa vie son court moment d'égarement. C'est le cas,
par exemple, de l'héroïne de Charles Laberge dans «Conte
populaire[5]», de celle de Joseph-Ferdinand Morisette («Le diable au bal[6]») — l'interdit ici n'est pas tant d'avoir dansé que
d'avoir porté une robe immodeste à un bal — et celle de
Louvigny de Montigny, dans «Le rigodon du diable[7]», dans
lequel tous les invités au bal du Mardi gras sont précipités par
le diable au fond d'un lac pour avoir dansé «sur le Mercredi
des cendres», donc en plein carême. Mais toujours le diable
s'enfuit en laissant une forte odeur de brûlé ou en emportant
un pan de mur de la maison puisqu'il ne peut passer par la
porte, souvent surplombée d'un crucifix ou de la croix de
tempérance. Il réduit même en cendres la maison de Colette,
une héroïne de Charles-Marie Ducharme[8], qui a fait le vœu
d'épouser le diable plutôt que de coiffer sainte Catherine. Au
milieu de la somptueuse soirée, elle est emportée sur un trône
par un étranger «tout de rouge habillé», les yeux flamboyants,
doté de deux cornes et d'une queue velue, et qui convie les
damnés à la noce.

---

5. Charles LABERGE, «Conte populaire», dans *L'Avenir*, 19 février 1848, p. 1.

6. J.-Ferdinand MORISSETTE, «Le diable au bal», dans *Au coin du feu*,
Montréal, Imprimerie Piché, 1883, p. 21-31.

7. LOUVIGNY DE MONTIGNY, «Le rigodon du diable», *La Presse*, 22 février
1898, p. 5.

8. Charles-Marie DUCHARME, «À la Sainte-Catherine», dans *Ris et croquis*,
Montréal, C.-O. Beauchemin, 1889, p. 271-280.

Le diable, bien sûr, dans une société profondément religieuse, est, de loin, le personnage surnaturel qui se manifeste le plus souvent dans le conte au XIXᵉ siècle. Il symbolise le combat (éternel?) entre les forces du Mal et les forces du Bien. Satan, ange déchu, a profondément marqué l'imaginaire québécois et a contribué largement à revaloriser l'image du clergé. Le combat, dans le conte, ne s'engage plus entre deux êtres surnaturels, le diable et un ange, envoyé de Dieu pour le combattre, mais bien entre lui et le curé, qui atteint, dans l'imaginaire populaire, au monde surnaturel, sur un pied d'égalité avec l'ange envoyé de Dieu. Le curé est donc bien l'envoyé de Dieu en mission sur la terre pour lutter contre l'esprit tentateur et sauver des flammes éternelles tous les paroissiens qui lui sont confiés et qu'il doit rendre meilleurs. C'est le curé qui sauve *in extremis* Rose Latulipe d'une mort et d'une condamnation presque certaines. De même que Corinne, l'héroïne d'Armand de Haerne, qui a dansé le dimanche. C'est encore lui qui lutte à bras-le-corps avec le diable, en pleine nuit, et le met en fuite dans «Le revenant de Gentilly» de Louis Fréchette[9]. C'est le curé qui exorcise la maison de la veuve Bernier que l'on dit hantée dans «Le sorcier de Saint-Ferdinand[10]», du même auteur, et qui chasse, par son pouvoir reçu de Dieu, l'esprit du mal.

Que ce soit dans les contes de diablerie ou de sorcellerie, le diable, peu importe la forme qu'il emprunte, doit effrayer. Ce ressort du fantastique, les conteurs du XIXᵉ siècle l'ont bien compris qui le présentent toujours sous une forme hideuse, à un moment ou l'autre de la narration. Toujours il survient dans un bruit infernal et disparaît de la même façon en semant la panique dans l'assemblée. Relisons un court passage du

---

9. Voir *Contes II. Masques et fantômes* de Louis FRÉCHETTE. La description de ce recueil et de tous les autres est fournie en bibliographie générale, à la fin.

10. *Ibid.*

«Conte populaire» de Charles Laberge, alors que le joueur de violon démasque le diable:

> *Impossible de peindre la frayeur, le trouble, la confusion; portes et châssis, tout vole en éclats sous les coups des fuyards; des cris déchirants se font entendre de tous côtés. Il n'y a pas assez d'ouvertures pour recevoir tout le monde qui se heurte, se presse, s'étouffe. Les lambeaux de gilets et de robes restent accrochés aux portes et aux châssis. Les blessures, les meurtrissures font pousser des gémissements. À droite, à gauche, les jeunes filles tombent évanouies. Les plus alertes fuient à toutes jambes, en criant partout: le diable! le diable! et réveillent tout le village avec ces lugubres mots[11].*

Même climat de peur, voire de panique parmi les invités de la fête populaire donnée par Colette dans «À la Sainte Catherine» de Charles-Marie Ducharme:

> *Au dernier coup de cadran (minuit), un grand tumulte se fit dans la salle. Les massifs se mirent en mouvement et joignirent la danse; les marguerites et les boutons d'or de la voûte qui semblait maintenant embrasée tombèrent comme une pluie de feu; les lumières, jusque-là si étincelantes et si blanches, prirent les teintes d'un brasier [...]*
>
> *On dansait, dansait toujours, de plus en plus vite, et, malgré la frayeur des invités qui auraient voulu se voir à cent lieues, personne ne put quitter le tourbillon rapide qui entraînait les couples malgré eux [...] Puis on vit les massifs se réunir et entourer Colette[12].*

À la vue du diable, bien assis sur un trône, «les invités se signèrent et aussitôt une vigoureuse poussée les envoya rouler pêle-mêle dans la neige et l'on entendit une voix caverneuse proférer [des] mots épouvantables». Parfois même un person-

---

11. Voir note 5.
12. Voir note 8.

nage est giflé, battu, piqué par le diable, ce qui n'a pas lieu de rassurer ni la victime, ni son entourage immédiat. Mais rarement le diable n'a le dernier mot. Tantôt le curé l'affronte et le bat sur son propre terrain, c'est-à-dire dans un lieu de perdition, parce qu'on a désobéi, tantôt il obtient d'un envoyé céleste (la Vierge, par exemple) la permission de s'en servir, sous la forme d'un cheval noir, pour construire son église en lui faisant transporter les pierres nécessaires à son édification. Le Malin se fait encore berner de belle façon dans la plupart des pactes qu'il conclut avec un chrétien. C'est ainsi qu'il n'aura pas l'âme de la mère Richard, dans «Les trois diables» de Paul Stevens[13], parce que le cordonnier, le mari de l'alcoolique, le fait tant souffrir, lui et ses suppôts, qu'il obtient des trois frères, tous aussi diables les uns que les autres, non seulement l'âme de sa femme mais celles de cent autres damnés qu'il transporte au ciel... Et toujours les voyageurs de chasse-galerie[14] arrivent sains et saufs au campement après être allés danser avec leurs «blondes» dans tel ou tel village, grâce à un pacte conclu avec le diable qui les a transportés dans un canot volant en échange de leur âme de chrétien. Rares sont les personnages qui, à l'ultime moment, ne parviennent pas à l'éloigner en l'adjurant «au nom du Dieu vivant de partir s'il ne venait pas de la part de Dieu». C'est ainsi, par exemple, que Rodrigue-Bras-de-Fer échappe à l'emprise du diable, dans son île où on l'a abandonné[15]. Un personnage a beau être mauvais, il y a toujours enfoui quelque part, dans son for intérieur, quelque trace de bonté qui, à la fin, lui sauve la vie, l'éloigne du diable et le protège de la damnation éternelle.

Parfois, cette bonté peut provenir d'un autre personnage, un allié, dont le rôle est de contrecarrer les projets du diable qui prend la forme d'animaux dans les contes de loups-garous

---

13. Paul Stevens, *Contes populaires*, Ottawa, C.-E. Desbarats, 1867, p. 51-65.
14. Voir *La chasse-galerie* d'Honoré Beaugrand.
15. Voir *L'influence d'un livre* de Philippe Aubert de Gaspé (fils).

et de bêtes mystérieuses. Ces contes sont encore reliés à la pratique du culte et aux préceptes de la religion catholique. Un loup-garou, c'est un mécréant qui n'a pas fait ses pâques depuis sept ans et qui, de ce fait, est condamné par Satan à prendre, tous les soirs, non pas à l'heure qu'on appelle «entre chien et loup», mais à l'heure où il fait bien noir, la forme d'un animal. Selon d'autres versions, il s'agit d'un chrétien ainsi condamné pour avoir refusé de payer sa dîme, de s'être moqué du curé ou de la quête ou, encore, d'avoir négligé d'assister à la messe de minuit, et forcé de ce fait de courir la galipote avec ses semblables, également possédés du démon, sous la forme d'un chien, d'un loup ou d'un cheval, le plus souvent, ou de toute autre bête, mais jamais sous la forme d'une brebis, par respect pour l'agneau de Dieu.

Ces contes doivent également faire peur. Tantôt l'homme métamorphosé se présente, devant les hommes, sous les traits d'«une bête de la taille d'un gros chien, mais plus élancée [...]. Elle [est] noire avec des yeux rouges, flamboyants qui éclairent comme des lanternes, des "pattes velues" et un "museau pointu" d'où s'exhal[e] un souffle brûlant.» Le conteur de Beaugrand qui en a vu plusieurs est tout à fait convaincu «qu'un homme qui court le loup-garou a la couenne comme une peau de loup revirée à l'envers, avec le poil en dedans[16]». Jos Violon, un conteur incapable de mentir, «sauf vot' respect», décrit ainsi la métamorphose du mécréant Hubert Sauvageau : «Un grand chien noir, de la taille d'un homme, avec des crocs longs comme le doigt, assis sus son derrière et qui regardait Joachim Crète avec des yeux étincelants comme des tisons[17].» La tradition enseigne bien des moyens de se débarrasser d'un loup-garou et, surtout, de délivrer son âme.

---

16. Voir «Le loup-garou», dans *La chasse-galerie* d'Honoré BEAUGRAND, p. 33-42.
17. Voir «Le loup-garou», dans *La Noël au Canada* de Louis FRÉCHETTE, p. 147-158.

Le plus sûr, c'est de lui faire face avec un couteau et de lui tracer une croix sur le front lavé par l'eau baptismale, pour que le sang coule. Ce geste est un geste de rédemption : le pécheur reprend alors sa forme humaine et court se confesser et communier. Il ne faut surtout pas se servir d'un fusil, qui risque de provoquer la mort et donc la damnation éternelle.

Les feux follets, communément appelés *fi-follets*, sont des âmes en peine qui errent la nuit dans la campagne, le plus souvent près des marais, en attendant leur délivrance. Ce sont des âmes de pécheurs morts sans avoir fait leurs pâques pendant quatorze ans, soit deux fois sept ans. Selon les uns, ces êtres sont envoyés sur la terre pour faire pénitence et obtenir le pardon de leurs fautes, mais ils en profitent pour faire le mal. Pour d'autres, tel le cocher Napoléon Fricot, «ils ne sont point, comme le croient les gens qui ne connaissent pas mieux, des âmes de trépassés en quête de prières». Bien au contraire :

> *Ce sont des âmes de vivants [...] qui quittent leur corps pour aller rôder, la nuit, au service du Méchant. Quand un chrétien a été sept ans sans faire ses pâques, il court le loup-garou, chacun sait ça. Eh ben, quand il y a quatorze ans, il devient* fi-follet. *Il est condamné par Satan à égarer les passants attardés. Il entraîne les voitures dans les ornières, pousse les chevaux en bas des ponts, attire les gens à pied dans les fondrières, les trous, les cloaques, n'importe où pourvu qu'il leur arrive malheur* [18].

Heureusement qu'on a découvert des moyens sûrs de se débarrasser de ces petits êtres malcommodes et fort dangereux. Il suffit de fixer un canif entrouvert sur un pieu de clôture ou d'introduire une aiguille dans une pièce de bois. Les feux follets s'amusent alors à passer et à repasser sous la lame du couteau ou dans le chas de l'aiguille, ce qui donne le temps au voyageur de s'éloigner de ces êtres phosphorescents.

---

18. Voir «Les mangeurs de grenouilles», dans *Contes II. Masques et fantômes* de Fréchette, p. 123-133.

Ajoutons que Fanfan Lazette, un héros de Beaugrand, a rencontré la bête à grand-queue[19] parce qu'il s'est plu, pendant sept années consécutives, uniquement par fanfaronnade, à «faire des pâques de renard», c'est-à-dire «après la période de rigueur», donc en dehors du temps prescrit par l'Église, alors que «tous les fidèles s'étaient mis en règle avec les commandements de l'Église». Il l'a croisée, une nuit, sur le pont de la rivière Dautraye, non loin de Lanoraie, cette bête dont les «deux grands yeux [...] brillaient comme des tisons» et qui «pouss[ait] un hurlement de bête-à-sept-têtes en se battant les flancs d'une queue rouge de six pieds de long», «une queue rouge écarlate; une vraie queue de possédé». S'il a pu sortir vainqueur du féroce combat qu'il livra à la hideuse bête, c'est que, d'abord, il a promis au bon Dieu d'accomplir ses devoirs religieux dans le temps prescrit par l'Église, soit avant le dimanche de la Quasimodo, ensuite parce qu'il a réussi à couper la queue du monstre, «au ras du trognon», avec son couteau à ressort... Mais Fanfan Lazette fut accusé, quelques jours plus tard, d'avoir coupé la queue enduite de peinture d'un taureau et d'avoir provoqué sa mort d'une manière illégale. Et il fut condamné à «faire ses pâques dans les conditions voulues par notre Sainte Mère l'Église».

De tels récits, auxquels il faut ajouter ceux qui mettent en scène les lutins, genres de «petits bouts d'hommes de dix-huit pouces de haut, avec rien qu'un œil dans le milieu du front, le nez comme une noisette, une bouche de ouaouaron fendue jusqu'aux oreilles, des bras pis des pieds de crapauds, avec des bedaines comme des tomates et de grands chapeaux pointus qui les font r'sembler à des champignons de printemps[20]», selon Jos Violon, et qui s'amusent la nuit à fatiguer les chevaux, en courant la galipote et en tressant leur crinière et leur

---

19. Voir «La bête à grand'queue», dans *La chasse-galerie* d'Honoré BEAU-GRAND, p. 43-54.

20. Voir «Les lutins», dans *Contes II. Masques et fantômes*, p. 303-312.

queue tellement serrées que l'on a toutes les misères du monde à les dénouer, ces contes, dis-je, ne sont guère plus populaires auprès des jeunes Québécois d'aujourd'hui. Parce qu'ils ignorent tout de la société traditionnelle, accoutumés qu'ils sont aux héros interplanétaires. Ensuite parce que la religion catholique a bien évolué aussi. Le diable qui a fait tant peur à des générations d'écoliers québécois a été remplacé par un Dieu qui est amour et miséricorde. Plusieurs écoliers fréquentant les écoles primaires du Québec ignorent jusqu'à l'existence du diable. Ils ne connaissent pas non plus les expressions clés des légendes : «faire ses pâques», «faire des pâques de renard», de sorte qu'ils ne comprennent pas les manifestations. Et les loups-garous, feux follets, bêtes à grand-queue, voire le diable les laissent bien indifférents. Il faudra réinventer des légendes qui répondront à leur propre imaginaire et qui seront étrangères à une pratique démodée (mais vraiment démodée) de la religion.

Quant aux contes de revenants et de fantômes, ils sont plus populaires auprès des jeunes Québécois, même s'ils ont encore, pour la plupart, partie liée au culte et s'ils empruntent des formes autres que celles qu'on veut bien leur prêter au XIXe siècle. Ces êtres mystérieux se manifestent le plus souvent dans la nuit des Morts, soit dans la nuit du 1er au 2 novembre. Ils sont, pour la plupart, comme celui qui est mis en scène par Beaugrand dans «Le fantôme de l'avare [21]», condamnés à revenir sur la terre pour racheter une faute commise avant leur mort : pour avoir refusé l'hospitalité à un voyageur en détresse mort gelé, privé des secours de la religion ; pour avoir eu des mauvaises pensées en disant sa messe, un prêtre doit revenir, chaque nuit des Morts, chanter cette messe mais il n'y a pas de servant pour répondre aux prières au bas de l'autel [22]. Il

---

21. Voir «Le fantôme de l'avare», dans *La chasse-galerie* d'Honoré BEAU-GRAND, p. 83-92.

22. Voir «La messe du revenant», dans *Contes II. Masques et fantômes* de FRÉCHETTE, p. 56-62.

faudra parfois plusieurs années avant qu'un voyageur en détresse frappe à nouveau à la porte ou qu'un servant accepte de répondre aux prières du curé sans tête. Quant à celui que met en scène Aubert de Gaspé dans la «Légende du père Romain Chouinard[23]», et à qui La Fine enlève, un soir, son bonnet carré, il a été condamné, selon la confession qu'il fait à Hippolite, à revenir sur la terre pendant trente ans, avec son bonnet, pour avoir profané une leçon de catéchisme en l'absence du curé dont il avait revêtu le surplis et le bonnet. Il quittera le purgatoire et atteindra le Royaume céleste si La Fine lui remet le bonnet carré qu'elle lui a dérobé justement lors de sa toute dernière visite. Il sera d'une extrême politesse et d'une grande gentillesse en remettant même au fiancé une potion magique pour sauver sa future femme condamnée par les médecins.

D'autres revenants, que l'on associe davantage aux fantômes, reviennent sur la terre pour remettre à leur propriétaire une somme d'argent due ou un objet emprunté. C'est la légende du «Débiteur fidèle», tel que la rapporte Louis-Auguste Olivier en 1845[24] et que reprendra Faucher de Saint-Maurice sous le titre «le Fantôme de la roche», dans *À la brunante. Contes et récits*. Et l'argent que Joseph Lapointe reçoit d'un débiteur mort lui servira à faire chanter des messes pour le repos de son âme, comme le rapporte J.-Ferdinand Morissette dans «L'argent du purgatoire[25]». D'autre part, c'est un objet, un gobelet d'argent, que rapporte le père Ambroise Rouillard au seigneur de Trois-Pistoles, après s'être noyé dans le fleuve en se rendant à Rimouski. Le lendemain de la noyade, raconte le père Michel, dans «Le passage des murailles», une légende

---

23. Voir *Mémoires* d'Aubert de Gaspé (père), Ottawa, G.-E. Desbarats, 1866, 563 p.

24. Louis-Auguste Olivier, «Le débiteur fidèle», *Le répertoire national* de James Huston, Montréal, J.-M. Valois, 1893, vol. III, p. 256-265.

25. J.-Ferdinand Morissette, «L'argent du purgatoire», dans *Au coin du feu*, Montréal, Imprimerie Piché, 1883, p. 15-19.

de *Forestiers et voyageurs* de Joseph-Charles Taché, l'épouse du seigneur découvre le gobelet à l'endroit même où son mari l'avait pris pour l'offrir au missionnaire. Il faudrait encore parler des êtres surnaturels bénéfiques qui se manifestent dans le conte s'apparentant plus au merveilleux qu'au fantastique : la Vierge (ou la Dame blanche) qui apparaît aux compagnons de Cadieux[26] et les sauve d'une mort certaine, Jésus, les saints, voire Dieu lui-même qui accorde au père Labrosse[27] le pouvoir d'arrêter un feu de forêt menaçant une bourgade indienne. Et si je n'ai pas parlé du conte merveilleux pur mettant en scène des fées, princesses, géants et ogres, c'est qu'il n'en existe pas à l'écrit au XIXe siècle. Il faudra attendre les enquêtes du début du XXe siècle, celles de Barbeau en particulier, pour que des écrivains, des femmes surtout, fixent ces contes à l'écrit, comme le feront Marie-Rose Turcot, Marie-Claire Daveluy, Madame Conrad Bastien... Mais, peu importe les catégories de contes, les conteurs croient à ce qu'ils racontent comme en témoignent les débuts de plusieurs contes où les narrateurs tentent d'établir solidement leur crédibilité. Pensons au début de «L'homme du Labrador» d'Aubert de Gaspé (fils) ou au préambule de la «Légende du père Romain Chouinard» ou, encore, à la longue présentation du père Michel dans *Forestiers et voyageurs*. Car, comme l'écrit Hubert Larue, dans son «Voyage autour de l'île d'Orléans», royaume de la Corriveau et des sorciers :

> *Mieux vaut un peuple qui croit trop qu'un peuple qui ne croit pas assez ; et à tout prendre je préfère les feux follets et les loups-garous du peuple aux médiums et aux tables tournantes des philosophes du siècle et des gens d'esprit*[28].

26. Voir «Cadieux», dans *Forestiers et voyageurs* de Joseph-Charles TACHÉ, p. 134-142.

27. Voir «Les missionnaires», dans le même recueil, p. 96-102.

28. Hubert LARUE, «Voyage autour de l'île d'Orléans», dans *Les soirées canadiennes*, 1861, p. 152.

Bien sûr, on ne peut rééditer tous ces contes, même si chacun a son importance dans l'évolution de la notion de littérature au siècle dernier, une littérature qu'on a voulu nationale, c'est-à-dire autonome, distincte de la littérature française, même si chacun témoigne de la richesse de l'imaginaire des conteurs canadiens-français du XIXe siècle. Nous avons donc fait un choix qui demeurera arbitraire pour d'aucuns, même si nous avons tenté de respecter certains critères.

D'abord, nous avons voulu rendre compte des meilleurs récits du genre sans toujours donner nécessairement la parole à l'intarrissable Jos Violon de Louis Fréchette, de loin le plus habile conteur de notre corpus. Nous avons voulu aussi que, dans cette anthologie du conte surnaturel au XIXe siècle, soient représentés la plupart des êtres surnaturels se manifestant sous une forme ou sous une autre dans le conte littéraire québécois du XIXe siècle, le diable et ses suppôts, le loup-garou, le feu follet, la bête à grand-queue, la hère, les lutins... bêtes effrayantes qui apparaissent toutes à la suite d'un manquement quelconque à un précepte de la religion catholique ou à la pratique du culte, ou à la suite d'un pacte conclu avec le Malin. Certaines manifestations surnaturelles sont toutefois absentes de notre corpus : il n'y a pas de conte dans lequel se pratique ouvertement la vente de la poule noire, comme il n'est jamais question de la recherche d'un trésor, selon la recette que fournit *Le Petit Albert*, un recueil de sorcellerie et de magie fort populaire au Québec, au siècle dernier.

Quant à la version des contes, nous avons choisi, dans la mesure du possible, la dernière version publiée du vivant de l'auteur, ce qui constitue, en fait, la version définitive. Nous avons indiqué, pour chaque conte sélectionné, la référence précise. Nous nous sommes contentés de corriger les fautes d'orthographe et de grammaire. Nous réservons pour plus tard une édition critique des contes littéraires québécois du siècle dernier. Nous espérons que cette anthologie permettra aux jeunes et aux moins jeunes, aux élèves du secondaire et des collèges, et aux étudiants des universités, en particulier, de mieux connaître le conte fantastique au Québec et, par lui, de mieux se représenter la vie des ancêtres qui, malgré le labeur et la misère même parfois, prenaient le temps de se divertir et de meubler l'imaginaire non seulement de leurs contemporains mais encore de tous leurs descendants. Puisse ce retour dans le passé contribuer à égayer le présent et à combler certaines heures creuses!

Pour cette deuxième édition, nous avons supprimé quatre contes de Jos Violon de Louis Fréchette, soit «Tom Caribou», «Le diable des Forges», «Titange» et «La hère», qui ne sont pas véritablement fantastiques ou, mieux, qui font plutôt partie des contes de surnaturel expliqué, ainsi que l'affirmaient les folkloristes. Nous avons ajouté quelques contes fantastiques, soit «Conte populaire» de Charles Laberge et «Le diable au bal» de J.-Ferdinand Morissette, deux versions de la légende du diable beau danseur, «Le revenant de Gentilly», «Le loup-garou» et «Les marionnettes» de Louis Fréchette, de même que «Fantôme» de Pamphile Lemay.

Aurélien Boivin
Département des littératures
Université Laval

Nous remercions M. Maurice Lemire, directeur du *Dictionnaire des œuvres littéraires du Québec*, de nous avoir permis de reproduire les biographies des conteurs qui figurent dans cette anthologie.

Philippe-Ignace-François Aubert de Gaspé

—⁓—

Philippe-Ignace-François Aubert de Gaspé, deuxième enfant de Philippe-Joseph Aubert de Gaspé, avocat et écrivain, et de Suzanne Allison, naît à Québec le 8 avril 1814. Il étudie deux ans (1817-1829) au Collège de Nicolet, où il laisse le souvenir d'un brillant élève. De septembre 1829 à octobre 1832, on perd sa trace. Sans doute a-t-il fréquenté quelque école anglaise. Sténographe et journaliste au Quebec Mercury *et au* Canadien, *il est condamné à un mois de prison, en novembre 1835, à la suite d'une altercation avec Edmund Bailey O'Callaghan, député de Yamaska. Il se venge, en février 1836, en déposant dans le vestibule de la chambre d'Assemblée une bouteille d'assa-fœtida. Pour échapper à la justice, il se réfugie en compagnie d'Aimé-Nicolas, dit Napoléon, Aubin au manoir de son père à Saint-Jean-Port-Joli. C'est là qu'il compose son roman* L'influence d'un livre. *Il revient à Québec en mai 1837 et assume avec Aubin la rédaction du* Télégraphe, *journal éphémère. Déçu de l'accueil réservé à son premier roman, il va chercher fortune à Halifax où il meurt, le 7 mars 1841, pendant l'emprisonnement de son père à Québec.*

L'étranger [1]

Légende canadienne

> Descend to darkness, and the burning lake ;
> False fiend, avoid !

SHAKESPEARE [2]

C'était le Mardi gras de l'année 17**. Je revenais à Montréal, après cinq ans de séjour dans le Nord-Ouest. Il tombait une neige collante et, quoique le temps fût très calme, je songeai à camper de bonne heure ; j'avais un bois d'une lieue [3] à passer, sans habitation ; et je connaissais trop bien le climat pour m'y engager à l'entrée de la nuit. Ce fut donc avec une vraie satisfaction que j'aperçus une petite maison, à l'entrée de ce bois, où j'entrai demander à couvert. Il n'y avait que trois personnes dans ce logis lorsque j'y entrai : un vieillard d'une soixantaine d'années, sa femme et une jeune et jolie fille de dix-sept à dix-huit ans qui chaussait un bas de laine bleue dans un coin de la chambre, le dos tourné à nous, bien entendu ; en un mot, elle achevait sa toilette. Tu ferais mieux de ne pas

---

1. En 1864, l'abbé Casgrain apporta de nombreuses corrections au texte de 1837 ; voir David M. HAYNE, «La première édition de notre premier roman», dans le *Bulletin des recherches historiques*, 59 (1953), p. 49-50. Nous avons corrigé quelques signes de ponctuation et disposé quelques dialogues autrement, à la ligne.

2. *Henri IV*, part. II, act. 1, scène 4, 1.39.

3. Mesure linéaire ancienne d'environ trois milles (5556 mètres).

y aller Marguerite, avait dit le père, comme je franchissais le seuil de la porte. Il s'arrêta tout court, en me voyant, et, me présentant un siège, il me dit avec politesse :

— Donnez-vous la peine de vous asseoir, Monsieur, vous paraissez fatigué ; notre femme rince un verre ; Monsieur prendra un coup [4], ça le délassera. Les habitants n'étaient pas aussi cossus dans ce temps-là qu'ils le sont aujourd'hui ; oh ! non. La bonne femme prit un petit verre sans pied, qui servait à deux fins, savoir : à boucher la bouteille et ensuite à abreuver le monde ; puis, le passant deux à trois fois dans le seau à boire suspendu à un crochet de bois derrière la porte, le bonhomme me le présenta encore tout brillant des perles de l'ancienne liqueur, que l'eau n'avait pas entièrement détachée, et me dit : Prenez, monsieur, c'est de la franche eau-de-vie, et de la vergeuse [5] ; on n'en boit guère de semblable depuis que l'Anglais a pris le pays.

Pendant que le bonhomme me faisait des politesses, la jeune fille ajustait une fontange [6] autour de sa coiffe de mousseline en se mirant dans le même seau qui avait servi à rincer mon verre ; car les miroirs n'étaient pas communs alors chez les habitants. Sa mère la regardait en dessous avec complaisance, tandis que le bonhomme paraissait peu content.

— Encore une fois, dit-il, en se relevant de devant la porte du poêle et en assujettissant sur sa pipe un charbon ardent d'érable, avec son couteau plombé, tu ferais mieux de ne pas y aller, Charlotte.

— Ah ! voilà comme vous êtes toujours, papa ; avec vous on ne pourrait jamais s'amuser.

— Mais aussi, mon vieux, dit la femme, il n'y a pas de mal, et puis José va venir la chercher, tu ne voudrais pas

---

4. Prendre un verre.
5. Canadianisme : excellent.
6. Nœud de ruban que les femmes portaient autrefois sur leur coiffure.

qu'elle lui fît un tel affront? Le nom de José sembla radoucir le bonhomme.

— C'est vrai, c'est vrai, dit-il entre ses dents, mais promets-moi toujours de ne pas danser sur le Mercredi des Cendres: tu sais ce qui est arrivé à Rose Latulipe...

— Non, non, mon père, ne craignez pas; tenez, voilà José. Et en effet, on avait entendu une voiture; un gaillard, assez bien découplé, entra en sautant et en se frappant les deux pieds l'un contre l'autre, ce qui couvrit l'entrée de la chambre d'une couche de neige d'un demi-pouce d'épaisseur. José fit le galant, et vous auriez bien ri, vous autres qui êtes si bien nippés[7], de le voir dans son accoutrement des dimanches: d'abord un bonnet gris lui couvrait la tête, un capot d'étoffe noir dont la taille lui descendait six pouces plus bas que les reins, avec une ceinture de laine de plusieurs couleurs qui lui battait sur les talons, et enfin une paire de culottes vertes à mitasses[8] bordées en tavelle[9] rouge complétait cette bizarre toilette.

— Je crois, dit le bonhomme, que nous allons avoir un furieux temps; vous feriez mieux d'enterrer le Mardi gras avec nous.

— Que craignez-vous, père, dit José, en se tournant tout à coup et faisant claquer un beau fouet à manche rouge et dont la mise était de peau d'anguille, croyez-vous que ma guevale[10] ne soit pas capable de nous traîner? Il est vrai qu'elle a déjà sorti trente cordes d'érable du bois, mais ça n'a fait que la mettre en appétit.

Le bonhomme réduit enfin au silence, le galant fit embarquer sa belle dans sa carriole, sans autre chose sur la tête

7. Vêtus.
8. Canadianisme: guêtres de cuir.
9. Dentelle ou lisière de coton ou de laine servant à border les robes.
10. Jument.

qu'une coiffe de mousseline, par le temps qu'il faisait; s'enveloppa dans une couverte, car il n'y avait que les gros qui eussent des robes de peau dans ce temps-là; donna un vigoureux coup de fouet à Charmante qui partit au petit galop, et dans un instant ils disparurent gens et bête dans la poudrerie[11].

— Il faut espérer qu'il ne leur arrivera rien de fâcheux, dit le vieillard, en chargeant de nouveau sa pipe.

— Mais, dites-moi donc, père, ce que vous avez à craindre pour votre fille; elle va sans doute ce soir chez des gens honnêtes.

— Ha! monsieur, reprit le vieillard, vous ne savez pas; c'est une vieille histoire, mais qui n'en est pas moins vraie! Tenez, nous allons bientôt nous mettre à table[12], et je vous conterai cela en frappant la fiole[13].

— Je tiens cette histoire de mon grand-père, dit le bonhomme; et je vais vous la conter comme il me la contait lui-même:

Il y avait autrefois un nommé Latulipe qui avait une fille dont il était fou; en effet c'était une jolie brune que Rose Latulipe, mais elle était un peu scabreuse pour ne pas dire éventée[14]. Elle avait un amoureux nommé Gabriel Lepard, qu'elle aimait comme la prunelle de ses yeux; cependant, quand d'autres l'accostaient, on dit qu'elle lui en faisait passer. Elle aimait beaucoup les divertissements, si bien qu'un jour de Mardi gras, un jour comme aujourd'hui, il y avait plus de cinquante personnes assemblées chez Latulipe; et Rose, contre son ordinaire, quoique coquette, avait tenu, toute la soirée, fidèle compagnie à son prétendu; c'était assez naturel: ils devaient se marier à Pâques suivant. Il pouvait être onze heures

---

11. Canadianisme: neige que le vent soulève en tourbillons.
12. Variante 1837: tenez: allons bientôt nous mettre à table.
13. Expression qui signifie probablement prendre un verre.
14. Écervelée.

du soir, lorsque tout à coup, au milieu d'un cotillon, on entendit une voiture s'arrêter devant la porte. Plusieurs personnes
coururent aux fenêtres, et frappant avec leurs poings sur les
châssis, en dégagèrent la neige collée en dehors afin de voir le
nouvel arrivé, car il faisait bien mauvais. Certes! cria quelqu'un, c'est un gros, comptes-tu, Jean, quel beau cheval noir;
comme les yeux lui flambent; on dirait, le diable m'emporte,
qu'il va grimper sur la maison. Pendant ce discours, le Monsieur était entré et avait demandé au maître de la maison la
permission de se divertir un peu.

— C'est trop d'honneur nous faire, avait dit Latulipe,
dégreyez-vous [15], s'il vous plaît, nous allons faire dételer votre
cheval. L'étranger s'y refusa absolument, sous prétexte qu'il ne
resterait qu'une demi-heure, étant très pressé. Il ôta cependant
un superbe capot de chat sauvage et parut habillé en velours
noir et galonné sur tous les sens. Il garda ses gants dans ses
mains, et demanda la permission de garder aussi son casque, se
plaignant du mal de tête.

— Monsieur prendrait bien un coup d'eau-de-vie, dit
Latulipe en lui présentant un verre. L'inconnu fit une grimace
infernale en l'avalant; car Latulipe, ayant manqué de bouteilles, avait vidé l'eau bénite de celle qu'il tenait à la main, et
l'avait remplie de cette liqueur. C'était bien mal au moins. Il
était beau cet étranger, si ce n'est qu'il était très brun et avait
quelque chose de sournois dans les yeux. Il s'avança vers Rose,
lui prit les deux mains et lui dit: J'espère, ma belle demoiselle,
que vous serez à moi ce soir et que nous danserons toujours
ensemble.

— Certainement, dit Rose à demi-voix et en jetant un
coup d'œil timide sur le pauvre Lepard, qui se mordit les lèvres
à en faire sortir le sang.

---

15. Canadianisme: ôter les vêtements qu'on met pour aller dehors.

L'inconnu n'abandonna pas Rose du reste de la soirée, en sorte que le pauvre Gabriel, renfrogné dans un coin, ne paraissait pas manger son avoine[16] de trop bon appétit.

Dans un petit cabinet qui donnait sur la chambre de bal était une vieille et sainte femme qui, assise sur un coffre, au pied d'un lit, priait avec ferveur; d'une main elle tenait un chapelet, et de l'autre se frappait fréquemment la poitrine. Elle s'arrêta tout à coup, et fit signe à Rose qu'elle voulait lui parler.

— Écoute, ma fille, lui dit-elle; c'est bien mal à toi d'abandonner le bon Gabriel, ton fiancé, pour ce Monsieur. Il y a quelque chose qui ne va pas bien; car chaque fois que je prononce les saints noms de Jésus et de Marie, il jette sur moi des regards de fureur. Vois comme il vient de nous regarder avec des yeux enflammés de colère.

— Allons, tantante, dit Rose, roulez votre chapelet, et laissez les gens du monde s'amuser.

— Que vous a dit cette vieille radoteuse? dit l'étranger.

— Bah! dit Rose, vous savez que les anciennes prêchent toujours les jeunes. Minuit sonna et le maître du logis voulut alors faire cesser la danse, observant qu'il était peu convenable de danser sur le Mercredi des Cendres.

— Encore une petite danse, dit l'étranger.

— Oh! oui, mon cher père, dit Rose; et la danse continua.

— Vous m'avez promis, belle Rose, dit l'inconnu, d'être à moi toute la veillée; pourquoi ne seriez-vous pas à moi pour toujours?

— Finissez donc, monsieur, ce n'est pas bien à vous de vous moquer d'une pauvre fille d'habitant comme moi, répliqua Rose.

---

16. Canadianisme: être supplanté comme amoureux.

— Je vous jure, dit l'étranger, que rien n'est plus sérieux que ce que je vous propose ; dites Oui... seulement, et rien ne pourra nous séparer à l'avenir.

— Mais, Monsieur !... et elle jeta un coup d'œil sur le malheureux Lepard.

— J'entends, dit l'étranger, d'un air hautain, vous aimez ce Gabriel ? ainsi n'en parlons plus.

— Oh ! oui... je l'aime... je l'ai aimé... mais tenez, vous autres gros Messieurs, vous êtes si enjôleurs de filles que je ne puis m'y fier.

— Quoi ! belle Rose, vous me croiriez capable de vous tromper, s'écria l'inconnu, je vous jure par ce que j'ai de plus sacré... par...

— Oh ! non, ne jurez pas ; je vous crois, dit la pauvre fille ; mais mon père n'y consentira peut-être pas ?

— Votre père, dit l'étranger avec un sourire amer ; dites que vous êtes à moi et je me charge du reste.

— Eh bien ! oui, répondit-elle.

— Donnez-moi votre main, dit-il, comme sceau de votre promesse. L'infortunée Rose lui présenta la main qu'elle retira aussitôt en poussant un petit cri de douleur, car elle s'était senti piquer ; elle devint pâle comme une morte et, prétendant un mal subit, elle abandonna la danse. Deux jeunes maquignons rentraient dans cet instant, d'un air effaré, et prenant Latulipe à part, ils lui dirent :

— Nous venons de dehors examiner le cheval de ce Monsieur ; croiriez-vous que toute la neige est fondue autour de lui, et que ses pieds portent sur la terre ? Latulipe vérifia ce rapport et parut d'autant plus saisi d'épouvante, qu'ayant remarqué, tout à coup, la pâleur de sa fille auparavant, il avait obtenu d'elle un demi-aveu de ce qui s'était passé entre elle et l'inconnu. La consternation se répandit bien vite dans le bal ; on chuchotait et les prières seules de Latulipe empêchaient les convives de se retirer.

L'étranger, paraissant indifférent à tout ce qui se passait autour de lui, continuait ses galanteries auprès de Rose, et lui disait en riant, et tout en lui présentant un superbe collier en perles et en or : Ôtez votre collier de verre, belle Rose, et acceptez, pour l'amour de moi, ce collier de vraies perles. Or, à ce collier de verre pendait une petite croix, et la pauvre fille refusait de l'ôter.

Cependant une autre scène se passait au presbytère de la paroisse, où le vieux curé, agenouillé depuis neuf heures du soir, ne cessait d'invoquer Dieu, le priant de pardonner les péchés que commettaient ses paroissiens dans cette nuit de désordre, le Mardi gras. Le saint vieillard s'était endormi en priant avec ferveur, et était enseveli, depuis une heure dans un profond sommeil lorsque, s'éveillant tout à coup, il courut à son domestique, en lui criant :

— Ambroise, mon cher Ambroise, lève-toi, et attelle vite ma jument. Au nom de Dieu, attelle vite. Je te ferai présent d'un mois, de deux mois, de six mois de gages [17].

— Qu'y a-t-il, monsieur, cria Ambroise, qui connaissait le zèle du charitable curé ; y a-t-il quelqu'un en danger de mort ?

— En danger de mort ! répéta le curé ; plus que cela mon cher Ambroise ! une âme en danger de son salut éternel. Attelle, attelle promptement.

Au bout de cinq minutes, le curé était sur le chemin qui conduisait à la demeure de Latulipe et, malgré le temps affreux qu'il faisait, avançait avec une rapidité incroyable ; c'était, voyez-vous, sainte Rose qui aplanissait la route. Il était temps que le curé arrivât ; l'inconnu en tirant sur le fil du collier l'avait rompu, et se préparait à saisir la pauvre Rose, lorsque le curé, prompt comme l'éclair, l'avait prévenu en passant son étole autour du cou de la jeune fille et, la serrant contre sa

_____
17. Salaire.

poitrine où il avait reçu son Dieu le matin, s'écria d'une voix tonnante :

— Que fais-tu ici, malheureux, parmi des chrétiens ?

Les assistants étaient tombés à genoux à ce terrible spectacle et sanglotaient en voyant leur vénérable pasteur qui leur avait toujours paru si timide et si faible, et maintenant si fort et si courageux, face à face avec l'ennemi de Dieu et des hommes.

— Je ne reconnais pas pour chrétiens, répliqua Lucifer en roulant des yeux ensanglantés, ceux qui, par mépris de votre religion, passent à danser, à boire et à se divertir, des jours consacrés à la pénitence par vos préceptes maudits ; d'ailleurs cette jeune fille s'est donnée à moi, et le sang qui a coulé de sa main est le sceau qui me l'attache pour toujours.

— Retire-toi, Satan, s'écria le curé, en lui frappant le visage de son étole, et en prononçant des mots latins que personne ne put comprendre. Le diable disparut aussitôt avec un bruit épouvantable en laissant une odeur de soufre qui pensa suffoquer l'assemblée. Le bon curé, s'agenouillant alors, prononça une fervente prière en tenant toujours la malheureuse Rose, qui avait perdu connaissance, collée sur son sein, et tous y répondirent par de nouveaux soupirs et par des gémissements.

— Où est-il ? où est-il ? s'écria la pauvre fille en recouvrant l'usage de ses sens.

— Il est disparu, s'écria-t-on de toutes parts.

— Oh mon père ! ne m'abandonnez pas ! s'écria Rose, en se traînant aux pieds de son vénérable pasteur ; emmenez-moi avec vous... Vous seul pouvez me protéger... Je me suis donnée à lui... Je crains toujours qu'il ne revienne... Un couvent ! un couvent !

— Eh bien, pauvre brebis égarée et maintenant repentante, lui dit le vénérable pasteur, venez chez moi, je veillerai sur vous, je vous entourerai de saintes reliques, et si votre vocation est sincère, comme je n'en doute pas après cette terrible épreuve, vous renoncerez à ce monde qui vous a été si funeste. Cinq ans après, la cloche du couvent de... avait annoncé depuis deux jours qu'une religieuse, de trois ans de profession seulement, avait rejoint son époux céleste, et une foule de curieux s'étaient réunis dans l'église, de grand matin, pour assister à ses funérailles. Tandis que chacun assistait à cette cérémonie lugubre avec la légèreté des gens du monde, trois personnes paraissaient navrées de douleur : un vieux prêtre agenouillé dans le sanctuaire priait avec ferveur, un vieillard dans la nef déplorait en sanglotant la mort d'une fille unique, et un jeune homme, en habit de deuil, faisait ses derniers adieux à celle qui fut autrefois sa fiancée : la malheureuse Rose Latulipe.

(*L'influence d'un livre*, 1837)

ALPHONSE POITRAS

⚬⚬⚬

« M. Alphonse Poitras, avocat du barreau de Montréal, est décédé en 1861, à l'âge de 45 ans. Il était employé depuis plusieurs années à l'hôtel de ville de Montréal. » Voici en quels termes un journal de cette ville appréciait le talent de M. Poitras comme écrivain : « M. Poitras n'a écrit que quelques pages, mais elles révèlent un talent si vif et si original, une inspiration si franche et si heureuse, qu'elles ont donné à leur auteur une place élevée parmi nos écrivains nationaux. Il avait tout ce qui fait le romancier, le peintre de mœurs : l'esprit, la verve, l'entrain, et à un haut degré ce don si rare, l'observation comique, l'observation pénétrante et juste. Il nous a donné, en se jouant, de gais et charmants petits tableaux, qu'il aurait pu multiplier en laissant sa verve courir librement, et dont il lui aurait été facile d'étendre le cadre jusqu'au roman. Son talent aurait grandi avec le sujet ; c'est la volonté seule qui lui a manqué pour doter notre littérature d'un conteur original, d'un Émile Souvestre, d'un Alphonse Karr. Nos mœurs ne pouvaient rencontrer un écrivain qui fût mieux doué pour saisir et pour peindre leur côté joyeux, pour noter dans la mémoire des générations de l'avenir les éclats de la vieille gaieté canadienne. »

Histoire de mon oncle

Il y a déjà longtemps de cela; c'était du temps des voyageurs, du temps que, tous les ans, il partait de nos villes et de nos campagnes un essaim de jeunes Canadiens pour les pays d'en haut (c'était le nom). Alors tous les jeunes gens qui avaient l'esprit et les goûts tant soit peu tournés du côté des aventures, s'engageaient à la société du Nord-Ouest [1]. Après quelques jours de fête pour s'étourdir sur les travaux et les privations qui les attendaient, ils disaient un dernier adieu à leurs parents et à leurs amis, et partaient. L'amour aussi, pour plusieurs, était la cause de ces longs et pénibles voyages sur nos fleuves et à travers nos épaisses forêts de l'Ouest. Celui-ci, maltraité par sa maîtresse, allait, le désespoir au cœur, se venger de son malheureux destin sur le castor, la martre et l'orignal, qui peuplaient alors les bords de nos lacs et de nos rivières. Celui-là, plus heureux dans ses amours, mais disgracié par la fortune, allait passer quelques années dans le Nord-Ouest et revenait avec des épargnes suffisantes pour réaliser ses plus douces espérances.

L'ancien marché de Montréal, les auberges avoisinantes étaient les rendez-vous de cette jeunesse vigoureuse. Après avoir entamé et, quelquefois même, épuisé les avances qu'ils

---

1. Compagnie spécialisée dans le commerce des fourrures. La Compagnie de la Baie d'Hudson était sa rivale.

recevaient, et après s'être munis d'un couteau de poche, d'un briquet et d'une ceinture fléchée (ce dernier article était indispensable), nos jeunes voyageurs partaient, en chantant, pour se rendre à Lachine, le cœur gros d'amour, de larmes et d'espérances. Là, on s'embarquait en canot, et comme le chant donne de la force et du courage, rend plus heureux encore ceux qui le sont déjà, et berce dans de douces rêveries ceux qui n'ont pas le cœur à rire, on entonnait la vieille romance, *À la claire fontaine*[2]. De ces temps-là datent toutes nos jolies chansons de voyageurs, ces romances, ces complaintes qui, pour manquer quelquefois de rime et de mesure, n'en sont pas moins des plus poétiques. L'on n'était pas seulement poète alors, l'on était aussi musicien. Eh! quoi de plus gracieux, de plus naïf que tous ces airs de nos chansons de voyageurs, *À la claire fontaine*, *Derrière chez ma tante*, *En roulant ma boule, roulant!* Nombre d'artistes européens s'en feraient honneur à cause de leur simplicité et de leur naturel.

Nos voyageurs voguaient toute la journée, prenant l'aviron chacun son tour. Le soir arrivé, on abordait dans la première petite anse venue, l'on faisait du feu et l'on suspendait la marmite à un arbre. Après le repas, qui se composait de lard salé et d'un biscuit sans levain, chacun allumait sa pipe, et ceux d'entre les voyageurs qui avaient déjà fait la même route, racontaient aux jeunes conscrits leurs aventures. L'un, exactement à la même place où l'on allait passer la nuit, avait vu, un an auparavant, un serpent plus ou moins gros, selon que son imagination le lui avait plus ou moins grossi. L'autre avait vu, à l'entrée de la forêt, un animal d'une forme extraordinaire, comme il ne s'en était jamais vu et comme il ne s'en verra

---

2. Chanson qui fut longtemps considérée comme le «chant national» des Canadiens francais. Si, écrit Conrad LAFORTE dans le tome I du *Dictionnaire des œuvres littéraires du Québec*, on a longtemps cru «que c'était une composition des voyageurs des pays d'en haut», c'est «en réalité une chanson de la tradition orale francophone».

probablement jamais ; un autre, et c'était pis encore, avait vu, au milieu de la nuit, par un beau clair de lune, et il ne dormait certainement pas, un homme d'une taille gigantesque, traversant les airs avec la rapidité d'une flèche. Venaient ensuite des histoires de loups-garous, de chasse-galerie, de revenants, que sais-je ? et mille autres histoires de ce genre. Ce qui ne contribuait pas peu à disposer les plus jeunes voyageurs à en voir autant, et plus s'il eût été possible.

D'ailleurs, tout dans ces expéditions lointaines tendait à leur exagérer les choses et à les rendre superstitieux. La vue de ces immenses forêts vierges avec leurs ombres mystérieuses, l'aspect de nos grands lacs qui ont toute la majesté de l'Océan, le calme et la sérénité de nos belles nuits du Nord, jetaient ces jeunes hommes, la plupart sans instruction, dans un étonnement, dans un vague indéfinissable, qui exaltaient leur imagination et leur faisaient tout voir du côté merveilleux.

Pourtant, quant à ce que je vais vous conter, vous lui donnerez le titre que vous voudrez ; vous le nommerez histoire, conte ou légende, peu importe, le nom n'y fait rien, mais ne doutez pas de la véracité du fait : mes auteurs étaient incapables de mentir. Voici ce que mon oncle, vieux voyageur, me racontait, il y a quelque dix ans, et ce qu'affirmait un de ses amis en ma présence, comme vous le verrez plus tard. C'est mon oncle qui parle :

C'était par une belle soirée du mois de mai ; l'hivernement était terminé. Nous venions de laisser l'Outaouais et nous entrions dans la rivière des Prairies ; nous n'étions qu'à quelques milles de chez mon père, où je me proposais d'arrêter un moment, avec mes compagnons, avant d'aller à Québec où nous descendions plusieurs canots chargés des plus riches pelleteries et d'ouvrages indiens que nous avions eus en échange contre de la poudre, du plomb et de l'eau-de-vie. Comme il n'était pas tard et que nous étions passablement fatigués, nous résolûmes d'allumer la pipe à la première maison et de nous laisser aller au courant jusque chez mon père. À peine avions-nous laissé l'aviron que nous apercevons sur la côte une petite lumière qui brillait à travers trois ou quatre vitres, les seules qui n'avaient pas encore été remplacées par du papier. Comme habitant de l'endroit, l'on me député vers cette petite maison pour aller chercher un tison de feu. Je descends sur le rivage et je monte à la chaumière. Je frappe à la porte, on ne me dit pas d'entrer; cependant j'entre. J'aperçois sur le foyer, placés de chaque côté de la cheminée, un vieillard et une vieille femme, tous deux la tête appuyée dans la main et les yeux fixés sur un feu presque éteint qui n'éclairait que faiblement les quatre murs blanchis de cette maison, si toutefois l'on pouvait appeler cela maison. Je fus frappé de la nudité de cette misérable demeure. Il n'y avait rien, rien du tout, ni lit, ni table, ni chaise. Je salue aussi poliment que me le permettait mon titre de voyageur des pays d'en haut ces deux personnages à figures étranges et immobiles; politesse inutile, on ne me rend pas mon salut, on ne daigne seulement pas lever la vue sur moi. Je leur demande la permission d'allumer ma pipe et de prendre un petit tison pour mes compagnons qui étaient sur la grève: pas plus de réponse, pas plus de regards qu'auparavant. Je ne suis ni peureux, ni superstitieux; d'ailleurs, j'avais déjà eu des aventures de cette nature dans le nord; eh bien! n'eût été la honte de reparaître devant mes compagnons sans feu, eux qui avaient vu et qui voyaient encore la petite fenêtre éclairée, je crois que j'aurais gagné la porte et que je me serais enfui à toutes jambes, tant étaient effrayantes l'immobilité et la fixité des regards de ces deux êtres. Je rassemble, en tremblant, le peu de force et de courage qui me restaient, je m'avance vers la cheminée, je saisis un tison par le bout éteint et je passe la porte. Chaque pas qui m'éloignait de cette maudite cabane me semblait un poids de moins sur le cœur. Je saute dans mon canot avec mon tison et le passe à mes compagnons, sans souffler mot de ce qui venait de m'arriver: on eût ri de moi.

Chose étrange! le feu ne brûlait pas plus leur tabac que si c'eût été un glaçon.

— Nom de Dieu! dit l'un d'eux, que signifie cela? ce feu-là ne brûle pas.

J'allais leur raconter ma silencieuse réception à la cabane, sans craindre de trop faire rire de moi, puisque le feu que j'en rapportais ne brûlait pas, du moins le tabac, lorsque tout à coup la petite lumière de la cabane éclate comme un incendie immense, disparaît avec la rapidité d'un éclair et nous laisse dans la plus profonde obscurité. Au même instant, on entend des cris de chats épouvantables; deux énormes matous, aux yeux brillants comme des escarboucles, se jettent à la nage, grimpent sur le canot, et cela toujours avec les miaulements les plus effrayants. Une idée lumineuse me traverse la tête:

— Jette-leur le tison, criai-je à celui qui le tenait; ce qu'il fait aussitôt. Les cris cessent, les deux chats sautent sur le tison et s'enfuient vers la cabane où la petite lumière avait reparu.

Mon oncle avait vingt fois raconté ce fait devant sa famille et devant beaucoup d'autres personnes, mais autant il l'avait raconté de fois, autant il avait trouvé d'incrédules.

Vingt ans après cette aventure, j'étais en vacances chez mon oncle, à la Rivière-des-Prairies: c'était dans le mois d'août; lui et moi nous fumions sur le perron de sa maison blanche à contrevents verts. Un cajeu[3] venait de s'arrêter à la côte. Un homme d'une cinquantaine d'années, à figure franche et joviale, venait de laisser le cajeu; il s'en vient droit à nous, et demande à mon oncle, en le tutoyant et en l'appelant par son nom de baptême, comment il se portait.

---

3. Homme qui travaille sur une cage ou train de bois, ou la cage elle-même. La cage de bois, indique Édouard-Zotique MASSICOTTE, «est un train de bois, formé de billes ou plançons amenés du chantier, et que l'on assujettit ensemble en manière de radeau, de telle sorte que le tout descende sans encombre le courant d'une rivière jusqu'au lieu de destination» (*Conteurs canadiens-français du XIX*ᵉ *siècle*, Montréal, C.-O. Beauchemin & fils, 1902, p. 311).

— Bien, lui dit mon oncle, mais je ne vous reconnais pas.

— Comment, dit l'étranger, tu ne te rappelles pas Morin ?

À ce nom, comme s'il se fût réveillé en sursaut, mon oncle fait un pas en arrière, puis se jette au cou de Morin. Tout ce que peuvent faire deux amis de voyage qui ne se sont pas vus depuis vingt ans, se fit. Il va sans dire que Morin soupa et coucha à la maison. Durant la veillée, pendant que les deux vieux voyageurs étaient animés à parler de leur jeunesse et de la misère qu'ils avaient eue dans le Nord-Ouest, mon oncle s'arrête tout à coup :

— Ah ! Morin, dit-il, pendant que j'y pense, il y a assez longtemps que je passe pour un menteur, conte à la compagnie ce qui nous est arrivé en telle année, te le rappelles-tu ?

— Ma foi, oui, dit Morin, je me le rappellerai toute ma vie. Et Morin rapporta à la compagnie et devant moi, sans augmentation ni diminution, le fait au moins surnaturel que je vous ai narré. D'où je conclus qu'il ne faut jamais jurer ni douter de rien.

(*La Revue canadienne*, 1845)

Louis-Auguste Olivier

—❧—

Il n'existe pas de renseignements biographiques sur cet auteur qui collabora à la Revue canadienne.

Le débiteur fidèle [1]

I

Les rayons purs du soir, chassant les noirs orages,
Pour guider notre esquif, éclairent ces rivages.

Inutile de vous dire, je crois, que le fait suivant n'est point de l'histoire contemporaine; le titre seul l'indiquera suffisamment au lecteur qui se pique de quelque sagacité. La scène se fût-elle passée de nos jours, je me donnerais garde de vous la raconter; car, autant vaudrait vous parler de la question du gouvernement responsable, que vous possédez à fond, de l'éloquence de nos députés, que vous admirez tous les jours. Lorsque les créanciers sont revêtus, fortifiés d'une double, triple et quadruple armure de promesse écrite, cautionnement, hypothèque et enregistrement, quel débiteur fortuné pourrait ne pas être fidèle? Aussi, grâce à l'activité et à l'avidité des procureurs, huissiers et recors, et autres de ce genre, un

---

1. Le fait sur lequel repose cette histoire m'a été rapporté comme véritable; l'est-il? jugera qui lira. Le lieu de la scène était l'île d'Orléans, près de Québec, le nom était Fraser, au lieu de Dumont. *(Note de L.-A. Olivier)*

Selon Faucher de Saint-Maurice qui a publié lui aussi une version de la légende sous le titre «Le fantôme de la roche», dans *À la brunante*, «il y a erreur de localité: la scène s'est passée à Beaumont, où M. Fraser vint s'établir après la Conquête».

débiteur frustrant son créancier serait-il un mythe dans notre siècle éclairé et moral.

«C'était il y a déjà longtemps», si l'on me permet cette locution familière à un narrateur de ma connaissance, célèbre par les histoires de son oncle, qu'il rapporte avec exactitude, bien qu'il ne les ait jamais apprises, ainsi qu'il nous l'a depuis avoué; assez longtemps, en effet, pour que peu de mes lecteurs se rappellent l'époque, car c'était en août 1742, quelques années après la concession du fief Tonnancour ou de la Pointe-du-Lac, par messire Charles, marquis de Beauharnois, et Gilles Hocquart, intendant, à sieur René Godefroy de Tonnancour. L'élan voyageur pouvait alors descendre librement des montagnes du nord et venir se désaltérer dans les eaux de notre beau lac Saint-Pierre, que ne troublait aucune roue de bateau à vapeur; le maskinongé superbe pouvait dormir paisiblement sur les ondes, en faisant briller au soleil ses écailles argentées, car ce n'était que bien rarement encore qu'une main ennemie savait le surprendre pendant son sommeil.

D'après cette date et la tranquillité dont jouissaient les hôtes des bois et des eaux, vous devinez sans doute que le roi de la création n'avait point fixé son domicile dans cette partie, jusqu'alors oubliée, de notre globe. Aussi n'y voyait-on point ces maisons blanches des cultivateurs, qui paraissent comme des amas de neige au milieu des arbres verts, ni ces moissons jaunes, formant un fond doré duquel ressortent les maisons blanches et les arbres verts. Trois ou quatre cabanes isolées, près de cette langue de terre connue sous le nom de la Pointe-du-Lac, qui s'avance en front de la seigneurie du même nom et forme l'extrémité nord-est du lac Saint-Pierre, était tout ce que l'œil le plus exercé aurait aperçu en fait d'habitations. Une était située à l'extrémité même de la pointe; quelques pièces de bois grossièrement équarries et placées horizontalement les unes au-dessus des autres formaient les murs de cette cabane; son toit, d'écorce de bouleau, s'élevait à peine à la hauteur des vagues soulevées par la tempête. Comme on le voit, aucun maître de l'art n'avait présidé à sa construction; et quelque badaud de Paris l'eût-il vue, elle aurait justifié, dans son esprit, cet honnête chapelier de la capitale de France, dont l'enseigne représentait deux castors, avec ces mots : Aux architectes canadiens.

À quelque distance, un homme était assis sur le sable du rivage; une chemise de grosse toile fabriquée dans le pays, un pantalon de même étoffe descendant à peine à la cheville du pied et attaché sur les reins par une ceinture de cuir, un chapeau de paille à bord étroit et orné d'un padou noir, tel était son costume. Il fumait, en reprenant une seine; non loin, un enfant d'environ six ans courait sur le sable, ramassait de petites pierres plates qu'il lançait sur l'eau, et jetait à son père un cri de joie lorsqu'il parvenait à faire quelques ricochets. À la vue de cet homme, vous auriez dit son état; sa taille moyenne mais forte annonçait l'agilité; son teint vif et bruni, une exposition fréquente à la réflexion des rayons du soleil produite par l'eau; il était pêcheur et s'appelait Pierre.

Après avoir travaillé quelque temps, il regarda le lac, puis le ciel, puis l'enfant qui jouait encore sur le rivage; alors il appuya sa tête sur ses mains et se mit à siffler un air triste et lent, celui d'une chanson de canotier bien connue : *La Belle Françoise.* À peine eut-il fait entendre quelques notes de ce chant plaintif, qu'une femme, jeune encore, sortit de la cabane et vint doucement s'asseoir près de lui.

— Pierre, lui dit-elle en posant sa main sur son épaule, pourquoi ce chagrin, ce découragement ? N'as-tu plus de confiance dans M. Dumont ? Il ne nous a jamais refusé; lorsqu'il saura que la pêche nous a manqué malgré ton travail continu, il nous aidera encore.

— Je connais son cœur; mais je n'oserais plus le voir; ce serait l'aumône que j'irais lui demander et je ne puis supporter cette pensée. Déjà il m'a prêté deux fois; peut-être regarde-t-il à l'instant comme une perte les avances qu'il m'a faites ; et tu sais que, quoique bon et généreux, il veut que nous soyons exacts, car nous ne sommes point les seuls qu'il secourt ; jamais je ne pourrai me présenter devant lui avant de les lui avoir remises.

— Si tu le veux, je t'accompagnerai ; j'ai été élevée dans sa maison, il m'en coûtera moins qu'à toi de lui parler ; d'ailleurs, tu sais qu'il le faut : car si nous abandonnons la pêche, que ferons-nous pendant l'hiver ? et nous ne sommes plus seuls à supporter la misère, ajouta-t-elle en regardant l'enfant qui accourait à eux en riant.

— Non, Marguerite, dit-il ; pour toi, pour notre enfant, j'irai ; mais ce sera la dernière fois.

Deux heures après le dialogue que nous venons de rapporter, Pierre débarquait d'un canot en bois qu'il tira sur la grève de la banlieue de Trois-Rivières ; il avait un aviron dans une main, dans l'autre un gilet de drap bleu qu'il revêtit bientôt. Il s'avança vers une maison située à quelque distance du rivage ; d'une construction simple mais forte, cette maison, bâtie en pierres, formait un rectangle ou carré long ; la toiture en bardeaux, d'une hauteur qui semblerait excessive aujourd'hui, présentait à l'œil cette déclivité raide et désagréable que nous remarquons encore dans quelques vieilles bâtisses de l'île de Montréal ; l'architecte avait donné aux pignons qui supportaient le toit, la dimension alors voulue par les ordonnances des intendants de la province, celle d'un triangle équilatéral ayant pour base le côté du parallélogramme formant la profondeur de la maison. Heureux temps où l'habitant de la campagne ne pouvait construire sa demeure que suivant la mesure prescrite par l'autorité !

Antoine Dumont, propriétaire de cette habitation et de la terre ou ferme sur laquelle elle était construite, située à une petite distance de Trois-Rivières, était connu par son amour du travail qui, cependant, n'excluait point chez lui la pitié

pour les malheureux; différent, en ce point, de quelques par-
venus de nos jours, qui répondent à l'indigent «de gagner sa
vie», et croient, par cet avis charitable, avoir satisfait aux devoirs de l'humanité. Né à Québec, il avait reçu son éducation
au collège des Jésuites de cette ville; institution où la jeunesse,
en étudiant les langues, la littérature et les sciences, apprenait
en même temps les arts pratiques dont la connaissance est si
nécessaire dans un pays comme le nôtre; institution éteinte,
mais que nous regrettons encore. Plus tard, il était venu s'établir sur cette terre, qu'il avait défrichée lui-même en grande
partie. Sa femme, morte depuis plusieurs années, ne lui avait
laissé qu'un fils, nommé Charles, et une fille mariée à un riche
marchand de pelleteries, de Trois-Rivières.

Monsieur Dumont, ainsi que le nommait la bourgeoisie
de cette ville, ou le père Dumont, suivant les pauvres qui
avaient recours à sa générosité, était dans un champ, lorsque
Pierre se présenta à la maison. On lui indiqua l'endroit vers
lequel il devait se diriger, et bientôt il aperçut une dizaine de
personnes auprès d'un orme qui se trouvait au milieu du
champ, et avait été laissé debout, suivant l'usage, pour abriter
les moissonneurs pendant leurs repas. M. Dumont était assis au
pied même de l'arbre, le dos appuyé sur le tronc; les autres,
sur l'herbe, formaient un demi-cercle devant lui. À ses longs
cheveux gris, à l'air de bonté et de calme empreint sur sa
figure, vous auriez dit Booz au milieu des moissonneurs bibli-
ques. Aussitôt qu'il vit Pierre s'avancer vers lui, il porta la main
à son chapeau et le salua; puis il lui parla de Marguerite, de
son enfant, et l'invita à partager le repas. C'était la collation que
l'on distribue, pendant l'après-midi, aux personnes qui tra-
vaillent aux récoltes; quelques terrines de lait coagulé, nourriture légère, mais, par l'acide qu'elle contient, très propre à
désaltérer.

Lorsque le repas fut terminé et que chacun fut retourné
au travail, M. Dumont s'adressa de nouveau à Pierre; il lui

parla encore de Marguerite qui, orpheline, avait été élevée dans sa maison. Ce dernier lui ayant expliqué le but de sa visite, M. Dumont s'empressa de revenir à sa demeure, pour lui donner ce qui était nécessaire, afin qu'il pût prolonger son séjour à la Pointe-du-Lac et continuer la pêche, lui répétant plusieurs fois qu'il devait compter sur lui dans les moments difficiles. Touché de cette bonté, de cette délicatesse qui savait lui épargner même une allusion aux prêts qu'il lui avait déjà faits, Pierre sentit son cœur battre d'émotion et de gratitude, lorsque à son départ, M. Dumont lui présenta amicalement la main et lui souhaita un heureux voyage. Pierre, à son tour, pressa la main de son bienfaiteur et lui dit : Mort ou vif, dans trois jours vous me reverrez.

II

Que mon âme s'envole au séjour de la paix
Et qu'au sein d'Abraham elle vive à jamais.

Le 25 août 1743, M. Dumont, suivant sa coutume, passa une partie de la journée dans son champ, veillant aux travaux de la moisson. Il était accompagné, ce jour-là, de son petit-fils, jeune enfant d'environ dix ans ; assis au pied de l'orme dont nous avons déjà parlé, il présida au repas du midi de ses employés. Un an s'était écoulé depuis la scène rapportée dans le chapitre précédent et, cependant, aucune trace de son passage ne paraissait sur sa figure ; son visage serein avait encore le même air de bonté et de calme ; seulement ses cheveux plus blancs ajoutaient à son air respectable. Il adressa souvent la parole aux moissonneurs pendant le repas ; et quelques-uns d'entre eux remarquèrent qu'il le faisait avec plus d'intérêt qu'à l'ordinaire. Lorsque le repas fut terminé, il leur annonça qu'ils pourraient laisser le travail plus tôt que de coutume, et qu'il désirait les voir réunis dans sa maison, à quatre heures de l'après-midi.

Alors, donnant la main à son petit-fils, il s'éloigna lentement de cet arbre, sous lequel il s'était reposé tant de fois, et dont les branches et les feuilles, toujours vertes, couvraient le sol d'une ombre épaisse. Il regarda longtemps cette terre qu'il avait défrichée et qui l'avait nourri depuis tant d'années, les blés qu'il avait semés et que l'on récoltait. Il parcourut ainsi une partie de la ferme, l'examina avec soin ; ensuite il s'arrêta, porta la main à son chapeau, et, se découvrant, il regarda encore une fois les moissons, les arbres, puis l'enfant qu'il baisa au front, puis le ciel ; dans son attitude, dans son regard, vous auriez lu un adieu à la terre, une action de grâces à la divinité, une prière pour sa race. Après il reprit tranquillement le chemin qui conduisait à sa demeure.

[*La suite de ce récit est extraite d'une lettre de messire C***, prêtre et curé desservant alors la ville et banlieue de Trois-Rivières ; cette lettre était adressée à un prêtre du diocèse de Québec.*]

« Dumont, écrivait le prêtre, était venu chez moi la veille ; il revint à la ville ce matin, reçut le sacrement de l'Eucharistie et, sur ma demande, déjeuna avec moi. Vous savez que nous étions amis d'enfance ; nous avions étudié ensemble, pendant plusieurs années, au collège des Jésuites à Québec. Il me dit que le jour était arrivé de ne pas oublier de le venir voir chez lui dans l'après-midi ; d'ailleurs, je savais le but de la visite qu'il me demandait, il m'en avait déjà parlé.

« Lorsque j'arrivai chez Dumont, je trouvai toute sa famille rassemblée dans sa maison ; sa fille, mariée à M. P... de Trois-Rivières, son mari, ainsi que leurs enfants, Charles Dumont et sa femme, qui demeuraient avec leur père ; Marguerite, orpheline élevée par Dumont et veuve d'un pêcheur de notre ville, connu sous le nom de Pierre, et son enfant ;

puis enfin quelques amis intimes de Dumont ; dans la première salle de la maison se trouvaient aussi tous les gens qu'il employait sur sa ferme. Je vous avoue que je fus ému à la vue de ces personnes qui causaient tranquillement ensemble ; aucune, évidemment, ne savait ce qui devait avoir lieu.

« La chambre dans laquelle se trouvait Dumont, ainsi que sa famille et ses amis, avait vue à l'est et à l'ouest ; un lit était placé au milieu de cette chambre, de façon que, couché sur ce lit, on pouvait porter ses regards alternativement de l'orient à l'occident ; les croisées étaient ouvertes et l'air circulait librement dans la salle.

« Dumont vint à moi lorsque j'entrai dans cette chambre ; sa figure grave et douce que vous avez remarquée lorsque vous le vîtes chez moi, était la même. Il me fit asseoir à côté de lui, près d'une croisée donnant à l'est :

— Mon ami, me dit-il, je repassais ma vie et je vous attendais.

Il donna ordre d'introduire les personnes qui se trouvaient dans la première salle ; puis il me demanda de passer avec lui de l'autre côté de la chambre, qui était à l'occident. Il regarda le soleil qui descendait à l'horizon ; alors s'adressant à ses enfants, à ses amis, à ses employés, il leur parla d'une voix calme :

— Vous vous rappelez, leur dit-il, la mort de Pierre, arrivée l'année dernière. Je l'avais vu le même jour ici ; il était venu à moi qu'il regardait comme son père et j'eus le bonheur de pouvoir lui être utile. Je connaissais son caractère honnête, son amour du travail, je l'aimais... peut-être aussi pour toi que j'avais élevée, Marguerite, ajouta Dumont. À son départ, lorsqu'il me donna la main, je me sentis ému ; je pensais au danger continuel qu'il bravait pour gagner sa vie et je lui dis de revenir à moi avec confiance ; il me répondit alors ces mots qui se gravèrent ensuite davantage dans mon esprit : « Mort ou vif, dans trois jours vous me reverrez. »

«Trois jours après son départ, continua Dumont, il y a aujourd'hui un an de cela, j'étais dans mon champ, à peu près vers cette heure; je vis s'avancer vers moi un homme vêtu d'une chemise et d'un pantalon de toile, mais mouillés et salis par le sable et une terre humide; ses cheveux, trempés d'eau, tombaient sur son visage; nous ignorions alors la mort de Pierre et j'eus peine à le reconnaître. Cependant, je me rappelai ses traits; je voulus lui parler, il me fit signe de garder le silence.

— M. Dumont, me dit-il, je viens remplir la promesse que je vous fis à mon départ. Puis il me rapporta sa mort; comment il s'était noyé en voulant traverser le lac, le soir même de son départ de chez moi; détails que je vous appris alors. Il te rappela à moi, Marguerite, ainsi que votre enfant. Charles, ajouta Dumont en s'adressant à son fils, cette dette est sacrée pour nous; tu l'acquitteras, n'est-ce pas, pour l'amour de moi? Puis Dumont parlant de nouveau à ceux qui l'écoutaient:

«Mais ce que je ne vous appris point, mes amis, c'est que je devais bientôt vous quitter; Pierre m'annonça le jour et l'heure que je devais vous dire adieu. Dans un an de ce jour, me dit-il, lorsque le soleil disparaîtra.

«Ici, Dumont cessa de parler, sa fille s'était jetée dans ses bras. Je ne puis vous peindre la scène qui suivit. Je savais d'avance ce qui devait avoir lieu, et cependant, lorsque Dumont, après avoir embrassé ses enfants, avoir dit adieu à ses amis et à toutes les personnes présentes, m'offrit sa main, je sentis quelques larmes mouiller mes yeux.

«Il regarda de nouveau à l'occident; le soleil approchait de l'horizon.

— Il est temps, me dit-il, et il se coucha sur le lit qui se trouvait au milieu de la chambre. Je lui administrai les derniers sacrements de notre Église; lorsque j'eus fini, il me demanda de réciter la prière des agonisants; prière sublime que nous avions souvent admirée ensemble, et que je n'ai jamais lue sans arracher des larmes aux parents et aux amis du chrétien mourant.

«Après cette prière, Dumont ne parla plus; il avait fermé les yeux, je me hâtai de regarder à l'ouest; le soleil brillait encore.

«Pas un souffle de vent n'agitait l'atmosphère. À l'est de longs nuages pourpres, séparés par des nuances d'azur, s'élançaient en gerbes dans la voûte céleste et formaient un immense cône renversé sur la ligne du lac Saint-Pierre qui bornait la vue de ce côté. Bientôt la base colossale du cône lumineux s'abaissa sur l'horizon, et il me sembla voir en réalité cette magnifique description du prophète royal, dans laquelle il peint la terre servant de marche-pied à l'Éternel.

«Je ne saurais vous dire quelle sensation j'éprouvais; tantôt j'examinais la figure de Dumont, toujours sereine et ne trahissant aucune douleur physique; tantôt je portais mes regards vers le couchant. Le ciel était pur; un seul nuage se trouvait au-dessous du soleil, dont le globe étincelant l'inondait de ses flots de lumière. Enfin le nuage disparut, le disque brillant touchait à l'horizon.

«Dumont s'assit alors sur le lit; sa famille, ainsi que Marguerite et son enfant, était à genoux près de lui; il les regarda une dernière fois, éleva ses mains pour les bénir, puis il appuya de nouveau sa tête sur l'oreiller, le visage tourné vers l'ouest.

«Le soleil avait cessé de briller; Dumont avait cessé de vivre.»

(*La Revue canadienne*, 1845)

GUILLAUME LÉVESQUE

~~~

Né à Montréal le 31 août 1819, du mariage de Marc-Antoine-Louis Lévesque et Charlotte-Mélanie Panet, Louis-Guillaume Lévesque fait ses études au Collège de Montréal et obtient son baccalauréat à l'âge de dix-sept ans. Il poursuit des études en droit et occupe, au bureau du shérif de Montréal, la fonction de commis aux écritures. Emporté par le courant insurrectionnel de 1837-1838, il prend part à l'attaque d'Odeltown, est arrêté puis condamné à mort. Échappé à la potence grâce à l'influence d'éminents Loyalistes de sa famille, il doit toutefois quitter le pays. Il se réfugie en Normandie, berceau de ses ancêtres, sous le nom de Guillaume d'Ailleboust de Ramesay. Il étudie les sciences et la philosophie et, pendant trois ans, travaille comme traducteur au département des Affaires étrangères. Gracié, il revient aussitôt au Bas-Canada et est admis au barreau dès le 21 novembre 1843, mais il renonce à l'exercice de sa profession pour devenir traducteur à l'Assemblée législative. Il meurt à Québec le 5 janvier 1856[1].

---

1. Pour une biographie plus fouillée, on consultera notre article dans le *Dictionnaire biographique du Canada*, vol. VIII, de 1851 à 1860, p. 557-559.

La croix du Grand Calumet[1]

La rivière des Outaouais n'a pas sa pareille au monde; calme et profonde au point d'être nommée la rivière Creuse pendant près de la moitié de son cours, elle semble s'impatienter tout à coup de la lenteur de sa marche; le génie de ses eaux, de paisible qu'il était auparavant, est comme pris de rage, s'élance par sauts et par bonds jusqu'à ce qu'il ait rejoint cette autre divinité de notre pays, le génie des eaux vertes du grand fleuve. Mais ils ne sont pas amis; car les eaux des deux rivières ne se mêlent guère avant de se confondre ensemble dans celles de l'océan, et jusqu'au point où s'avance la marée, une ligne tranchée les sépare tout en coulant dans le même lit, l'œil distinguant encore la teinte plus sombre de l'Outaouais de la couleur plus limpide et à reflets verdâtres du Saint-Laurent.

Il n'y a pas de pays plus pittoresque que celui que traverse la Brune Outaouais. Elle s'avance au milieu des sombres forêts qui couronnent ses rives escarpées, et des bancs d'immenses rochers la pressent comme des murs placés par la nature pour la retenir et l'empêcher de franchir ses rives; tandis que son

---

1. Joseph-Charles Taché a laissé une version de la légende de Cadieux dans ses *Forestiers et voyageurs*. On pourra aussi consulter l'article de Conrad LAFORTE, « La complainte de Cadieux », dans le tome I du *Dictionnaire des œuvres littéraires du Québec*, sous la direction de Maurice LEMIRE et publié chez Fides en 1978, p. 133-134.

cours accidenté et tumultueux donne à sa turbulence un air de grandeur et d'indépendance orgueilleuse, qui fait de cette rivière la reine des torrents. Jamais ses eaux ne sont longtemps paisibles. Le courant rapide les entraîne bientôt mugissantes et la cascade bondissante couvre les rochers d'écume. Le flot s'apaise encore, et le lac au mirage tranquille le retient un instant ; mais le flot reprend sa marche bruyante, le long rapide gronde au milieu des cailloux étincelants ; et l'écume et les eaux agitées viennent encore se reposer dans un autre lac où se reflètent encore les grands arbres et les rochers de la côte élevée. Puis, plus bas, la face du lac se ride, le mirage danse près des bords, et l'eau s'élève encore en vagues boudeuses qui battent les grèves ; la rive frémit et un flocon d'écume apparaît déjà tournant sur lui-même ; et à l'endroit où les côtes se rapprochent, où les rochers voudraient encore retenir entre leurs bras ses flots caressants, l'Outaouais fait un bond et les rochers sont franchis. Des masses d'écume annoncent l'effort des eaux. Des remous, des tourniquets sans nombre, des tourbillons de gerbes, des jets immenses se forment au passage des eaux en colère ; et la lumière reflétée en mille couleurs par les prismes des flots, la cime des rochers enveloppée de vapeurs où brille l'arc-en-ciel, les cailloux brillants qui scintillent à mesure qu'ils apparaissent ou disparaissent tour à tour, étonnent et saisissent d'admiration, tant il y a de beauté et de grandeur dans les mouvements de la rivière et les accidents variés des rapides. Mais un bruit sourd, continu, se fait entendre, toujours semblable, mais sans monotonie — et la mélancolie entre au cœur, — et au milieu de cette douce tristesse où l'homme se complaît en extase, devant les grands jeux de la nature, l'œil ne se rassasie point de contempler, ni l'oreille d'entendre ces rapides de l'Outaouais.

La partie du cours de la rivière qui présente à la fois le plus de variété et de pittoresque, est sans contredit l'île du Grand Calumet et ses environs à quelques lieues en descendant, et en remontant jusqu'aux Allumettes. C'est dans cet espace que se trouve le gracieux lac des Chats, puis le rapide du même nom, puis les grands sauts de la Montagne, du Portage du Fort, le d'Argy, les Sept chutes du Grand Calumet, le chenal du Rocher Fendu, le lac Coulonge, et beaucoup d'autres lacs et rapides de la plus grande beauté. L'île du Grand Calumet occupe à peu près le milieu de cet espace. Deux bras de la rivière l'entourent de flots d'écume, qui viennent se précipiter en cascades tumultueuses de la côte de la pointe inférieure de l'île. La plus remarquable se trouve du côté nord. Elle porte le nom des Sept chutes, et est une des plus considérables de l'Outaouais. Les canots qui descendent la rivière ne la sautent jamais, ils l'évitent par le Portage du Calumet qui se fait sur l'île même. Ils traversent ensuite la rivière pour prendre le portage du Fort, afin d'éviter également les rapides de d'Argy, de la Montagne, et du Fort qui se trouvent plus bas et se succèdent de très près.

C'est là, sur l'île du Grand Calumet, près des Sept chutes, que tous les voyageurs de l'Outaouais, engagés des Pays d'en haut, hivernants, hommes des chantiers, s'arrêtent et font halte en montant et en descendant. Fatigués du portage du Fort et de celui du Calumet qu'ils viennent de faire, ils campent et se reposent. Le feu s'allume, la marmite est accrochée au-dessus de la flamme qui pétille; et en attendant la nuit qui doit amener le sommeil, le voyageur canadien, insouciant, méprisant les dangers qui l'attendent, comme ceux qui sont passés, fume sa pipe noircie, et raconte les accidents de la rivière, les aventures des pays hauts, ses amours dans sa paroisse, ou des contes ou des légendes; et par instants, des chansons vives ou mélancoliques viennent dissiper ses ennuis, réveiller son esprit qui s'assoupit, ou l'animer à la danse, que le voyageur exécute comme pour braver la fatigue et protester contre cet abattement des forces par les travaux durs, dont les Canadiens ne veulent jamais convenir.

La lune de ses rayons sereins éclaire des groupes nombreux ; et la flamme des bûchers allumés colore de ses reflets rouges, la face brunie de ces hommes forts qui, assis en cercle après leur repas du soir, reprennent le cours de leurs légendes ou de leurs chansons. Mais chacun des voyageurs se sépare à son tour du groupe de ses camarades, et s'avance vers l'intérieur de l'île ; on suit ses pas lents aux rayons de la lune. Sa figure se recueille à mesure qu'il s'éloigne du campement ; et à la vue d'une croix plantée au haut de la côte, il ôte sa tuque bleue et s'agenouille. Il a rencontré là d'autres voyageurs également recueillis, et ils disent ensemble le chapelet ; puis la prière dite, chacun d'eux s'en retourne vers ses camarades, et ils sont remplacés par d'autres.

Si ces hommes forts et fiers vont prier à cette croix, c'est que tout Canadien a toujours et partout une prière en réserve au fond de son cœur, et que son instinct religieux se réveille aussitôt à la vue du signe de la religion ; mais s'ils semblent pleurer en priant à cette croix du Grand Calumet, c'est que là repose un homme dont ils vénèrent la mémoire, le patron, le modèle des voyageurs. En effet, c'est sous cette croix de bois, renouvelée de génération en génération, où tous les voyageurs ont prié, que tous connaissent et dont ils ne parlent jamais sans attendrissement, qu'est enterré Cadieux, dont le souvenir ne périra pas chez le peuple canadien, parce qu'il était un homme de cœur et un bon voyageur ; et parce que ses malheurs et sa mort font le sujet d'une légende que je vais rapporter, comme je l'ai entendu raconter par des anciens et par de jeunes voyageurs de l'Outaouais.

Du temps des Français, il y a environ deux cents ans, nos grands-pères étaient en guerre avec les Iroquois. Ces sauvages étaient les plus braves et les meilleurs guerriers de toute l'Amérique ; et ils avaient entrepris d'empêcher les Francais de s'établir dans ce pays. La colonie était faible alors ; mais quoiqu'il y eût peu de monde, les Canadiens avaient déjà parcouru toutes les rivières au Nord et au Sud, et ils s'étaient faits amis avec toutes les nations sauvages, pour faire le commerce des pelleteries. Rien n'arrêtait nos pères dans leurs courses, et les voyageurs après avoir fait des mille lieues de pays, et avoir transporté leurs canots depuis Lachine jusqu'au fond du lac Supérieur, et parmi les nations des Sioux et des Assiniboëls, et plus au Nord, parmi les Sauteux et les Cris, ils revenaient par la rivière des Outaouais, avec de bonnes charges de peaux de castor ou de bœufs du Nord, ou d'autres pelleteries qu'ils déposaient à Montréal, pour les envoyer ensuite en France. Mais les Iroquois n'avaient jamais voulu faire alliance avec les Français. Au contraire, après avoir fait la guerre aux autres nations amies, et les avoir toutes battues, ils étaient devenus si puissants qu'ils s'étaient répandus hors de leur pays, situé au sud du fleuve et du lac Ontario, et guettaient sur toutes les rivières les canots et les partis de voyageurs, qui montaient dans les Pays d'en haut, ou qui en revenaient; mais surtout lorsque les canots étaient chargés de pelleteries pour les piller et les aller vendre au fort Chouguen.

Dans ce temps-là, les Iroquois étaient les maîtres sur la rivière des Outaouais; aucun parti de voyageurs ne pouvait y passer sans être aussitôt attaqué, les hommes tués et brûlés vifs par les sauvages, et les marchandises enlevées. Ni les Hurons, ni les Algonquins n'osaient se montrer, pour secourir les voyageurs, tant ils avaient peur des Iroquois; et les Canadiens et les Français du pays, après avoir envoyé bien des partis de guerre et des coureurs des bois, pour les chasser, avaient été obligés d'y renoncer, sans avoir pu se défaire d'un ennemi qui empêchait leur commerce de se faire. Il y avait déjà trois ans qu'aucun canot n'était revenu d'en haut, et les bourgeois et les voyageurs, arrêtés au Sault Sainte-Marie en grand nombre, s'impatientaient d'attendre plus longtemps.

Ils entreprirent donc de se frayer un passage jusqu'à Montréal pour y rapporter leurs marchandises, quels que fus-

sent les dangers qu'ils auraient à rencontrer de la part des
Iroquois. Ils paraissaient bien décidés ; mais tous n'avaient pas
le même courage, et quand il fallut partir, la plupart n'osèrent
le faire. Du reste, les dangers étaient de nature à effrayer les
plus braves. Cependant plusieurs canots partirent, mais presque
tous s'arrêtèrent en route, — les uns à Manitoulin, les autres
à La Cloche, et ailleurs encore. Enfin, arrivés au bout du
Portage du lac Nipissingue, il ne restait plus que deux canots ;
et ici encore au moment où les périls allaient commencer, les
voyageurs délibérèrent s'ils devaient renoncer à leur entreprise,
et s'en retourner comme les autres, afin d'attendre que les
Iroquois se fussent retirés des bords de la rivière des Outaouais,
ou bien s'ils allaient continuer leur voyage et s'exposer à être
obligés de se défendre jusqu'à la mort, pour ne pas tomber
vivants entre les mains d'ennemis aussi féroces, que ceux qu'ils
s'attendaient à rencontrer. Presque tous étaient d'avis qu'il
valait mieux reprendre le chemin du Sault Sainte-Marie. —
Un seul homme éleva la voix contre ce projet, et voulut
continuer la route et se rendre à Montréal. C'était Cadieux, le
guide de l'expédition. Il exposa à ses compagnons combien il
serait honteux de se décourager avant même d'avoir vu le
danger. — Et que diraient d'eux ceux qui les avaient vu continuer jusqu'ici en se moquant des autres qui restaient en arrière. Il chercha à les persuader par tous les moyens possibles,
mais tout ce qu'il pouvait leur dire ne produisait aucun effet
sur eux, tant ils craignaient les Iroquois. Enfin, tentant un
dernier effort et attaquant au cœur ces hommes si braves d'ordinaire et qui perdaient courage pour la première fois de leur
vie, il saisit son aviron, et s'écria : que ceux qui sont malades
s'en retournent — et que ceux qui ont du cœur me suivent
— je les conduirai à la bonne étoile. — Ces mots suffirent, et
les plus braves s'élancèrent avec lui, dans le plus grand des
deux canots. Ceux qui n'eurent pas le courage de le suivre,

qu'il avait appelés malades, s'en retournèrent rejoindre ceux qu'ils avaient semés sur la route.

Cadieux était le plus brave des coureurs des bois, en même temps que le guide le plus habile parmi tous les voyageurs. Il maniait le fusil et l'aviron avec la même dextérité ; et si, dans les combats, il savait frapper au cœur le chef des Iroquois, il savait également échapper à leurs bandes plus nombreuses, à travers les passes les plus secrètes des rivières, et conduire son canot au milieu des rapides les plus difficiles à sauter. Aussi ceux de ses compagnons qui, animés de son exemple, s'étaient embarqués avec lui dans le grand canot, s'élancèrent sur les eaux de l'Outaouais, confiants dans leur chef et déterminés à mourir avec lui, en combattant les Iroquois, s'ils en rencontraient en chemin. — Ils étaient tous bien armés. — Le canot voguait superbement, et s'élançait par bonds sur les eaux à chaque coup des avirons et la voix sonore du guide réglait leurs efforts, en répétant ces chansons à tour vif et hardi, qui raniment le courage et reposent le bras du voyageur ; mais le plus souvent ils nageaient en silence, de peur que quelqu'Iroquois en sentinelle ne les découvrît ; ils allaient à force d'avirons nuit et jour ; et à mesure qu'ils avançaient, les ennemis leur semblaient moins dangereux et moins nombreux, puisqu'aucun n'avait encore paru. Leur sécurité ne fut pas de longue durée.

Un jour qu'ils faisaient du portage, portant leur canot et leurs marchandises à travers les rochers qui bordent la rivière, un des voyageurs, envoyé aux écoutes sur le haut de la côte, crut entendre un de ces cris aigus ressemblant au sifflement du serpent. Chacun s'arma à l'instant, et se prépara au combat ; en effet, une petite troupe d'Iroquois parut sur la rive opposée et allait mettre ses canots à l'eau. Une décharge de coups de fusils tirée par le parti de Cadieux, les dispersa aussitôt. Mais une autre troupe sortant du milieu des arbres vint aussitôt fondre sur les voyageurs. — Ceux-ci après un combat où ils tuèrent plusieurs sauvages eurent le temps de se rembarquer ; ils forcèrent à nager pour s'éloigner des Iroquois qui les poursuivaient, et ils gagnaient insensiblement sur l'ennemi qui ne pouvait les atteindre. Mais il n'y avait pas seulement ceux qui les avaient déjà attaqués ; les canots des Iroquois étaient échelonnés de distance en distance, à chaque portage, dans toutes les anses de la rivière. À chaque détour d'une pointe de terre ou d'un rocher, de nouvelles bandes de sauvages apparaissaient sur le rivage et, mettant leurs canots à flot, s'élançaient à la poursuite des voyageurs. Mais ils ne perdaient pas courage ; le canot fendait les eaux, ses flancs résonnaient sous le choc des avirons ; et Cadieux connaissait si bien la rivière qu'il les dirigeait à travers les passes les plus courtes et les plus difficiles où les sauvages n'osaient les suivre, et ils sautaient presque tous les rapides ; tellement qu'arrivés au chenal des Sept chutes, les Canadiens purent croire qu'ils avaient laissé derrière eux tous les ennemis. Leurs bras fatigués ralentirent leurs efforts ; ils essuyèrent leurs fronts chargés des sueurs d'une fuite de vingt lieues. Ils abordèrent à l'île du Grand Calumet pour faire le portage.

Debout à la pince du canot, Cadieux avait examiné l'île attentivement. Aucune fumée ne s'élevait au milieu des arbres ; nul bruit autre que le sifflement du vent dans les branches ou des eaux dans les rapides ; l'orignal broutait sur le bord de la côte ; tout indiquait une paix profonde dans cette île déserte et faisait croire que depuis longtemps sa solitude n'avait pas été troublée par le bruit des pas des sauvages ou la présence des chasseurs. Il n'y avait donc pas d'Iroquois dans l'île, et les voyageurs, heureux d'avoir échappé à tous les dangers, touchaient le rivage. Cadieux sauta à terre le premier ; et les voyageurs, ne croyant plus à l'ennemi, halaient lentement le canot pour faire le portage ; quand tout à coup des Iroquois placés en embuscade s'élancèrent sur eux, le casse-tête à la main, en poussant des cris affreux. Les Canadiens, atterrés par cette attaque soudaine et effrayés par le nombre, se rembarquèrent à la hâte et poussèrent au large. Mais là encore était la mort; le saut des Sept chutes; le plus terrible des rapides de l'Outaouais, le plus affreux à voir les attendait pour les engloutir dans ses abîmes. Cependant, le casse-tête des Iroquois brillait sur la rive, et ces sauvages dans la joie féroce du triomphe qu'ils croyaient remporter, allumaient déjà les bûchers où ils allaient brûler les malheureux voyageurs. Ils préférèrent donc sauter ce terrible rapide qu'aucun canot n'avait encore franchi.

Ils dirigèrent leur canot vers le plus fort du courant, persuadés qu'ils allaient à une mort presque certaine, mais comptant sur l'habileté de leur guide, sur Cadieux, qui les avait conduits par des passages presque aussi dangereux; mais au moment où ils se livraient à cette pensée, à ce dernier espoir, ils jetèrent les yeux vers la pince du canot. Leur cœur se serra; Cadieux manquait, — Cadieux était resté à terre; ils allaient mourir. Le canot était entraîné avec une rapidité effrayante. Les voyageurs cessèrent de nager, ils firent le signe de la croix, et se croisèrent les bras, récitant le chapelet, et ne se confiant plus qu'à Dieu et à une autre vie, mais décidés à périr en hommes et sans effroi.

Le canot allait disparaître dans l'abîme, et la prière expirait plus fervente sur leurs lèvres, quand une femme vêtue de blanc, avec une couronne de lumière, apparut à la pince du canot. Elle occupait la pince du canot et guidait nos voyageurs. Le canot s'élança d'un seul bond par-dessus la chute, sans même toucher à l'eau, et retomba mollement balancé sur les flots plus tranquilles au bas du rapide. Les voyageurs, émerveillés de cette apparition extraordinaire, restèrent anéantis; ils ne savaient s'ils étaient encore de ce monde. Les balancements du canot les rappelèrent bientôt au sentiment de leur existence, et ils reprirent leurs avirons en rendant grâce à Dieu de les avoir sauvés par ce miracle ; et le canot, guidé encore par cette main surnaturelle, franchit de la même manière le d'Argy et les rapides du Fort.

Les sauvages ayant vu le canot s'éloigner de la rive crurent que les voyageurs allaient se diriger de l'autre côté de la rivière pour tenter d'y faire portage ; et espérant rattraper leur proie, ils faisaient déjà le portage sur l'île. Cadieux était tombé entre leurs mains ; l'un d'eux se préparait déjà à lui lever la chevelure. En voyant la femme, il s'arrêta stupéfait. La terreur glaça leur cœur, à tous. Arrête ! arrête ! s'écria leur chef — n'allons pas plus loin — tu as vu la femme blanche — fuyons, fuyons ! Le grand esprit nous dit de ne plus tuer de Français. Et les Iroquois disparurent à l'instant même, et ne revinrent plus sur la rivière des Outaouais.

Cadieux, délivré tout à coup des mains des sauvages, vit leur fuite ; mais il n'avait pas vu son canot sauter les Sept chutes, ni la femme blanche qui le conduisait. Resté seul sur l'île, il déplorait le sort funeste qui l'avait jeté sur cette côte déserte. Il aurait préféré mille fois avoir partagé le sort de ses compagnons qu'il croyait péris dans le rapide. Que ne suis-je mort avec eux, que n'ai-je été englouti dans l'abîme — au lieu d'être laissé ici pour y mourir de faim ou être dévoré par les bêtes sauvages ; encore, disait-il, si les Iroquois m'avaient ôté la vie tout à l'heure ; mais non, ils reviendront, et je mourrai dans les tortures, je serai brûlé à petit feu. — Et il appelait de tous les côtés ; il appelait chacun de ses compagnons par leur nom tour à tour ; il suppliait la mort de l'enlever, de réunir son âme aux leurs. Mais l'écho seul répétait ses cris et ses prières ; le seul bruit qui répondait à sa voix, était le sifflement du vent dans les grands arbres, et le fracas des eaux qui grondaient dans les rapides. Cependant, Cadieux reprit bientôt courage. Quelque pénible que fut sa position, elle n'était pas tout à fait désespérée ; il avait déjà vécu longtemps seul au milieu des bois, et il pouvait aussi espérer que des sauvages de quelque nation amie passeraient par là. Il se décida donc à faire tout ce qu'il pourrait pour prolonger son existence jusqu'à ce qu'il pût sortir de l'île d'une manière ou d'une autre.

Espérant que, peut-être, il trouverait des armes ou quelques provisions que ses compagnons auraient oubliées, il se dirigea vers le point de la côte où il avait abordé ; mais, hélas ! son fusil était resté à bord du canot, et rien, absolument rien, n'avait été débarqué. Il lui fallut donc se mettre à la recherche de racines et de fruits sauvages pour apaiser sa faim. Cependant, il éleva une petite cabane de branches de sapin, et alluma du feu, en frappant deux cailloux l'un contre l'autre, au-dessus d'un morceau d'écorce de cèdre. La nuit était venue, et il se blottit dans la cabane, à côté de son feu. Il allait s'endormir, mais bientôt les tristes pensées rentrèrent plus vives dans son cœur ; il ne pouvait s'expliquer la fuite subite des Iroquois ; ils ne manqueraient pas de revenir, pensait-il ; et s'ils le trouvaient, il n'y aurait pas de pire sort que le sien ; il détruisit sa cabane et éteignit son feu, et s'alla cacher dans les broussailles épaisses qui couvraient le milieu de l'île. Il passa ainsi sa première nuit.

Le lendemain, et les jours suivants, il eut plus de courage. Il reconstruisit sa cabane et ralluma du feu. Les fruits sauvages et les racines suffisaient à peine à le délivrer des plus vifs tourments de la faim. Quelquefois il réussissait à abattre un oiseau, en lui lançant des pierres ; d'autres fois, une proie échappée à la serre d'un vautour, que ses cris effrayaient, venait encore, pour un peu de temps, assouvir son appétit et lui rendre un peu de forces ; il réussissait aussi, quoique rarement, à prendre un poisson arrêté au milieu des branches d'osier qu'il avait fabriquées en filet et tendu dans la rivière ; mais ces ressources étaient insuffisantes, et, faute de nourriture, ses forces s'épuisaient. D'ailleurs, la frayeur où il était de voir revenir les Iroquois le forçait à se tenir caché le plus souvent ; et il entendait chaque nuit rôder autour de lui, dans l'épaisseur de la forêt, le loup féroce et l'ours aussi terrible, pour un homme sans armes et affaibli par la misère, que le sauvage qu'il redoutait. Encore, s'il avait pu faire du feu, il n'aurait eu rien à craindre des bêtes de la forêt; mais la moindre fumée vue de loin par les sauvages l'aurait fait découvrir, et il n'allumait quelques branches que pour s'empêcher de geler au milieu de la froide automne [sic] qu'il faisait alors, et faire cuire quelquefois l'oiseau ou le poisson que son adresse ou le hasard avait fait tomber entre ses mains. Le sommeil fuyait loin de ses paupières, et s'il s'endormait accablé de misères, les songes les plus effrayants le poursuivaient, le moindre bruit venait le réveiller et le faire bondir sur son lit de feuillage. À chaque instant, il croyait entendre le pas lointain des Iroquois. C'était le bruit sonore du pied du chevreuil sur le rocher. Tantôt il s'imaginait entendre le cri du guerrier à la découverte; et il reconnaissait bientôt le cri du hibou au milieu de la nuit, ou le glapissement du renard, sortant de son terrier. Tantôt un bruit comme d'avirons venait frapper son oreille. Voilà les sauvages, pensait-il, et il montait sur un rocher, cherchant de quel côté fuir; et il se rassurait en découvrant une troupe d'orignaux traversant la rivière ou les cercles onduleux que le maskinongé laisse dans le chenal après un saut hors de l'eau. Pas un mouvement dans les branches, pas le moindre bruit sur l'eau ou les rochers, pas un cri de quelqu'animal sauvage qui ne vint l'alarmer, qui ne fût pour lui le bruit de l'approche de l'ennemi ou le hurlement du sauvage qui découvre la piste d'une victime à sa cruauté.

Une seule consolation restait à Cadieux. Il priait souvent, et dans cette solitude affreuse, où nul être ne l'entendait, où il vivait dans l'abandon des hommes et de tout ce qui attache à la terre, son âme s'élevait vers le ciel, et il parlait à Dieu, dernier refuge du malheureux; son esprit s'exaltait, et [dans] cette nature superbe, au milieu de ce délaissement horrible, [il] voulut laisser à ses amis, qui viendraient par la suite dans cette île, aux voyageurs qui allumeraient leur feu sur cette rive sauvage, aux hommes de son pays, un souvenir, quelque chose, qui rappellerait sa mémoire et sa mort. Il devint poète, et chanta lui-même ses malheurs. À l'aide d'épines et de cailloux aigus, il traça ses pensées sur l'écorce d'un hêtre ; et exprima par de vives images les peines de cet exil, où il attendait la mort, si lente à venir pour l'homme seul et sans espoir.

Bien des jours, bien des nuits se passèrent ainsi pour Cadieux. Cependant, ses compagnons avaient fait des efforts inouïs pour atteindre Montréal ; nageant jour et nuit de toutes leurs forces, sans relâche. Jamais avirons n'avaient foulé plus fortement les eaux de l'Outaouais ; jamais canot n'avait vogué avec autant de rapidité. Ils ne furent pas plutôt arrivés à Montréal, que l'histoire de leurs aventures vola de bouche en bouche. Tout le monde voulait les voir et les entendre. Mais ils ne perdirent pas un instant, et se rendirent auprès du gouverneur de la ville. Ils lui racontèrent comment ils avaient été sauvés des mains des Iroquois, et comment ils avaient été conduits par la femme blanche qui avait guidé leur canot, en sautant les Sept chutes. Ils lui dirent aussi comment, dans leur fuite précipitée, ils avaient poussé au large sans s'apercevoir que Cadieux était resté sur l'île. Ils ajoutèrent qu'ils étaient prêts à repartir pour aller le chercher et le ramener avec eux, si le gouverneur voulait leur donner du renfort. Le gouverneur estimait Cadieux. Ce guide intrépide l'avait conduit souvent dans des expéditions lointaines et l'avait toujours bien servi ; il lui avait même une fois sauvé la vie. Il se décida donc à faire partir une expédition pour aller à sa recherche. Aussitôt les troupes et la milice furent convoquées sur la place d'armes, et trente hommes des plus courageux offrirent leurs services pour cette entreprise. Ils se joignirent aux voyageurs qui venaient d'arriver et partirent en grande hâte.

La route était longue, et l'automne tirait à sa fin ; l'eau de l'Outaouais était lourde, et le mauvais temps retardait leur marche ; cependant, ils ne mirent pas grand temps à se rendre.

Ils venaient de faire le portage du Fort, et traversaient la rivière pour aborder à l'île du Grand Calumet. En approchant des lieux où était apparue la femme blanche, le cœur des voyageurs battait fort. Une terreur religieuse les dominait; tous firent le signe de la croix et une courte prière, et ils accostèrent silencieux, au-dessous du grand rapide. Il n'y avait personne sur le rivage, et ils n'y aperçurent aucune trace des pas d'un homme; seulement, dans le lointain, vers le milieu de l'île, une légère fumée s'élevait entre les arbres. Le cœur des voyageurs battait entre l'espoir et la crainte. Etait-ce Cadieux? — Était-ce les Iroquois? — Allaient-ils retrouver l'ami qu'ils cherchaient, ou rencontrer des ennemis à combattre? Ces pensées se combattaient dans leur esprit. Enfin, toutes les précautions nécessaires prises, chacun ayant son fusil chargé et son couteau, ils se dirigèrent vers l'endroit où s'élevait la fumée qu'ils avaient aperçue. Ils ne pouvaient plus la voir. Alors, ils parcoururent l'île dans tous les sens, mais pendant longtemps, ils ne purent rien découvrir. Cependant, après bien des recherches, ils trouvèrent une cabane. Elle était abandonnée; le feu venait d'être éteint. Ils se mirent à appeler de toutes leurs forces: Cadieux, Cadieux! pas de réponse, l'écho seul répétait le nom de Cadieux; ils appelèrent longtemps, et cherchèrent encore, mais inutilement. Leur cœur était navré; et ils commençaient à se désespérer lorsque tout à coup la figure d'un homme apparut entre les rochers, comme un fantôme. C'était Cadieux. Personne ne le reconnut d'abord, pas même son meilleur ami. Pauvre Cadieux, tant il était amaigri, tant la misère, la faim, le désespoir, avaient creusé de rides sur son visage. Mais c'était bien Cadieux, ses compagnons coururent vers lui, ravis de joie. Lui-même, s'avançait lentement vers eux; un éclair de bonheur ranima un instant son œil terne, au moment où ses compagnons s'élancèrent pour l'embrasser; mais sa joie était trop vive. Il tomba mort entre leurs bras.

Cadieux n'avait pu survivre au bonheur de revoir ses

compagnons; la misère et la faim l'avaient rendu trop faible pour supporter cette émotion. Il fut pleuré amèrement par ceux qui avaient pu espérer un instant qu'ils l'avaient sauvé. Il fut enterré à l'endroit où il était mort; et une croix de bois fut plantée sur la tombe. Quand elle vieillit on la renouvelle, et c'est là que le voyageur, de nos jours encore, va prier, et pleurer cet homme, le modèle des voyageurs. Un gros hêtre se trouvait près de là. Ses compagnons trouvèrent gravés sur l'écorce de cet arbre, des vers pleins de sentiments et d'images, mais aussi mélancoliques que fut triste le sort de celui qui les composa. Il ne savait pas écrire, dit-on, mais sans doute, il s'exprima par des signes que comprirent ceux qui l'aimaient. Quoi qu'il en soit, la Complainte de Cadieux, que chantent les voyageurs, est trop originale et exprime des sentiments trop vrais, pour n'être pas la composition d'un homme rude, poète et malheureux.

(*L'Écho des campagnes*,
18 et 25 novembre 1847)

Charles Laberge

—≈≈≈—

Avocat, journaliste et homme politique, Charles Laberge est né à Montréal le 21 octobre 1827, d'Ambroise Laberge, marchand, et de Rose Franchère, sœur de l'explorateur Gabriel. Il fait ses études au Collège de Saint-Hyacinthe (1838-1845), où il débute dans le journalisme en fondant un journal, Le Libéral. Admis au barreau en 1848, après avoir étudié sous la direction de René-Antoine-Richard Hubert, il pratique d'abord dans sa ville natale puis s'installe à Saint-Jean d'Iberville. Membre de l'Institut canadien de Montréal, dès 1845, il est l'un des principaux collaborateurs de L'Avenir, où il publie plusieurs articles sur des sujets divers et même un conte intitulé «Conte populaire», en 1848. Élu député du comté d'Iberville, en 1854, il devient solliciteur général. Mais il renonce à la politique bientôt, pour accepter, en 1860, un poste à Sorel, poste qu'il perd toutefois, l'année suivante, avec l'arrivée au pouvoir des conservateurs. En 1860, il fonde, avec son ami Félix-Gabriel Marchand, Le Franco-Canadien, à Saint-Jean d'Iberville, et collabore à L'Ordre, autre journal libéral. En 1872, il devient rédacteur du National. Il meurt à Montréal le 3 août 1874.

Conte populaire

Paris ne s'est pas fait en un jour, Terrebonne non plus. Or, donc, Terrebonne qui est aujourd'hui un beau et grand village, étendu de tout son long sur la côte de la rivière Jésus, n'était, au dernier siècle, qu'un tout petit enfant qui s'essayait en jouant à grimper sur la côte. Il y avait dans ce petit village une petite maison, dont l'emplacement se trouve aujourd'hui au pied de la côte, au beau milieu de Terrebonne. Cette maison se trouvait à la fourche de quatre chemins, circonstance importante quand on sait que c'est toujours là que se fait cet effrayant contrat : la vente de la *poule noire*. Le ciel était beau mais la terre bien triste. L'automne l'avait jonchée de feuilles mortes, et les pluies l'avaient recouverte d'une hideuse couche de boue. Pourtant, il n'y a pas de mauvais temps, quand il s'agit de chômer une de ces fêtes canadiennes aussi vieilles que la première croix plantée sur notre sol. Or, c'était la Sainte-Catherine, ce jour de réjouissances nationales ; c'était la fête de cette sainte dont le nom seul apporte le sourire sur les lèvres des Canadiens. Terrebonne était alors, comme il l'est encore, essentiellement français, de sorte que tout ce qu'il y avait de gai s'était donné rendez-vous à la fourche des quatre chemins. La toilette était au grand complet ; de beaux grands garçons à la tournure cavalière, et des jeunes filles charmantes (comme il y en a encore à Terrebonne).

Quand tout ce jeune monde fut disposé dans un local de vingt pieds carrés, c'était charmant à voir : toutes ces têtes qui s'agitaient, ces pieds qui trépignaient, ces sourires, ces œillades, ces petits mots jetés négligemment dans l'oreille d'une voisine en passant, tout cela formait le plus joli coup d'œil.

Après qu'on se fut donné force poignées de main, et peut-être quelques baisers, ... ce dont la chronique toujours discrète ne dit rien ; ... quand les jeunes filles eurent bien babillé, et se furent débarrassées de leurs manteaux, quelque chose frappa d'abord tous les jeunes gens à leur en faire venir l'eau à la bouche : une forte odeur de sucre était répandue dans la maison. Dans un coin, il y avait une cheminée que réchauffait un bon feu ; sur ce feu, étaient disposées méthodiquement deux grandes poêles à frire, qui contenaient, ce que tout le monde a deviné, de la mélasse ; car que faire à la Sainte-Catherine, si l'on ne fait pas de la tire ? La liqueur s'élevait à gros bouillons au-dessus des poêles, pour annoncer que tout serait bientôt prêt. Tous les yeux étincelèrent de joie. Après quelques minutes d'attente, employées à se prémunir contre les dangers qu'allait courir la toilette, le sucre fut apporté dans l'appartement. Il n'y a pas besoin de dire que ce fut une fureur ; tout le monde se jetait dessus, en arrachait les morceaux des mains de ses voisins, avec des éclats de rire fous ; tout l'appartement fut métamorphosé en une manufacture de tire. Il y en avait partout, au plancher d'en haut comme à celui d'en bas ; l'appartement en était saturé. Puis, les lignes se formèrent, on joua à la seine avec de longues cordes de tire qui pêchaient les gens par le visage, chacun se permettait de dorer la figure de son voisin ; tout le monde était sucré, barbouillé, tatoué, de la façon la plus pittoresque. C'était un brouhaha dans la maison à ne plus entendre, un tintamarre à devenir sourd.

Une seule chose pouvait ralentir l'entrain et, pour un instant du moins, donner un peu de répit, c'était la musique, ce charme qui entraîne tous les êtres vivants, quelque grossiers que soient ses accords. Mais ici le roi des instruments venait de résonner. Un jeune blondin, à figure prétentieuse, assis dans un coin, promenait à tour de bras son archet sur son violon, en battant la mesure à grands coups de pied. Tout le monde se mit à fredonner et à sautiller: la tire était vaincue. Les souliers volent d'un bout à l'autre de la chambre sans qu'on les voit partir, les gilets en font autant: c'était un enchantement, un sort. Deux couples entrent en danse, et entament une gigue furieuse, chacun de leur côté. Les sauts, les gambades, les saluts, les demi-tours à droite et à gauche, c'était un vrai tour-billon, c'était comme la chanson: *sens dessus dessous, sens devant derrière*. À la gigue succédèrent la contredanse, la plongeuse, le triomphe, toutes danses animées, vives et gaies. Tout le monde était transporté. Danseurs et danseuses, hors d'eux-mêmes, sautaient, *frottaient*, piétinaient à en perdre la tête.

Au moment où la danse était le plus animée, on entend tout à coup frapper à la porte: ta, ta, ta.

— Ouvrez, dit un des danseurs.

Un monsieur, vêtu en noir des pieds jusqu'à la tête, à la figure belle et intéressante, à la tournure distinguée, entre dans la maison. Chacun des assistants, avec cette politesse hospita-lière, caractère national des Canadiens, s'empresse autour du nouveau venu; mille politesses lui sont prodiguées, et on lui présente un siège qu'il accepte. Les gens furent un peu surpris; mais la politesse, l'hospitalité vraie et cordiale est si naturelle chez nos habitants, fait tellement partie de leurs mœurs, que l'étonnement fut de courte durée. La danse recommença comme de plus belle. L'étranger émerveillé regardait avec in-térêt cette gaîté franche, si naïve, si expansive. Après quelques minutes, le *monsieur* étranger fut poliment invité à danser; il ne se le fit pas répéter et accepta l'offre de la meilleure grâce du monde. Il choisit parmi les jeunes filles une des plus jolies, et la promena tambour battant dans tout l'appartement. Tout le mode admirait les grâces et la bonhomie de l'étranger, quand tout à coup la danseuse pousse un cri qui fait tressaillir tous les assistants et s'évanouit. La main de son *partner* avait violemment pressé la sienne. On la transporte dans une chambre, où les soins lui sont prodigués. La danse fut interrompue, tous les assistants commencèrent à regarder le *monsieur* avec soupçon. Le plaisir avait fait place à l'inquiétude. Un des jeunes gens s'avance vers l'étranger et lui demande son nom. Pas de réponse. Tout le monde se regarde avec étonnement : quel est cet homme singulier ? La demande réitérée ne reçoit pas plus de réponse, même mutisme. L'étranger paraissait cloué à son siège, sans mouvement aucun ; seulement, ses yeux commençaient à devenir plus brillants. Les jeunes gens tinrent conseil, et on résolut de le faire sortir. L'un d'eux lui dit tranquillement : monsieur, nommez-vous, ou sortez. — Pas de réponse. Les jeunes filles effrayées se retirèrent dans un coin de l'appartement, attendant avec anxiété le dénouement de cette scène extraordinaire. Nommez-vous, ou sortez, répéta un des jeunes gens. — Pas de réponse. Un silence morne régna pendant quelques secondes. Tous restaient indécis, presque terrifiés, en voyant cet homme impassible qui ne bougeait pas. Un des plus résolus dit aux autres : c'est la dernière fois, il faut qu'il sorte. Chacun hésite à s'approcher le premier. L'étranger ne bouge pas davantage ; seulement ses yeux deviennent de plus en plus brillants et lancent des éclairs ; tous les assistants en sont éblouis ; personne ne peut soutenir son regard de feu. — Sortez, sortez. — Pas de réponse. — Eh bien ! il faut le sortir, dit l'un d'entre eux. Plusieurs s'approchent de lui en même temps, et le saisissent, l'un par les bras, l'autre par les revers de son habit. Ils font un violent mais inutile effort ; il reste ferme et inébranlable sur sa chaise, comme une masse de plomb. Ses yeux deviennent plus ardents, toute sa figure s'enflamme graduellement ; en même temps une violente commotion se fait sentir, la maison tremble. — C'est le diable ! crie d'une voix perçante le joueur de violon, qui lance son instrument sur le parquet. C'est le diable! c'est le diable! répète tout le monde. Impossible de peindre la frayeur, le trouble, la confusion; portes, chassis, tout vole en éclats sous les coups des fuyards; des cris déchirants se font entendre de tous côtés. Il n'y a pas assez d'ouvertures pour recevoir à la fois tout ce monde qui se heurte, se presse, s'étouffe. Les lambeaux de gilets et de robes restent accrochés aux portes et aux chassis. Les blessures, les meurtrissures font pousser des gémissements. À droite, à gauche, les jeunes filles tombent évanouies. Les plus alertes fuient à toutes jambes, en criant partout: le diable! le diable! et réveillent tout le village avec ces lugubres mots. Tous les habitants se lèvent; on sort, on s'informe. Quand le fort de la terreur fut passé, que quelques-uns eurent recouvré leurs esprits, ils racontent ce qu'ils ont vu. — Allons trouver M. le curé, dit une voix; — allons le trouver, répètent les autres.

Ils arrivent au presbytère, et trouvent le curé debout sur le seuil de sa porte, pâle, défait, ne sachant que penser. On lui raconte l'effrayant événement dans tous ses détails; c'est le diable, lui dit-on, c'est le diable.

Quand le curé eut bien pris ses informations: — J'y vais aller, dit-il, attendez-moi un instant.

Le curé rentre dans son presbytère, se dirige vers sa bibliothèque, et y prend un petit livre à reliure rouge, le petit livre mystérieux, le *Petit-Albert*. Il revient après quelques minutes, et tous se dirigent vers la maison, non sans trembler.

Le curé s'arrête à quelques pas, et fait signe à ses gens de ne plus avancer. Une clarté éblouissante était répandue dans la maison, on eût dit que l'incendie y exerçait ses ravages. Le curé regarde dans la maison, et aperçoit un homme de feu assis sur une chaise toujours à la même place, immobile. Surmontant la frayeur qui le gagnait malgré lui, il ouvre le *Petit-Albert* et en lit à haute voix quelques passages... l'homme de feu ne bouge pas. Il recommence à lire, accompagnant sa lecture de signes mystérieux, l'homme de feu s'agite violemment sur son siège. Le curé lit encore quelques mots, puis il dit à haute et intelligible voix : Au nom du Christ sortez d'ici !

Tout à coup la maison reçoit une violente secousse, le sol tremble sous leurs pas. Un tourbillon de feu passa à travers un pignon de la maison. Tous s'enfuirent en poussant des cris effrayants.

Le diable était parti, emportant avec lui un des pans de la maison, que l'on n'a jamais pu retrouver. Le curé s'en retourna tranquillement à son presbytère, le *Petit-Albert* sous le bras.

(*L'Avenir*, février 1848)

Paul Stevens

—␃—

Paul Stevens, né à Namur (Belgique) le 1ᵉʳ mai 1830, est le fils de Jacques-Joseph Stevens, chef de bureau au ministère de la Guerre à Bruxelles, et d'Adélaïde-Rosa-Josetha Wautier. Arrivé au Canada avant juillet 1854, il se fixe d'abord à Berthier où il épouse, le 10 mai 1855, Marie Valier dit Léveillé. Collaborateur au Pays, *à* L'Ordre, *au* National *et à* L'Avenir, *puis rédacteur de* La Patrie *en 1857, il devient, à l'automne de la même année, professeur de français et plus tard principal du Collège de Chambly. À partir de septembre 1858, il donne des cours de français et de dessin à Montréal et, en 1860, fonde avec Edouard Sempé et Charles-Waugh Sabatier,* L'Artiste, *journal littéraire et artistique qui disparaît après le deuxième numéro. Il participe activement aux travaux du Cabinet de lecture paroissial et y prononce, dès 1858, plusieurs conférences. Il accepte le poste de précepteur des familles Chaussegros de Léry et Saveuse de Beaujeu, à Coteau-du-Lac. C'est là qu'il meurt le 29 octobre 1881. Il a publié ses* Fables *en 1857 et ses* Contes populaires *en 1867*[1].

---

1. Pour une biographie plus fouillée, on consultera notre article dans le *Dictionnaire biographique du Canada*, vol. XI, de 1881 à 1890, p. 943-944.

Les trois diables

Tout est bien qui finit bien.

Il y avait une fois un cordonnier qui s'appelait Richard, quoi-qu'il ne fût pas riche, tant s'en faut. Il est probable que s'il eût eu à se baptiser lui-même, il se serait donné un autre nom ; mais, comme vous le savez, chers lecteurs, on n'est pas plus maître de son nom que de l'avenir. Pour peu que l'on soit sage, on les accepte tous deux comme ils tombent, et l'on vit content.

Il n'en est pas moins vrai, soit dit en passant, que le nom et la personne ne s'accordent pas toujours. Je me rappelle avoir connu dans le temps un Monsieur qui répondait au nom de Beaufils et qui, sans contredit, était bien le plus affreux petit bonhomme que la terre eût jamais porté ; et je vois passer presque tous les jours un autre Monsieur nommé Courtbras qui possède cependant une paire de bras qui remplaceraient très avantageusement les ailes d'un moulin à vent.

Mais revenons à Richard. Si c'était absolument néces-saire, je vous tracerais bien son portrait, mais comme ça pour-rait traîner mon histoire en longueur, je me contenterai de vous dire qu'il n'était ni trop grand, ni trop petit de taille ; ni gras, ni maigre, entre les deux ; ni beau, ni laid. C'était, en un mot, un homme comme il y en a beaucoup. Son âge, il ne le savait pas au juste, cependant il aurait pu vous le dire à dix ans près, et, au moment où commence notre récit, le brave Richard tirait sur cinquante.

Il n'y avait pas, à dix lieues à la ronde, un ouvrier qui travaillait plus rudement et qui fit de meilleur ouvrage que le bonhomme Richard : levé au petit jour et battant la semelle ou tirant ses points jusqu'au coucher du soleil, à peine se donnait-il le temps de prendre ses repas ; malgré cela, il demeurait pauvre, et pauvre comme Job.

Ça vous étonne, n'est-ce pas ? lecteurs ; un peu de patience, s'il vous plaît, ça ne vous étonnera plus tout à l'heure.

Il faut savoir que le bonhomme Richard avait une femme. Il n'y a là rien de bien extraordinaire, allez-vous dire, sans doute. Un cordonnier qui tire sur cinquante a très certainement le droit d'avoir une femme ; et ceci n'explique pas du tout pourquoi le bonhomme Richard demeure pauvre comme Job.

— Peut-être avait-il sa maison pleine d'enfants et de petits-enfants ?

— Il n'en avait jamais eu.

— Alors, c'est que ses pratiques ne le payaient point !

— Pas le moins du monde, tous ceux qui se faisaient chausser par le père Richard le payaient comme le roi.

— Mais s'il n'avait pas d'enfants, et si tout le monde le payait comme le roi, le bonhomme devait vivre à l'aise, ou bien il faut qu'il n'eût point d'ouvrage, les trois quarts du temps ?

— Pardon, j'ai dit tout à l'heure qu'il travaillait tous les jours, les dimanches et fêtes exceptés, depuis le matin jusqu'au soir — huit heures l'hiver, treize et quatorze pendant l'été ; mais quand bien même il aurait travaillé et gagné dix fois plus, le pauvre Richard serait toujours resté sans le sou, car il avait le malheur d'avoir une femme qui buvait.

S'il gagnait une piastre, sa femme avait soif pour deux.

Elle buvait comme un trou, comme plusieurs éponges, cette malheureuse créature; aussi n'était-elle connue dans l'endroit que sous le sobriquet peu flatteur de «l'ivrognesse».

Richard avait beau cacher son argent quand il en recevait, sa femme furetait si bien les moindres recoins de la maison qu'elle finissait toujours par trouver la cachette, et je n'ai pas besoin de vous dire que les écus du bonhomme ne prenaient pas alors le chemin de l'église.

Il arriva cependant que ça finit par tanner la vieille d'avoir toujours à chercher l'argent que son mari s'obstinait à cacher, et il lui passa un jour dans l'esprit une effroyable idée, — c'est étonnant comme les ivrognes ont toujours de mauvais desseins, — elle s'avisa d'invoquer le diable!... Lecteurs, il y a un proverbe qui dit: «Lorsqu'on parle du diable, il montre les cornes», rien n'est plus vrai. À peine la Richard l'eût-elle appelé, que le diable apparut.

— Que me voulez-vous? bonne femme, lui dit-il de sa voix la plus douce; pour avoir votre âme, il n'y a rien que je ne fasse.

— Eh bien! répondit l'ivrognesse entre deux hoquets, si tu veux me donner assez d'argent pour que je puisse boire tous les jours, pendant un an, autant de rhum que je voudrai, je te donnerai mon âme.

— À la bonne heure, voilà qui est bien parler! reprit le diable en ricanant et en tirant de sa poche une bourse pleine d'or; tenez, brave femme, prenez et buvez comme il faut, et du meilleur... mais rappelez-vous que, dans un an et un jour, vous m'appartenez; bonsoir!...

Et le diable disparut.

*
* *

Deux jours après que l'ivrognesse s'était vendue de la sorte, corps et âme, un pauvre vint à passer devant la porte de Richard et s'arrêta demandant la charité. Assis sur son banc et martelant des empeignes à coups redoublés, le père Richard ne remarquait pas sa présence.

— La charité, s'il vous plaît, mon petit frère!... répéta le mendiant.

— Je n'ai rien à vous donner, pauvre homme, et je vous assure que ça me fait bien de la peine de ne pouvoir vous soulager, dit Richard en essuyant une larme avec le coin de son tablier de cuir. Le bon Dieu m'est témoin que je ne demanderais pas mieux que de pouvoir venir au secours des pauvres, mais par malheur je n'ai jamais un sou par devers moi, ma femme boit tout mon gagne. Voilà trente ans que ce commerce-là dure, et le diable seul sait quand ça finira, car je crois bien qu'elle a été ensorcelée.

À ces mots, il s'opéra quelque chose d'étrange dans le maintien du pauvre qui se transfigura pour ainsi dire.

— Vous avez bon cœur, dit-il au père Richard, en jetant sur le cordonnier un regard de profonde commisération; eh bien! je veux vous récompenser de vos excellentes intentions à mon égard. Que puis-je faire pour vous? Que voulez-vous?... Que souhaitez-vous?... parlez, ce que vous demanderez vous sera accordé, je vous le promets.

Le père Richard, étonné de ce langage, regardait son interlocuteur avec une sorte de stupéfaction mêlée de respect et ne savait que penser.

— Voyons, parlez, brave homme; tenez, pour vous mettre plus à l'aise, je vous accorde d'avance trois souhaits, vous n'avez que l'embarras du choix.

Cependant le cordonnier continuait à garder le silence et semblait n'accepter qu'avec défiance cette étonnante proposition. Évidemment il croyait voir devant lui quelque jeteur de sorts, comme il en passe de temps à autre dans les campagnes.

— Ce que vous me dites là est-il bien sûr, dit enfin le père Richard en accentuant chaque syllabe et en regardant fixement le mendiant, comme s'il eût voulu lire jusqu'au fond de son cœur.

— Aussi sûr qu'il y a un Dieu dans le ciel et que vous êtes là sur votre banc, père Richard.

— Eh bien ! reprit le bonhomme d'un ton décidé, puisque vous voulez être si bon pour moi, — quoique je ne vous aie jamais vu ni connu, — je souhaite d'avoir un banc sur lequel tous ceux qui viendront s'asseoir ne pourront se lever que par ma volonté.

— Et d'un, dit le mendiant, voici le banc.

— Je voudrais aussi un violon, et tant que je jouerais sur ce violon, tous ceux qui l'entendraient, danseraient bon gré, mal gré.

— Et de deux, fit le mendiant ; voici le violon, père Richard, avec son archet et des cordes de rechange.

— Je voudrais encore un sac, et tout ce qui entrerait dans ce sac n'en sortirait que par mon bon plaisir.

— Et de trois, dit le mendiant, voici le sac. Maintenant que le bon Dieu vous bénisse, et au revoir, père Richard.

*
* *

Il n'y a rien au monde dont on semble faire moins de cas que du temps, et cependant rien ne s'écoule plus vite.

Au bout d'un an et un jour, le diable qui n'avait point oublié la femme du cordonnier, s'en vint tout droit chez Richard. Tiens, pensa le bonhomme en le voyant, voilà un visage nouveau.

— Qui es-tu ?... demanda-t-il d'un ton un peu brusque au visiteur qui arpentait, sans façon, la chambre de long en large, comme s'il fût devenu tout d'un coup maître de la maison.

—Je suis le diable, répondit celui-ci, sans cesser sa promenade.

— Et que viens-tu faire?...

—Je viens quérir ta femme.

—Oh! tu viens quérir ma femme; prends-la... tu me rends un fameux service, va!... Elle est couchée pour le moment; elle n'en peut plus, la malheureuse!... Depuis un an, elle n'a pas été à jeun une pauvre petite heure,... mais assieds-toi donc un instant.

Le diable, sans se faire prier, s'assit sur le banc dont j'ai parlé.

Dès qu'il fut assis comme il faut, Richard dit au diable:

— Tiens... voilà ma femme qui tousse, elle ne tardera pas à se lever, va donc la prendre...

Mais le diable eut beau faire des efforts inouïs pour se remettre debout, il eut beau se démener et te déméneras-tu, comme s'il eût été au fond d'un bénitier, il demeurait cloué sur le banc.

Richard, en voyant les contorsions et les affreuses grimaces du maudit, riait dans sa barbe, tandis que sa femme tenant la porte de sa chambre entrebâillée, criait à son mari d'une voix raillée et pleine de larmes:

— Tiens-le bien, Richard! tiens-le bien, mon homme! tiens-le comme il faut... ne le lâche pas, mon cher petit mari!... Je t'assure que je ne boirai plus.

Richard tint le diable assis de la sorte pendant neuf jours.

Au bout de ce temps, le malheureux s'était tellement secoué qu'il n'avait plus de fesses. Vaincu par la douleur, il dit à Richard:

— Écoute, si tu veux me lâcher, je te laisserai encore ta femme pour un an et un jour.

— C'est bien, dit Richard, lève-toi. Bon voyage et au plaisir de ne plus te revoir.

*
* *

Il faut savoir, chers lecteurs, que ce diable qui avait acheté l'âme de la Richard avait deux frères. Ses deux frères et lui faisaient trois : trois frères ou trois diables comme vous voudrez.

Dès qu'il revint en enfer, tout en boitant, tant il souffrait à l'endroit que vous savez, ses deux frères n'eurent rien de plus pressé que de lui demander ce qu'il avait fait pendant cette longue absence.

— Ce que j'ai fait... répondit piteusement le diable, depuis que je suis parti, j'ai demeuré assis sur un banc, et il se mit à raconter, de point en point, sa pitoyable tournée.

— Ce n'est rien, petit frère, dit alors l'un des deux diables, va te faire soigner. Il ne manque pas de médecins chez nous. La prochaine fois, ce sera moi qui irai chercher la Richard, et foi de bon diable ! je te garantis bien qu'elle ne m'échappera pas.

*
* *

Au bout d'un an et un jour, voilà donc le diable qui avait ainsi parlé qui se présente chez le cordonnier. Notez bien, lecteurs, que sa femme buvait de plus belle, car, comme dit le proverbe : « Qui a bu, boira. » Il y aurait eu, d'ailleurs, grandement à s'étonner qu'elle fût devenue tempérante. Est-ce qu'on peut pratiquer la tempérance quand on a le diable dans le corps ?

— Tiens, voilà encore un visage nouveau, dit Richard en voyant le diable qui se tenait debout d'un air de défiance.

— Qui es-tu ? demanda le cordonnier.

— Je suis le diable.

— Que veux-tu ?

— Je viens quérir ta femme...

— Je t'en serai bien reconnaissant, ce sera un bon débarras... mais assieds-toi donc un peu, tu m'as l'air fatigué.

— M'asseoir !... Hé ! Hé !... pas si fou, mon frère n'est pas encore guéri...

— Tu ne veux pas t'asseoir, tant pis,... reste debout comme un cheval.

En disant ces mots, le père Richard alla décrocher son violon, se l'ajusta délicatement sous le menton et prit son archet de la main droite.

Le diable le regardait faire sans souffler mot, immobile et raide comme un piquet.

Allons, pensait le cordonnier, en examinant son étrange vis-à-vis sous cape, tu ne veux pas t'asseoir, tu ne veux pas marcher,... Eh bien ! tu danseras, maudit ! et je te promets que tu sauteras comme tu n'as pas encore sauté de ta vie.

Et Richard hasarda une note sur son violon.

Aussitôt le diable leva la jambe, la pointe de son pied gauche tournée en dedans.

Puis vint une seconde note, et le diable fit un pas en cadence.

Puis le cordonnier attaqua résolument un air animé, et le diable se mit à danser, à tourner, et à voltiger, se livrant à une polka désordonnée, furieuse, — car il est bon de noter, en passant, que la polka est une des danses favorites du diable.

Richard le fit sauter de la sorte pendant douze jours. Le douzième jour, sur le soir, comme le soleil allait se coucher, le pauvre diable était tellement échauffé qu'il en avait le poil rouge. Les yeux lui sortaient de la tête, et sa langue était sèche comme un charbon.

— Arrête, Richard ! s'écriait-il de temps à autre, d'une voix étouffée, arrête !... Je suis éreinté...

Mais Richard jouait de plus belle, et le diable valsait malgré lui. À la fin, n'en pouvant plus, le diable dit à Richard :

— Si tu veux ne plus jouer, je te laisserai encore ta femme un an et un jour.

— C'est bien, dit le cordonnier, et il raccrocha son violon, tandis que le diable, hors d'haleine, s'essuyait les babines.

Quand il s'en revint vers ses frères, du plus loin que ceux-ci l'aperçurent, celui qui avait mal aux fesses se mit à crier de toutes ses forces :

— Je gage que tu t'es assis, hein ?...

— Pas du tout...

— Mais qu'as-tu fait alors pendant douze jours ? dit l'aîné.

— Ne m'en parlez pas ; voilà douze jours que je danse ! Ce Richard-là est un diable d'homme.

— Ouaiche !... vous êtes deux poules mouillées, s'écria alors le plus vieux en faisant un geste de mépris ; la prochaine fois ce sera moi qui irai quérir la Richard, et nous verrons si un méchant cordonnier me fera la loi.

*
* *

Au bout d'un an et un jour, l'aîné des diables arrive à son tour chez le cordonnier.

— Tiens... encore un visage nouveau, fit Richard ; qui es-tu ?

— Je suis le diable.

— Que veux-tu ?

— Je viens quérir ta femme.

— J'en suis bien fier, elle est allée boire dans le fort ; tout à l'heure quand elle rentrera, tu n'auras que la peine de l'emmener. Mais assieds-toi donc un instant.

— Non, je ne m'assois pas.

— Aimes-tu la musique ? Veux-tu que je te joue un petit air de violon ?...

— Je te le défends bien. Va me chercher ta femme, c'est tout ce que je te demande.

— Un instant, dit Richard en prenant le sac que vous connaissez, je vous l'apporterai dans cette poche si vous voulez bien me faire un plaisir.

— Quoi! quel plaisir?... fit le diable.

— Eh bien! reprit Richard, on dit que le diable est fin?...

— Et puis?

— On dit qu'il peut se métamorphoser comme il veut... et quand il veut?...

— Ça, c'est vrai, affirma le diable en se rengorgeant.

— Moi, je n'en crois rien, continua Richard, et je serais curieux de le voir. Métamorphose-toi donc un peu en quelque chose?...

— En lion?...

— Non... tu pourrais m'étrangler: change-toi en petit animal afin que je puisse te caresser; fais-toi rat, par exemple?

— Tiens, regarde bien, m'y voici... le diable s'était déguisé en rat; mais en un clin d'œil, Richard l'empoigne, le jette dans son sac qu'il lie comme il faut, se le met sur le dos et passe la porte. Ainsi équipé, il va tout droit chez le forgeron.

— As-tu de l'ouvrage, compère?

— Non.

— Et ton apprenti en a-t-il?

— Non.

— Ça «s'adonne» bien, je vous en apporte pour une quinzaine, dit Richard, en déposant son sac sur l'enclume dans lequel le diable gigotait de son mieux. Vous allez prendre tous les deux vos marteaux les plus lourds et vous me battrez ce sac jusqu'à ce qu'il soit aussi aplati qu'une feuille de papier. Surtout tapez dur.

Voilà donc le forgeron et son apprenti qui se mettent en face l'un de l'autre, à battre sur l'enclume, de toutes leurs forces.

Bim! bam! boum! le diable en sautait, et les marteaux faisaient du feu.

Les deux hommes martelèrent de la sorte pendant quinze jours. Sur la fin du quinzième jour, à la nuit tombante, le diable qui avait tous les os rompus dit à Richard :

— Si tu veux me lâcher, je t'abandonne tous mes droits sur ta femme. Si elle est damnée, nous l'aurons toujours ; si elle fait son salut, tant mieux pour elle.

— Ça me va, répondit Richard en ouvrant le sac, et le diable disparut comme un feu follet.

*
* *

Quelque temps après, il arriva que la femme de Richard mourut.

Comme elle avait vécu en ivrognesse et qu'elle arriva à la porte du paradis, elle dut faire demi-tour et tomba en enfer où les diables la chauffèrent comme il faut.

Quand Richard mourut à son tour, il alla cogner à la porte du paradis. Saint Pierre, voyant arriver le cordonnier, lui dit :

— N'es-tu pas Richard ?

— Oui.

— N'est-ce pas toi qui avais une femme qui buvait tout ton gagne ?

— Oui.

— Te rappelles-tu ce mendiant qui t'accorda trois souhaits à ton choix ?

— Je m'en souviens comme si c'était arrivé hier, quoiqu'il ait coulé bien de l'eau dans le Saint-Laurent depuis ce temps-là.

— Eh bien ! continua saint Pierre, ce mendiant c'était moi, et puisque tu n'as pas eu le bon esprit de souhaiter le paradis, va te promener en enfer.

— Comme il vous plaira, dit le cordonnier en tirant sa révérence. Arrivé à la porte de l'enfer, Richard cogna.

— Qui est là?...

— C'est Richard.

— Richard le cordonnier!... exclamèrent les diables qui faisaient chauffer sa femme à blanc.

— Oui... Richard le cordonnier...

— As-tu ton banc? demanda le premier diable.

— As-tu ton violon?... As-tu ton sac?... demandèrent les deux autres.

— Oui, j'ai mon sac, mon violon et mon banc, répondit Richard d'une grosse voix.

— Va-t-en alors, maudit! va-t-en!... hurlèrent les trois diables, et Richard reprit la route du paradis.

Mais saint Pierre qui voulait apparemment éprouver le cordonnier ne le reçut pas davantage, et Richard s'en retourna cogner à la porte de l'enfer.

— Qui cogne là? demandèrent les diables.

— C'est Richard.

— On ne te veut pas... va-t-en!...

— Que vous me vouliez ou que vous ne me vouliez pas, cria Richard, vous allez toujours m'ouvrir la porte. Croyez-vous que j'aie l'envie de passer l'éternité dans le chemin? Ouvrez!... vous dis-je, et tout de suite, ou j'enfonce la boutique, et je mets l'un de vous sur mon banc, je fais danser l'autre, et je martèle le troisième dans mon sac jusqu'à la fin des siècles.

Les trois diables qui connaissaient Richard ouvrirent alors le guichet et se mirent à parlementer.

— Que veux-tu pour nous laisser tranquilles! dirent-ils ensemble au cordonnier.

— Je veux l'âme de ma femme, répondit Richard.

— L'âme de ta femme?... Tu ne l'auras pas; elle est morte ivrognesse; toute sa vie elle nous a appartenu et elle nous appartiendra de toute éternité. Il n'y a pas plus de pardon au Ciel qu'en Enfer pour les ivrognes. Nous allons te donner en échange cent âmes. Ouvre ton sac : tiens, voici les âmes d'une douzaine de marchands qui ont vendu à faux poids.

— Merci, fit Richard en secouant son sac pour faire descendre jusqu'au fond ces douze âmes.

— Voici maintenant les âmes de deux douzaines d'avocats et de médecins qui ont tué leurs malades et mangé les veuves et les orphelins par-dessus le marché. Voici une brassée d'âmes qui ont appartenu à des usuriers et à des gens morts sans payer leurs dettes, combien y en a-t-il ?

— Trente, dit Richard. Ça m'en fait soixante-cinq. Donnez-en encore.

— Attrape celles-ci, firent les diables en jetant dans le sac une autre douzaine. Ce sont les âmes de douze aubergistes licenciés. Combien t'en manque-t-il pour un cent ?

— Vingt-trois, reprit Richard.

— Eh bien ! voici ton compte, grommelèrent les diables en amenant une nouvelle fournée. Ce sont les âmes de vingt-trois charretiers qui avaient toujours leurs poches pleines de *sacres*. Va-t-en !... et ne reviens plus.

— Maintenant il me faut l'âme de ma femme, insista Richard.

— On te l'a dit, tu ne l'auras pas.

— Ah ! vous ne voulez pas me la donner ?... Eh bien ! vous allez la danser, comme de vrais diables que vous êtes... Et Richard fit mine de prendre son violon.

— Arrête !... Richard !... Arrête !... crièrent ensemble les trois diables ; la voilà, ta femme !... la voilà !... Et Richard, se jetant le sac sur l'épaule, décampa comme s'il eut eu tout l'enfer à ses trousses.

Arrivé à la porte du paradis qui se trouvait entrouverte, Richard ne se donna pas la peine de parler au portier. D'un bond il se précipita dans l'intérieur du paradis où il fit une culbute avec sa charge.

Si nous vivons bien, chers et bons lecteurs, nous aurons

un jour l'avantage et le bonheur de faire connaissance là-haut avec le brave Richard, et j'ai l'intime conviction qu'il vous garantira de point en point l'exactitude de cette étonnante et véridique histoire que j'aurais voulu pouvoir vous raconter mieux, et surtout avec ces gestes inimitables dont mon ami Blanchard semble avoir seul le secret.

(*Contes populaires*, 1867 ;
paru d'abord dans
L'Écho du cabinet de lecture paroissial,
1er septembre 1862)

Philippe Aubert de Gaspé (père)

⸻

Philippe Aubert de Gaspé, avocat, écrivain, cinquième et dernier seigneur de Saint-Jean-Port-Joli, naît à Québec le 30 octobre 1786, de Pierre-Ignace Aubert de Gaspé, conseiller législatif, et de Catherine Tarieu de Lanaudière. Mis en pension d'abord chez les sœurs Cholette (1795-1798), puis au Séminaire de Québec où il fait ses humanités (1798-1806), il est admis au barreau le 15 août 1811. Le 25 septembre de la même année, il épouse à Québec Suzanne Allison. Il participe à une foule d'initiatives culturelles, sportives et même financières : il est vice-président de la première Société littéraire de Québec (1809), membre fondateur du Jockey Club (1815) et de la Banque de Québec (1818). Dès 1804, il reçoit une commission de lieutenant de milice de la ville de Québec et devient par la suite capitaine, puis major. Nommé shérif du district de Québec en 1816, il participe activement à la vie sociale de la capitale. Trouvé coupable d'un important détournement de fonds, incapable de rembourser la couronne, il est destitué de sa charge le 14 novembre 1822 et doit se réfugier au manoir de sa mère à Saint-Jean-Port-Joli. C'est là qu'il assiste son fils Philippe-Ignace-François dans la rédaction de son roman L'influence d'un livre (1837). Emprisonné pour dettes le 29 mai 1838, il ne recouvre la liberté qu'en octobre 1841. Un petit héritage lui permet, en 1842, de revenir habiter Québec, rue des Remparts, et de renouer connaissance avec d'anciens amis. Assidu au Club des Anciens, il y fréquente entre autres François-Xavier Garneau et Georges-Barthélemi Faribault. Il se trouve ainsi mêlé de loin au mouvement de fondation des Soirées canadiennes *et du* Foyer canadien. *En 1863, il publie* Les anciens Canadiens *puis, trois ans plus tard, ses* Mémoires. *Après sa mort survenue à Québec le 29 janvier 1871, paraît* Divers (1893), *un recueil composite*[1].

1. On pourra consulter, pour une biographie plus fouillée, l'excellente étude de Luc LACOURCIÈRE dans le *Dictionnaire biographique du Canada*, vol. X, de 1871 a 1880, p. 19-24.

Une nuit avec les sorciers[2]

Si donc qu'un jour, mon défunt père, qui est mort, avait laissé la ville pas mal tard, pour s'en retourner chez nous; il s'était même diverti, comme qui dirait, à pintocher tant soit peu avec ses connaissances de la Pointe-Lévis: il aimait un peu la goutte le brave et honnête homme! à telle fin qu'il portait toujours, quand il voyageait, un flacon d'eau-de-vie dans son sac de loup-marin; il disait que c'était le lait des vieillards. [...]

Si donc que, quand mon défunt père voulut partir, il faisait tout à fait nuit. Ses amis firent alors tout leur possible pour le garder à coucher, en lui disant qu'il allait bien vite passer tout seul devant la cage de fer où la Corriveau faisait sa pénitence, pour avoir tué son mari.

Vous l'avez vue vous-mêmes, mes messieurs, quand j'avons quitté la Pointe-Lévis à une heure: elle était bien tranquille dans sa cage, la méchante bête, avec son crâne sans yeux; mais ne vous y fiez pas; c'est une sournoise, allez! si elle ne voit pas le jour, elle sait bien trouver son chemin la nuit pour tourmenter le pauvre monde.

---

2. Cette légende est incorporée au chapitre III des *Anciens Canadiens*. C'est José qui conte bien qu'il soit gêné par la personne de l'Anglais Archibald Cameron of Locheill: « Ça me coûte pas mal, reprit José, car, voyez-vous, je n'ai pas la belle accent, ni la belle orogane (organe) du cher défunt. Quand il nous contait ses tribulations dans les veillées, tout le corps nous en frissonnait comme des fiévreux, que ça faisait plaisir à voir; mais, enfin, je ferai de mon mieux pour vous contenter. »

Si bin, toujours, que mon défunt père, qui était brave comme l'épée de son capitaine, leur dit qu'il ne s'en souciait guère ; qu'il ne lui devait rien à la Corriveau ; et un tas d'autres raisons que j'ai oubliées. Il donne un coup de fouet à sa guevalle (cavale), qui allait comme le vent, la fine bête ! et le voilà parti.

Quand il passa près de l'esquelette, il lui sembla bin entendre quelque bruit, comme qui dirait une plainte ; mais, comme il venait un gros *sorouet*, il crut que c'était le vent qui lui sifflait dans les os du calabre (cadavre). Pu n'y moins, ça le tarabusquait (tarabustait), et il prit un bon coup, pour se réconforter. Tout bin considéré, à ce qu'i se dit, il faut s'entr'aider entre chrétiens : peut-être que la pauvre créature (femme) demande des prières. Il ôte donc son bonnet, et récite dévotement un *deprofundi* à son intention ; pensant que si ça lui faisait pas de bien, ça ne lui ferait pas de mal, et que lui, toujours, s'en trouverait mieux.

Si donc, qu'il continua à filer grand train ; ce qui ne l'empêchait pas d'entendre derrière lui, tic tac, tic tac, comme si un morceau de fer eût frappé sur des cailloux. Il crut que c'était son bandage de roue ou quelques fers de son cabrouette qui étaient décloués. Il descend donc de sa voiture ; mais tout était en règle. Il toucha sa guevalle pour réparer le temps perdu ; mais, un petit bout de temps après, il entend encore tic tac, sur les cailloux. Comme il était brave, il n'y fit pas grande attention.

Arrivé sur les hauteurs de Saint-Michel, que nous avons passées tantôt, l'endormitoire le prit. Après tout, ce que se dit mon défunt père, un homme n'est pas un chien ! faisons un somme ; ma guevalle et moi nous nous en trouverons mieux. Si donc, qu'il dételle sa guevalle, lui attache les deux pattes de devant avec ses cordeaux, et lui dit : Tiens, mignonne, voilà de la bonne herbe, tu entends couler le ruisseau : bonsoir.

Comme mon défunt père allait se fourrer sous son cabrouette pour se mettre à l'abri de la rosée, il lui prit fantaisie de s'informer de l'heure. Il regarde donc les trois Rois au sud, le Chariot au nord, et il en conclut qu'il était minuit. C'est l'heure, qu'il se dit, que tout honnête homme doit être couché.

Il lui sembla, cependant, tout à coup, que l'île d'Orléans était tout en feu. Il saute un fossé, s'accote sur une clôture, ouvre de grands yeux, regarde, regarde… Il vit à la fin que des flammes dansaient le long de la grève, comme si tous les fifollets du Canada, les damnés, s'y fussent donné rendez-vous pour tenir leur sabbat. À force de regarder, ses yeux, qui étaient pas mal troublés, s'éclaircirent, et il vit un drôle de spectacle : c'étaient comme des manières (espèces) d'hommes, une curieuse engeance tout de même ! ça avait bin une tête grosse comme un demi-minot, affublée d'un bonnet pointu d'une aulne de long, puis des bras, des jambes, des pieds et des mains armés de griffes, mais point de corps pour la peine d'en parler. Ils avaient, sous votre respect, mes messieurs, le cali-fourchon fendu jusqu'aux oreilles. Ça n'avait presque pas de chair : c'était quasiment tout en os, comme des esquelettes. Tous ces jolis gas (garçons) avaient la lèvre supérieure fendue en bec de lièvre, d'où sortait une dent de rhinoféroce d'un bon pied de long, comme on en voit, monsieur Arché, dans votre beau livre d'images de l'histoire surnaturelle. Le nez ne vaut guère la peine qu'on en parle ; c'était ni plus ni moins, qu'un long groin de cochon, sous votre respect, qu'ils faisaient jouer à demande, tantôt à droite tantôt à gauche de leur grande dent : c'était, je suppose, pour l'affiler. J'allais oublier une grande queue, deux fois longue comme celle d'une vache, qui leur pendait dans le dos, et qui leur servait, je pense, à chasser les moustiques.

Ce qu'il y avait de drôle, c'est qu'ils n'avaient que trois yeux par couple de fantômes. Ceux qui n'avaient qu'un seul œil au milieu du front, comme ces cyriclopes (cyclopes) dont votre oncle le chevalier, M. Jules, qui est un savant, lui, nous lisait dans son gros livre, tout latin comme un bréviaire de curé, qu'il appelle son Vigile, ceux donc qui n'avaient qu'un seul œil tenaient par la griffe deux acolytes qui avaient bin, eux, les damnés, tous leurs yeux. De tous ces yeux sortaient des flammes qui éclairaient l'île d'Orléans comme en plein jour. Ces derniers semblaient avoir de grands égards pour leurs voisins, qui étaient comme qui dirait, borgnes ; ils les saluaient, s'en rapprochaient, se trémoussaient les bras et les jambes, comme des chrétiens qui font le carré d'un menuette (menuet).

Les yeux de mon défunt père lui en sortaient de la tête. Ce fut bin pire quand ils commencèrent à sauter, à danser, sans pourtant changer de place, et à entonner, d'une voix enrouée comme des bœufs qu'on étrangle, la chanson suivante :

> *Allons, gai, compèr' lutin !*
> *Allons, gai, mon cher voisin !*
> *Allons, gai, compèr' qui fouille,*
> *Compèr' crétin la grenouille !*
> *Des chrétiens, des chrétiens,*
> *J'en f'rons un bon festin.*

— Ah ! les misérables carnibales (cannibales), dit mon défunt père, voyez si un honnête homme peut être un moment sûr de son bien ! Non contents de m'avoir volé ma plus belle chanson que je réservais toujours pour la dernière dans les noces et les festins, voyez comme ils me l'ont étriquée ! C'est à ne plus s'y reconnaître ! Au lieu de bon vin, ce sont des chrétiens dont ils veulent se régaler, les indignes !

Et puis après, les sorciers continuèrent leur chanson infernale, en regardant mon défunt père et en le couchant en joue avec leurs grandes dents de rhinoféroce.

> *Ah ! viens donc, compèr' François,*
> *Ah ! viens donc, tendre porquet !*
> *Dépêch'-toi, compèr' l'andouille,*

Compèr' boudin, la citrouille;
Du Français, du Français,
J'en f'rons un bon saloi.

— Tout ce que je pense vous dire pour le moment, mes mignons, leur cria mon défunt père, c'est que si vous en mangez jamais d'autre lard que celui que je vous porterai, vous n'aurez pas besoin de dégraisser votre soupe.

Les sorciers paraissaient, cependant, attendre quelque chose, car ils tournaient souvent la tête en arrière; mon défunt père regarde itou (aussi). Qu'est-ce qu'il aperçoit sur le coteau? un grand diable bâti comme les autres, mais aussi long que le clocher de Saint-Michel, que nous avons passé tout à l'heure. Au lieu de bonnet pointu, il portait un chapeau à trois cornes surmonté d'une épinette en guise de plumet. Il n'avait bin qu'un œil, le gredin qu'il était! Mais ça en valait une douzaine: c'était, sans doute, le tambour-major du régiment, car il tenait, d'une main, une marmite deux fois aussi grosse que nos chaudrons à sucre, qui tiennent vingt gallons; et, de l'autre, un battant de cloche qu'il avait volé, je crois, le chien d'hérétique, à quelque église avant la cérémonie du baptême. Il frappe un coup sur la marmite, et tous ces *insécrables* se mettent à rire, à sauter, à se trémousser, en branlant la tête du côté de mon défunt père, comme s'ils l'invitaient à venir se divertir avec eux.

Vous attendrez longtemps, mes brebis, pensait à part lui mon défunt père, dont les dents claquaient dans la bouche comme un homme qui a les fièvres tremblantes, vous attendrez longtemps, mes doux agneaux: il y a de la presse de quitter la terre du bon Dieu pour celle des sorciers!

Tout à coup le diable géant entonne une ronde infernale, en s'accompagnant sur la marmite qu'il frappait à coups pressés et redoublés et tous les diables partent comme des éclairs; si bien qu'ils ne mettaient pas une minute à faire le tour de l'île. Mon pauvre défunt père était si embêté de tout ce vacarme,

qu'il ne put retenir que trois couplets de cette belle danse
ronde ; et les voici :

> *C'est notre terre d'Orléans* (bis)
> *Qu'est le pays des beaux enfants,*
> *Toure-loure ;*
> *Dansons à l'entour,*
> *Toure-loure ;*
> *Dansons à l'entour.*
>
> *Venez-y tous en survenants* (bis)
> *Sorciers, lézards, crapauds, serpents,*
> *Toure-loure ;*
> *Dansons à l'entour,*
> *Toure-loure ;*
> *Dansons à l'entour.*
>
> *Venez-y tous en survenants* (bis)
> *Impies, athées et mécréants,*
> *Toure-loure ;*
> *Dansons à l'entour,*
> *Toure-loure ;*
> *Dansons à l'entour.*

Les sueurs abîmaient mon défunt père ; il n'était pas pourtant au plus creux de ses traverses. [...]

Si donc, reprit José, que mon défunt père, tout brave
qu'il était, avait une si fichue peur, que l'eau lui dégouttait par
le bout du nez, gros comme une paille d'avoine. Il était là, le
cher homme, les yeux plus grands que la tête, sans oser bouger. Il lui sembla bien qu'il entendait derrière lui le tic tac qu'il
avait déjà entendu plusieurs fois pendant sa route ; mais il avait
trop de besogne par devant, sans s'occuper de ce qui se passait
derrière lui. Tout à coup, au moment où il s'y attendait le
moins, il sent deux grandes mains sèches comme des griffes
d'ours, qui lui serrent les épaules : il se retourne tout effarou-

ché, et se trouve face à face avec la Corriveau, qui se grappignait amont lui. Elle avait passé les mains à travers les barreaux de sa cage de fer, et s'efforçait de lui grimper sur le dos; mais la cage était pesante, et, à chaque élan qu'elle prenait, elle retombait à terre avec un bruit rauque, sans lâcher pourtant les épaules de mon pauvre défunt père, qui pliait sous le fardeau. S'il ne s'était pas tenu solidement avec ses deux mains à la clôture, il aurait écrasé sous la charge. Mon pauvre défunt père était si saisi d'horreur, qu'on aurait entendu l'eau qui lui coulait de la tête tomber sur la clôture comme des grains de gros plomb à canard.

— Mon cher François, dit la Corriveau, fais-moi le plaisir de me mener danser avec mes amis de l'île d'Orléans.

— Ah! satanée bigre de chienne! cria mon défunt père (c'était le seul jurement dont il usait, le saint homme, et encore dans les grandes traverses). [...]

— Satanée bigre de chienne, est-ce pour me remercier de mon *deprofundi* et de mes autres bonnes prières que tu veux me mener au sabbat? Je pensais bien que tu en avais, au petit moins, pour trois à quatre mille ans dans le purgatoire pour tes fredaines. Tu n'avais tué que deux maris: c'était une misère! Aussi ça me faisait encore de la peine, à moi qui ai toujours eu le cœur tendre pour la créature, et je me suis dit: Il faut lui donner un coup d'épaule; et c'est là ton remerciement, que tu veux monter sur les miennes, pour me traîner en enfer comme un héritique!

— Mon cher François, dit la Corriveau, mène-moi danser avec mes bons amis; et elle cognait sa tête sur celle de mon défunt père, que le crâne lui résonnait comme une vessie sèche pleine de cailloux.

—Tu peux être sûre, dit mon défunt père, satanée bigre de fille de Judas l'Escariot, que je vais te servir de bête de somme pour te mener danser au sabbat avec tes jolis mignons d'amis!

— Mon cher François, répondit la sorcière, il m'est impossible de passer le Saint-Laurent, qui est un fleuve bénit, sans le secours d'un chrétien.

— Passe comme tu pourras, satanée pendue, que lui dit mon défunt père ; passe comme tu pourras : chacun son affaire. Oh ! oui ! compte que je t'y mènerai danser avec tes chers amis, mais ça sera à poste de chien comme tu es venue, je ne sais comment, en traînant ta belle cage, qui aura déraciné toutes les pierres et tous les cailloux du chemin du roi, que ça sera une *escandale*, quand le grand voyeur passera ces jours ici, de voir un chemin dans un état si piteux ! Et puis, ça sera le pauvre habitant qui pâtira, lui, pour tes fredaines, en payant l'amende pour n'avoir pas entretenu son chemin d'une manière convenable !

Le tambour major cesse enfin tout à coup de battre la mesure sur sa grosse marmite. Tous les sorciers s'arrêtent et poussent trois cris, trois hurlements comme font les sauvages quand ils ont chanté et dansé « la guerre », cette danse et cette chanson par laquelle ils préludent toujours à une expédition guerrière. L'île en est ébranlée jusque dans ses fondements. Les loups, les ours, toutes les bêtes féroces, les sorciers des montagnes du nord s'en saisissent, et les échos les répètent jusqu'à ce qu'ils s'éteignent dans les forêts qui bordent la rivière Saguenay.

Mon pauvre défunt père crut que c'était, pour le petit moins, la fin du monde et le jugement dernier.

Le géant au plumet d'épinette frappe trois coups ; et le plus grand silence succède à ce vacarme infernal. Il élève le bras droit du côté de mon défunt père, et lui crie d'une voix de tonnerre : Veux-tu bien te dépêcher, chien de paresseux, veux-tu bien te dépêcher, chien de chrétien, de traverser notre amie ? Nous n'avons plus que quatorze mille quatre cents rondes à faire autour de l'île avant le chant du coq : veux-tu lui faire perdre le plus beau du divertissement ?

— Va-t'en à tous les diables d'où tu sors, toi et les tiens, lui cria mon défunt père, perdant enfin toute patience.

— Allons, mon cher François, dit la Corriveau, un peu de complaisance ! tu fais l'enfant pour une bagatelle ; tu vois pourtant que le temps presse : voyons, mon fils, un petit coup de collier.

— Non, non, fille de satan ! dit mon défunt père. Je voudrais bien que tu l'eusses encore le beau collier que le bourreau t'a passé autour du cou, il y a deux ans : tu n'aurais pas le sifflet si affilé. Pendant ce dialogue, les sorciers de l'île reprenaient leur refrain :

> *Dansons à l'entour,*
> *Toure-loure ;*
> *Dansons à l'entour.*

— Mon cher François, dit la sorcière, si tu refuses de m'y mener en chair et en os, je vais t'étrangler ; je monterai sur ton âme et je me rendrai au sabbat. Ce disant, elle le saisit à la gorge et l'étrangla [...]

Quand je dis étranglé, il n'en valait guère mieux, le cher homme, reprit José, car il perdit tout à fait connaissance. Lorsqu'il revint à lui, il entendit un petit oiseau qui criait : *qué-tu ?*

— Ah ! ça ! dit mon défunt père, je ne suis donc point en enfer, puisque j'entends les oiseaux du bon Dieu. Il risque un œil, puis un autre, et voit qu'il fait grand jour : le soleil lui reluisait sur le visage. Le petit oiseau, perché sur une branche voisine, criait toujours : *qué-tu ?*

— Mon cher petit enfant, dit mon défunt père, il m'est malaisé de répondre à ta question, car je ne sais trop qui je suis ce matin ; hier encore je me croyais un brave et honnête homme créant (craignant) Dieu ; mais j'ai eu tant de traverses cette nuit, que je ne saurais assurer si c'est bien moi, François Dubé, qui suis ici présent en corps et en âme. Et puis il se mit à chanter, le cher homme :

Dansons à l'entour,
Toure-loure ;
Dansons à l'entour.

Il était encore à moitié ensorcelé. Si bien toujours, qu'à la fin il s'aperçut qu'il était couché de tout son long dans un fossé où il y avait heureusement plus de vase que d'eau, car sans cela, mon pauvre défunt père, qui est mort comme un saint, entouré de tous ses parents et amis, et muni de tous les sacrements de l'Église sans en manquer un, aurait trépassé sans confession, comme un orignal au fond des bois, sauf le respect que je lui dois et à vous, mes jeunes messieurs. Quand il se fut déhâlé du fossé où il était serré comme dans une étoque (étau), le premier objet qu'il vit fut son flacon sur la levée du fossé ; ça lui ranima un peu le courage. Il étendit la main pour prendre un coup ; mais bernique ! il était vide ! La sorcière avait tout bu. [...]

Mon défunt père attela sa guevalle, qui n'avait eu connaissance de rien, à ce qu'il paraît, la pauvre bête, et prit au plus vite le chemin de la maison ; ce ne fut que quinze jours après qu'il nous raconta son aventure.

(*Les anciens Canadiens*, 1864)

Légende du père
Romain Chouinard

Rendez-moi mon bonnet carré.

Comme l'on fait son lit on se couche, dit sentencieusement le père Chouinard. Si Joséphine Lalande eût été mieux élevée, morigénée par ses parents, quand elle était petite, elle ne leur aurait pas causé tant de chagrin, ainsi qu'à elle-même.

La Fine, comme tout le monde l'appelait, était fille unique; et ses parents en étaient affolés, n'ayant point d'autres enfants qu'elle; elle fut en conséquence élevée à tous ses caprices: si le papa la grondait un peu, la mère prenait la part de sa fille; et si la maman la reprenait, le papa disait: pourquoi fais-tu de la peine à l'enfant? Ce qui n'empêche pas Joséphine d'être, à seize ans, la plus belle fille de la paroisse de Sainte-Anne: et si *avenante*[1] avec tout le monde, surtout avec les garçons, que la maison des bonnes gens ne vidait jamais. C'était à qui se ferait aimer de la belle et riche héritière; mais si la Fine jouait et folâtrait avec eux tous, si elle les amusait chacun son tour, c'était pour accaparer tous les farauds de la paroisse, s'attirer des compliments et faire enrager les autres jeunes filles; car, voyez-vous, elle avait déjà porté ses amitiés

---

1. Polie, gracieuse.

sur un jeune homme, son voisin, qui avait été quasi élevé avec elle.

Si Joséphine était la plus belle créature de Sainte-Anne, Hippolite Lamonde, alors âgé de vingt-huit ans, en était le plus beau garçon, mais aussi doux, aussi patient qu'il était brave et vigoureux. La jeune fille et lui s'étaient fiancés en cachette depuis longtemps : ce qui n'empêchait pas Lamonde de souffrir en la voyant folâtrer avec tous les garçons qui l'accostaient ; mais il mangeait son avoine sans souffler mot : il était trop fier pour se plaindre.

Hippolite aurait déjà fait la grande demande, mais son orgueil l'en empêchait, car il avait, un jour, entendu le père Lalande dire qu'il ne donnerait sa fille en mariage qu'à un jeune homme à son aise ; et qu'il n'entendait pas la donner à un quêteux.

Ça lui avait pris au nez comme de la fine moutarde, car sans être un quêteux, il n'avait presque rien devant lui. Son père, chargé d'une nombreuse famille, n'était pas riche, et quant à lui, il ne faisait que commencer à vivre proprement de son métier ; il était adroit comme un singe, bon constructeur et fin menuisier.

Sur ces entrefaites, il reçut une lettre d'un de ses oncles qui demeurait dans le Haut-Canada, l'invitant à venir le trouver : la lettre mandait qu'il y avait de l'ouvrage à gouêche[2] dans ce pays-là, peu d'ouvriers et qu'il lui donnerait une part dans une entreprise de bâtisses qu'il avait faite pour le gouvernement, laquelle entreprise lui faisait gagner beaucoup d'argent dans l'espace de trois années.

Il fit part de cette bonne nouvelle à sa fiancée ; elle pleura d'abord beaucoup, mais il lui donna de si bonnes raisons, qu'elle consentit à le laisser partir, en lui promettant de lui garder sa foi.

---

2. En quantité.

La Fine fut bien triste quelques jours après le départ de son fiancé, mais le sexe est pas mal casuel[3], comme vous savez, et peu de temps après, elle recommença son train de vie ordinaire; ni plus, ni moins.

Elle revenait un soir d'une veillée sur les minuits avec une bande de jeunesses, riant, sautant, dansant, poussant celui-ci, donnant une tape à celui-là, et faisant à elle seule plus de tintamarre que tous les autres ensemble.

Arrivés près de l'église, ils aperçurent, debout sur le perron de la grande porte, un homme portant un surplis et un bonnet carré: cet homme avait la tête penchée et les deux bras étendus vers eux. Tout le monde eut une souleur; mais Joséphine se remit bien vite et leur dit:

— C'est Ambroise, le fils du bedeau, qui s'est accoutré comme ça pour nous faire peur; je vais bien l'attraper, je vais emporter son bonnet carré, et il faudra bien qu'il vienne le chercher avant la messe.

Ce qui fut dit fut fait: elle monte à la course le perron de l'église, s'empare du bonnet carré, et se met à sauter et à danser au milieu des autres en faisant toutes sortes de farces.

Les bonnes gens dormaient quand elle arriva à son logis; elle rentra à la sourdine, mit le bonnet carré dans un coffre à moitié vide qui était dans sa chambre à coucher, le ferma avec soin avec une clef qu'elle mit dans sa poche, et dit en elle-même: Quand Ambroise viendra demain au matin, je m'en divertirai un bon bout de temps en lui disant que j'ai perdu le bonnet carré dans la grande anse de Sainte-Anne, et qu'il le cherche.

Elle allait s'endormir, lorsqu'elle entendit du bruit à la fenêtre du nord de sa chambre; elle ouvre les yeux et voit le même individu qu'elle avait vu sur les marches de l'église, qui se tenait encore le corps en avant et les lèvres collées sur une

---

3. Volage.

des vitres du châssis, et elle entendit distinctement ces paroles : «Rendez-moi mon bonnet carré!» Un bruit qu'elle entendit aussitôt dans le coffre la fit frisonner. La lune était alors levée et elle vit qu'au lieu d'Ambroise, c'était un grand jeune homme pâle comme un mort qui ne cessait de crier : «Rendez-moi mon bonnet carré!» Et à chacune de ces paroles, elle entendit frapper en dedans du coffre comme si un petit animal prisonnier voulait en sortir. La peur la prit tout de bon, et elle se couvrit la tête avec ses couvertures pour ne rien voir ni rien entendre ; elle passa une triste nuit, tantôt assoupie, et tantôt se réveillant en sursaut. Quand elle voulut se lever le lendemain au matin elle entendit encore du bruit dans le coffre, elle ne fit qu'un saut, prit ses hardes et alla s'habiller dans la chambre voisine.

Lorsque ses parents la virent si changée (elle l'était, en effet, elle avait déjà un bouillon de fièvre), ils la grondèrent d'avoir veillé si tard ; mais voyant qu'elle avait les larmes aux yeux, ils l'embrassèrent en lui disant de ne pas se chagriner, et qu'ils étaient fâchés de lui avoir fait de la peine.

Joséphine passa la journée tant bien que mal ; elle frissonnait au moindre bruit et se tint constamment auprès de sa mère et de sa tante. Elle leur dit vers le soir qu'elle avait peur de coucher seule et qu'elle les priait de lui faire un lit auprès de sa tante dans la mansarde. On lui accorda sa demande.

Elle était à peine couchée, le soir, que sa tante s'endormit ; la pauvre Joséphine, elle, qui ne pouvait dormir, aperçut aussitôt vis-à-vis de la fenêtre une ombre qui lui fit lever les yeux, et elle vit le même fantôme qu'elle avait vu la veille et qui, suspendu dans les airs, et dans la même attitude, lui cria : «Rendez-moi mon bonnet carré!» Elle poussa un cri lamentable et perdit connaissance. [...]

Toute la famille fut aussitôt sur pied, mais ce fut avec bien de la peine qu'on lui fit reprendre connaissance. Elle passa le reste de la nuit sans dormir, la tête appuyée sur le sein de sa mère et tenant serrées dans les siennes les mains de son père et de sa tante. Comme elle était plus acalmée (calme) le matin, on lui proposa d'aller chercher le plus fin chirurgien de la paroisse, mais elle s'obstina à faire venir le curé.

Quand le curé fut venu, elle lui raconta en secret toute son aventure. Il fit son possible pour la rassurer, il lui dit qu'il ne pouvait faire autre chose, pour le moment, que de lui envoyer des saintes reliques, mais que le lendemain matin il avait l'espoir de la délivrer de cette apparition qui l'avait mise dans l'état de souffrance où elle était.

Les bonnes gens lui firent un lit dans leur chambre, dont ils fermèrent les contrevents à sa demande, et passèrent encore la nuit auprès d'elle; ce qui fit qu'elle dormit assez bien et qu'elle se trouva mieux le lendemain au matin, quand le curé vint la voir, comme il lui avait promis.

Vous savez, messieurs, continua le père Chouinard, que tous les curés ont *le Petit-Albert*[4] pour faire venir le diable quand ils en ont besoin.

Nous baissâmes tous la tête en signe d'assentiment à une sentence si incontestable.

Quand il fut nuit, le curé tira *le Petit-Albert* qu'il tenait avec précaution sous clef, et lut le chapitre nécessaire en pareilles circonstances. Un grand bruit se fit entendre dans les airs, comme fait un violent coup de vent, et le mauvais esprit lui apparut. Comme c'était la première fois qu'il le voyait, il ne lui trouva pas la mine trop avenante et il croisa son étole sur son estomac en cas d'avarie.

Le diable s'était pourtant mis en frais de toilette pour l'occasion: habit, veste et culottes de velours noir, chapeau de général orné de plumes, bottes fines et gants de soie; rien n'y manquait. Et si ce n'est qu'il était pas mal brun, qu'il avait les pieds et les mains pas mal longs, il aurait pu passer proprement

---

4. Recueil de sorcellerie et de magie.

parmi le monde. Le curé lui reprocha amèrement ce qui était arrivé à la pauvre fille, l'accusant de lui être apparu pour la faire mourir.

— M. le curé, dit le diable, sous (sauf) le respect que je dois à votre tonsure, vous me croyez donc bien niais pour m'être servi de tels moyens, tandis que j'étais sûr de ma proie en flattant sa vanité et sa coquetterie, et que tôt ou tard j'aurais mis la griffe sur son âme ; tandis qu'à présent la voilà guérie pour le reste de ses jours et qu'elle va se jeter à la dévotion. Allons donc, pour un curé d'esprit, j'aurais cru que vous connaissiez mieux le cœur humain.

Vous voyez, messieurs, ajoute le père Romain, que le diable parlait poliment et qu'il donnait de bonnes raisons. Ah ! dame ! Je ne lui aurais pas conseillé de se regimber contre un prêtre : il aurait trouvé à qui parler. Il vous l'aurait débarbouillé avec son étole qu'il en aurait hurlé comme un chien sauvage. Il paraît que le curé goûta ses bonnes raisons, car il coupa l'air en forme de croix ; la terre trembla et le méchant esprit disparut.

Quand le curé vit que le diable s'en était retiré les mains nettes, il prit dans sa bibliothèque le plus gros livre latin qu'il put trouver et se mit à lire ; et il lut si longtemps qu'il s'endormit la tête sur son livre. Il eut un songe pendant son sommeil : je ne puis dire quel était ce songe, mais il paraît qu'il avait trouvé son affaire. Il dit la messe à l'intention de la pauvre Joséphine et se transporta ensuite chez elle, où il la trouva tant soit peu mieux.

— Ma chère fille, lui dit le bon curé, vous avez commis une grande faute, je ne vous en fais pas de reproche. Le fantôme que vous avez vu est une pauvre âme du purgatoire qui accomplissait une grande pénitence que vous avez interrompue et qu'il ne peut achever maintenant sans son bonnet carré ; il faut donc vous résoudre à le lui remettre cette nuit sur la tête.

— Je n'en aurais jamais le courage, dit la malheureuse fille en pleurant, je tomberais morte à ses pieds.

— Il le faut pourtant, dit le prêtre, car sans cela vous n'aurez jamais de repos ni dans ce monde, ni dans l'autre : le spectre s'attachera sans cesse à vos pas. Vous n'avez, d'ailleurs, rien à craindre : vous serez en état de grâce, je serai là avec votre père et votre mère (auxquels nous allons tout raconter) pour vous soutenir et vous protéger au besoin.

La pauvre Joséphine après bien des façons y consentit. Grande fut la douleur des bonnes gens, quand ils surent la vérité, mais ils firent leur possible pour consoler leur malheureuse enfant. Ils passèrent toute la soirée au presbytère et prièrent avec ferveur jusqu'au coup de minuit qu'ils se rendirent à la porte de l'église, où ils trouvèrent le spectre sur les marches, et dans la même attitude. La Fine tremblait comme une feuille malgré l'étole que le curé lui avait passée dans le cou et les exhortations qu'il lui faisait. Elle fait, cependant, un effort désespéré et elle monte les marches ; mais au moment qu'elle allait poser le bonnet sur la tête du fantôme, il fit un mouvement pour l'enlacer de ses bras et elle tomba évanouie dans ceux de son père. Le prêtre profitant de l'occasion voulut se saisir du bonnet pour le restituer à son propriétaire, mais elle le tenait si serré dans sa main qu'il aurait fallu lui couper les doigts.

La Fine fut bien vite réduite à un état qui faisait compassion : elle croyait entendre souvent la voix du spectre ; elle tremblait au moindre bruit et ne pouvait rester seule pendant un instant. Dans cette vie de misère, ses belles joues aussi rouges que des pommes de calvine devinrent pâles comme une rose blanche flétrie ; ses cheveux blonds et bouclés de naissance, dont elle était si fière, lui pendirent en mèches comme de la filasse humide, le long des joues et sur les épaules ; ses beaux yeux bleus prirent la couleur de la vitre et tout son corps fut si amaigri que ça tirait les larmes rien qu'à la regarder ; elle avait tous les fantômes de la mort sur la figure. Les plus fins chirurgiens dirent qu'elle était poumonique mais qu'elle pouvait traîner encore longtemps.

Que faisait pendant ce temps-là Hippolite Lamonde ? Il y avait trois ans qu'il était parti et personne n'en avait eu ni vent ni nouvelle. Il revenait pourtant au pays le cœur joyeux, car il avait fait de bonnes affaires, et il pouvait se présenter proprement devant le père de Joséphine, sans crainte de recevoir un affront. Il arriva pendant la nuit et la première chose qu'il fit, après avoir embrassé ses parents, fut de demander des nouvelles de La Fine. On lui raconta toutes ses traverses et il s'arracha les cheveux de désespoir.

— Quoi ! s'écria-t-il, de tous ces fendants qui paraissaient l'aimer, il ne s'en est pas trouvé un seul assez brave pour la secourir ! Lâches ! Tas de lâches !

Après avoir passé la nuit blanche, en marchant de long en large, en parlant tout seul comme un homme qui aurait perdu la *trémontade*, il était à sept heures du matin en présence de sa fiancée. Elle était assise dans un fauteuil entourée d'oreillers, les pieds sur un petit banc couvert d'une peau d'ours, le corps entouré d'une épaisse couverte de laine, et malgré cela les dents lui claquaient dans la bouche. Elle parut se ranimer en voyant Hippolite, elle allongea les bras de son côté et lui dit d'une voix faible et tremblante :

— Mon cher Polithe, il ne faut plus penser aux amitiés de ce bas monde, quand on se meurt, on ne doit penser qu'au ciel. C'est une grande consolation pour moi que de te voir avant de mourir : tu pleureras sur mon cercueil avec mes bons parents et tu feras ensuite ton possible pour les consoler : promets-le à celle que tu as si longtemps aimée. Je n'ai qu'un regret en mourant, c'est de m'être si mal comportée envers toi et de ne pouvoir réparer mes torts en te rendant heureux.

Les larmes aveuglèrent le pauvre Lamonde et il lui dit :

Chasse, chasse, ma chère Fifine, ces vilaines *doutences* : Hippolite est devant toi et tu vivras.

— Comment espérer de vivre, répondit-elle, quand je suis dans des craintes continuelles ! Quand je tremble au moindre bruit que j'entends ! Quand la lumière du jour m'épouvante autant que la noirceur de la nuit ! Quand j'entends sans cesse à mon oreille le souffle d'une âme en peine qui me reproche ma cruauté ! Je n'ose demander la mort pour mettre fin à mes souffrances, car le spectre est toujours là qui me dit : Tu n'auras de repos ni dans ce monde ni dans l'autre. Oh ! c'est pitoyable ! pitoyable ! et la malheureuse fille se tordait les mains de désespoir.

— Joséphine ! ma chère Fifine ! prends courage pour l'amour de tes parents ; pour l'amour de moi aussi, prends courage ! J'irai moi-même restituer ce soir au revenant le vol que tu as fait et tu en seras délivrée.

— Tu n'iras pas ! s'écria la pauvre Joséphine ; laisse-moi mourir seule. Je suis déjà assez malheureuse sans avoir à me reprocher ta mort !

— Qu'ai-je à craindre, répliqua Lamonde, je n'ai jamais fait aucun tort à une personne morte ou vivante, pourquoi ce fantôme me voudrait-il du mal ? Crois-tu que si tu eusses tombé dans un précipice, j'aurais hésité un instant à voler à ton secours, certain même d'y périr avec toi ! car, vois-tu, Fifine, je me ferais hacher cent fois par morceaux pour t'épargner une égratignure. Ce qui me reste à faire n'est qu'un jeu d'enfant, et je serai aussi calme que je le suis maintenant.

Joséphine eut beau le prier, le conjurer de ne point s'exposer pour elle, si indigne de tant d'amitié, il n'en fut que plus déterminé dans la résolution qu'il avait prise.

À onze heures du soir, il demanda la clef du coffre dans lequel le bonnet carré était enfermé ; et il l'avait à peine ouvert que le bonnet carré lui tomba dans la main.

La nuit était bien sombre lorsqu'il arriva près de l'église ;

la lampe qui brûle dans le sanctuaire jetait seule une petite lueur, au loin de l'édifice. Il se promena de long en large en priant jusqu'à ce que le spectre parût. À minuit sonnant, il se trouva en sa présence, il monta d'un pied ferme les marches du perron où le spectre se tenait dans son attitude ordinaire, et il lui remit sans trembler son bonnet carré sur la tête.

Le fantôme lui fit signe de le suivre, et Lamonde obéit; la porte du cimetière s'ouvrit d'elle-même et se referma quand ils furent rentrés.

Le fantôme s'assit sur un tertre couvert de gazon, et fit signe à Hippolite de s'asseoir auprès de lui.

Il prit alors la parole pour la première fois, et dit:

— Faites excuse, bon jeune homme, si je ne puis vous offrir un siège plus convenable: on vit sans façon dans un lieu où tout le monde est égal: qu'il arrive un seigneur, un notaire, un docteur, on n'en met pas plus grand pot-au-feu.

— Vous voyez, fit le père Romain, que c'était un fantôme poli et qu'il donnait de bonnes raisons.

— J'en suis d'autant plus surpris, père Romain, répliquai-je, après le vacarme infernal qu'il a fait pour son misérable bonnet carré.

— Quand un homme fait une forte pénitence, fit le père Chouinard, il n'a pas toujours l'humeur égale, mais quand il l'a achevée ça le ragaillardit.

Comme je n'avais rien à répliquer à une réponse si sensée, le père Romain continua:

— Bon jeune homme, dit le revenant, c'est à quatre pieds sous terre, à l'endroit où nous sommes assis, que j'ai résidé trente ans: cette demeure vous paraît bien triste à vous: eh bien! c'était toujours en soupirant que j'en sortais, la nuit, quand mon âme venait chercher mon pauvre corps pour lui faire faire sa pénitence, une pénitence que j'avais bien méritée.

J'étais gai pendant ma jeunesse et fou de plaisir: j'étais le bouffon de la paroisse et il ne se donnait pas une noce, un festin, une danse sans que j'y fusse invité. Si je veillais dans quelques maisons, tous les voisins accouraient pour entendre mes farces.

Passant un jour près de notre église, je vis les enfants rassemblés pour le catéchisme et le curé qui partait pour un malade. Je leur dis d'entrer, et que le curé m'avait chargé de leur faire l'instruction en attendant son retour. Je mets un surplis, je prends un bonnet carré, je monte en chaire et je leur fais tant de farces que tous les enfants riaient comme des fous. En un mot, je fis toutes sortes de profanations dans le sanctuaire même.

Huit jours après, pendant une promenade que je faisais seul dans ma chaloupe sur le fleuve, par un temps assez calme, une rafale de vent si subite s'abattit sur mes voiles qu'elle les déchira en lambeaux et que ma berge chavira. Je réussis à monter sur la quille où j'eus le temps de faire bien des réflexions et de me recommander à la miséricorde du bon Dieu. Les forces me manquèrent ensuite, et une lame rejeta mon corps mort sur le rivage.

Je fus condamné à faire mon *piregatoire* pendant trente ans, sur les lieux mêmes que j'avais profanés. Au coup de minuit, mon âme rentrait dans mon corps et le traînait sur les marches de l'église.

Lamonde se recula jusqu'au bout du tertre, il croyait n'avoir affaire qu'à une âme, et il se trouvait en présence du corps par-dessus le marché. Il commença à s'apercevoir qu'il avait l'haleine forte. Le revenant n'y fit pas attention, et continua : Vous ne comprendrez jamais, bon jeune homme, ce que l'on endure d'affronts et de misères lorsque l'on sort de son lieu de repos. Les nuits les plus noires nous paraissent aussi claires que si la lune était au ciel. Comme on n'entend rien à quatre pieds sous la terre, le moindre bruit nous fait trembler. Les lumières dans les maisons des veilleux nous offusquent et nous brûlent la vue. Le bruit des voitures qui passent, les éclats de rire des voyageurs, nous font l'effet du roulement du tonnerre.

Mais c'était là la moindre de mes misères ; ce que j'avais à endurer l'automne, le printemps à la pluie battante et pendant les grands froids de l'hiver, est capable de faire hérisser les cheveux sur la tête à un homme au cœur de cailloux. Car, voyez-vous, j'étais un volontaire[5], et on m'avait enterré sans cérémonie et vêtu légèrement. Un drap qu'une âme charitable avait donné pour m'ensevelir était tout ce que j'avais sur le corps quand on me cloua dans mon cercueil. On aura peine à croire que pendant les grands froids du mois de janvier, mes pauvres os éclataient souvent comme du verre.

J'étais donc tout joyeux ; j'achevais ma dernière nuit de pénitence, quand une folle jeune fille...

— Sans trop vous *interboliser*, monsieur le squelette, dit Lamonde, allons doucement, s'il vous plaît : je vous ai suivi sans me faire prier dans ce cimetière, qui n'a rien d'invitant pendant le jour et encore bien moins pendant la nuit ; j'avouerai que j'y avais un petit intérêt, j'étais curieux de savoir si les morts mentent autant que les vivants, et je voulais aussi savoir quelque chose qui me tient au cœur, allez : je n'en ai pas de regret : vous m'avez reçu poliment jusqu'ici, mais halte-là ! je n'entends point qu'on dise du mal de Fifine ; vous êtes content comme un fantôme qui a fini sa pénitence ; c'est tout naturel, je voudrais en dire autant, car, moi, je commence la mienne ; je mange mon ronge et je mordrais sur le fer. Ainsi, si vous n'avez pas de meilleures raisons à chanter, brisons là ; séparons-nous sans rancune ; bonsoir.

— Bon jeune homme, dit le revenant, je vous ai trop d'obligation pour chercher à vous faire de la peine ; je finirai donc en vous disant que j'achevais ma dernière nuit de pénitence, quand mademoiselle Lalonde l'a interrompue. Elle est

---

5. Dans les campagnes, ceux qui n'ont ni feu, ni lieu.

maintenant terminée grace à votre courage, et je vous en remercie ; je ne voudrais pas m'en tenir, s'il était possible, aux remerciements, mais vous prouver ma reconnaissance d'une manière plus solide. Je désirerais connaître quelques trésors pour vous les enseigner, mais je n'en connais aucun.

—Je n'ai pas besoin de vos trésors, dit Lamonde : il n'en est qu'un pour moi : c'est ma fiancée ; et si vous m'avez de l'obligation, rendez-lui la vie.

— Dieu seul, bon jeune homme, est le maître de la mort et de la vie.

— Il ne faut pas revenir de l'autre monde, reprit Hippolite, pour savoir ça ; mais dites-moi au moins, si la pauvre Joséphine est vraiment poumonique, et si les docteurs ont raison quand ils disent qu'elle ne peut en réchapper.

— Bon jeune homme, dit le fantôme, si Joséphine reprenait la santé, vous seriez donc encore disposé à en faire votre femme ? Vous méritez pourtant un meilleur sort que d'épouser une jeune fille qui peut vous rendre malheureux le reste de vos jours !

— M. le fantôme, reprit Lamonde, chacun son goût : j'aime mieux être malheureux avec elle qu'heureux avec une autre. Je n'aime guère, voyez-vous, qu'on se fourre le nez dans mon ménage : si vous n'avez pas d'autres consolations à me donner, bonne nuit donc.

Et il se leva pour partir, mais le fantôme lui fit signe de se *rassir* et il obéit.

Après un petit bout de temps, le spectre reprit la parole :

— Les chirurgiens ont dit que Joséphine était pulmonique et ils ne se sont pas trompés. Ils ont déclaré que c'était une maladie mortelle et n'ont pas dit la vérité ; car si avec tout le savoir dont ils se vantent, ils n'ont jamais pu découvrir de remède pour la guérir, il y en a pourtant un. Et la mort sert souvent la vie. Emportez une poignée de cette herbe sur laquelle vous pilez, pour la reconnaître demain ; faites-lui en boire des infusions, et dans un mois elle sera convalescente. Adieu; la barre du jour va paraître, je n'ai que le temps de vous dire que votre fiancée est tranquille maintenant, je lui ai soufflé à l'oreille que vous m'aviez délivré.

Et le fantôme avait disparu. Lamonde tout joyeux mit une poignée d'herbe dans sa poche, sauta par-dessus le mur du cimetière et un quart d'heure après, il entrait chez La Fine. Elle lui tendit le bras de tant loin qu'elle le vit, et ils pleurèrent longtemps sans pouvoir dire *motte*.

— Les gens de l'autre monde ne se trompent guère, remarqua le père Romain; et tout arriva comme le revenant l'avait prédit. Trois mois après, Lamonde conduisait à l'autel la plus belle créature de la paroisse.

— C'est très bien finir jusque-là, dis-je, mais quelle sorte de ménage firent-ils ensemble?

Le père Chouinard garda pendant quelque temps le silence et dit ensuite:

— Un ménage en règle. La créature, comme vous savez tous, est pas mal casuelle: La Fine voulut, d'abord, recommencer un peu son *train-train*, elle n'avait pas tout à fait oublié, malgré ses traverses, son ancien métier de coquette, tout en aimant son mari comme les yeux de sa tête. Mais Lamonde y mit bien vite ordre; il déclara un jour à la porte de l'église qu'il n'était pas jaloux, que ça lui plairait même de voir sa femme entourée de farauds, mais que par rapport aux mauvaises langues, il briserait les reins au premier *freluquet* qui s'aviserait de lui en conter. Et il ajouta que, pour n'être point pris au dépourvu, il avait déjà coupé un rondin d'érable prêt à lui rendre ce service.

Comme il était fort comme un taureau anglais, chacun pensa à son *reintier*, et se le tint pour dit.

— Je conseille, moi, reprit le père Romain, le même remède à ceux qui ont des femmes scabreuses (volages). Je ne parle pas, Dieu merci, pour la mienne: un gredin voulut un

jour lui faire une niche et elle vous lui appliqua les dix commandements sur le front avec ses ongles, et lui déchira la peau
jusqu'à la mâchoire; et c'est pourtant une bonne femme!
comme vous savez. Quant à La Fine, quand elle vit que personne ne s'occupait d'elle, elle se mit bravement à élever ses
enfants et à ne faire le beau bec que pour son mari...

(*Mémoires*, 1866)

Joseph-Charles Taché

—◦◦◦—

Fils de Charles Taché et de Louise-Henriette Boucher de La Broquerie, Joseph-Charles Taché naît à Kamouraska le 24 décembre 1820. Orphelin dès l'âge de cinq ans, il fréquente d'abord l'école du village, puis le Séminaire de Québec. Admis à l'école de Médecine à la fin de sa rhétorique, il obtient son diplôme le 16 novembre 1844. Il se fixe alors à Rimouski et y épouse le 1er juillet 1847 Françoise Lepage. Élu député conservateur à la Chambre des communes en 1847, il assume, dès son premier mandat, la charge de correspondant parlementaire pour L'Ami de la religion et de la patrie. *Le 24 mars, il devient directeur de la Société d'agriculture, nomination qui l'oblige à publier dans le* Journal de l'Instruction publique *plusieurs articles destinés aux agriculteurs. Il participe en 1854 au débat sur la tenure seigneuriale et publie* De la tenure seigneuriale et son projet de commutation. *En 1855, on le nomme représentant du Canada à l'Exposition universelle de Paris. Avant son départ, il s'est attaqué au rougisme et à ses tenants en publiant* La Pléiade rouge, *sous la signature de Gaspard LeMage. Renonçant à la politique active, il fonde le 2 février 1857* Le Courrier du Canada *avec Hector-Louis Langevin et Alfred Garneau. Il participe, en 1861, à la fondation des* Soirées canadiennes, *qu'il dirige seul à partir de 1863, à la suite d'un désaccord avec les autres membres de la direction. Il publie* Trois légendes de mon pays *(1861) et* Forestiers et voyageurs *(1863). Le 3 août 1864, il devient sous-ministre de l'Agriculture et des Statistiques, et, en 1878, docteur en médecine. Il entretient, dans* La Minerve, *une polémique avec Benjamin Sulte à partir du*

27 mars 1883, puis avec l'abbé Henri-Raymond Casgrain, en juin de la même année. En 1885, il publie Les Sablons et l'île Saint-Barnabé *et* Les asiles d'aliénés de la province de Québec et leurs détracteurs. *Le 30 juin 1888, il remet sa démission au gouvernement canadien et meurt à Ottawa le 16 avril 1894.*

Ikès le jongleur[1]

Il y avait un sauvage nommé *Ikès*, reprit le père Michel en renouant le fil de son histoire à l'expiration du temps de repos qui lui avait été accordé, et ce sauvage était bon chasseur ; mais il était redouté des autres sauvages, parce qu'il passait pour sorcier. C'était à qui ne ferait pas la chasse avec lui.

Or, vous n'êtes pas sans savoir que les jongleurs sauvages n'ont aucun pouvoir sur les blancs. La jonglerie ne prend que sur le sang des nations[2], et seulement sur les sauvages infidèles, ou sur les sauvages chrétiens qui sont en état de péché mortel.

Je savais cela ; mais comme, au reste, je n'étais pas trop farouche[3], je m'associai avec Ikès pour la chasse d'hiver.

Il est bon de vous dire qu'il y a plusieurs espèces de jongleries chez les sauvages. Il y en a une, par exemple, qui s'appelle *médecine* : ceux qui la pratiquent prétendent guérir les malades, portent une espèce de sac qu'ils appellent *sac à médecine*, s'enferment dans des *cabanes à sueries*, avalent du poison et

---

1. Sur cet auteur, on consultera l'ouvrage d'Éveline Bossé, *Joseph-Charles Taché (1820-1894), un grand représentant de l'élite canadienne-française*, Québec, Garneau, 1971, 324 p.

2. Le mot les *nations*, chez les Canadiens, a la même valeur que le mot les *gentils* relativement aux Juifs ; il désigne d'une façon générale tous les peuples qui ne sont pas catholiques : ici, il se rapporte particulièrement aux aborigènes. *(Note de Taché)*

3. Peureux, craintif.

font mille et un tours, avec le secours du diable comme vous pensez bien.

Ikès n'appartenait point à cette classe de jongleurs : il était ce qu'on appelle un *adocté*, c'est-à-dire qu'il avait un pacte secret avec un *Mahoumet*[4] : ils étaient unis tous deux par serment comme des francs-maçons. Il n'y a que le baptême, ou la confession et l'absolution qui soient capables de rompre ce charme et de faire cesser ce pacte.

Tout le monde sait que le *mahoumet* est une espèce de gobelin, un diablotin qui se donne à un sauvage, moyennant que celui-ci lui fasse des actes de soumission et des sacrifices, de temps en temps. Les chicanes ne sont par rares entre les deux associés ; mais comme c'est l'*adocté* qui est l'esclave, c'est lui qui porte les coups.

Le *mahoumet* se montre assez souvent à son adocté ; il lui parle, lui donne des nouvelles et des avis, il l'aide dans ses difficultés, quand il n'est pas contrecarré par une puissance supérieure. Avec ça, le pouvoir du *mahoumet* dépend, en grande partie, de la soumission de l'*adocté*.

Il y en a qui disent qu'il n'y a pas de sorciers et de sorcières, et qui ne veulent pas croire aux esprits. Eh bien ! moi je vous dis qu'il y a des sorciers, et que nous sommes entourés d'esprits bons et mauvais. Je ne vous dis pas que ces esprits sont obligés de se rendre visibles à tous ceux qui voudraient en voir ; mais je vous dis qu'il y en a qui sont familiers avec certaines gens, et que souvent, plus souvent qu'on ne pense, ils apparaissent ou font sentir leur présence aux hommes.

Demandez aux voyageurs des *pays d'en haut* qui ont vécu longtemps avec les sauvages infidèles, demandez aux *bourgeois*

---

4. Il me serait impossible de donner l'origine de ce nom de *mahoumet*, que les Canadiens du Bas-du-Fleuve attribuent à ces génies familiers des anciens sauvages : à moins de dire que, le fondateur de l'islamisme étant considéré comme une des incarnations du mal, on a fait de son nom altéré le nom patronymique des lutins sauvages. *(Note de Taché)*

des postes[5], demandez aux missionnaires, s'il y a des sorciers, ou jongleurs comme vous voudrez, et vous verrez ce qu'ils vous répondront. À preuve de tout cela, je vais vous raconter ce que j'ai vu et entendu, moi, sur les bords du lac Kidouamkizouik.

J'étais donc associé avec Ikès-le-jongleur. Nous avions commencé, de bonne heure l'automne, à emménager notre chemin de chasse. Ce chemin n'était pas tout à fait nouveau, il était déjà en partie établi, depuis la montagne des Bois-Brûlés jusqu'au lac : Ikès et moi y ajoutâmes deux branches, à partir du lac, une courant au nord-est, l'autre, au sud-ouest. Nous étions vigoureux, entendus et assez chanceux tous les deux ; de plus, nous étions bien approvisionnés, nous comptions faire une grosse chasse.

Le premier voyage que nous fîmes ensemble dans les bois dura presque trois mois, pendant lesquels nous avions travaillé comme des nègres. Une fois tout notre chemin *mis à prendre*, nous descendîmes en visitant nos *martrières*, nos autres *tentures* et nos pièges : si bien que, rendus à la mer, nous avions déjà un bon commencement de chasse : des martes, de la loutre et du castor. Nous arrivions gais comme pinson quoique pas mal fatigués, pour passer les fêtes à Rimouski.

Ikès avait sa cabane sur la côte du *Brûlé*, où il laissait sa famille ; moi je logeais chez les habitants.

— Eh bien ! Michel, me demandait-on partout à mon retour, comment vous trouvez-vous de votre associé ?

— Mais pas mal, que je répondais ; c'est le meilleur garçon du monde et un fort travaillant : je ne crois pas qu'il y en ait beaucoup qui aient apporté plus de pelleteries que nous autres, pour le temps.

— Vous n'avez pas eu connaissance de son *mahoumet* ?

---

5. Contremaître d'un poste à fourrures. On appelait aussi un maître, un patron, un propriétaire d'un établissement de chantier.

— Ma foi, non ; et s'il en a eu connaissance, lui, la chose a dû se faire bien à la cachette ; car on ne s'est pas laissé d'un instant.

— Vous ne perdez rien pour attendre.

— Tenez, je crois qu'on a tort de faire courir tous ces bruits-là sur le compte d'Ikès.

— Ah ! le *satané bigre* ! Ah ! c'est un *chétif*[6] et vous verrez qu'il finira mal. Entre lui, l'Algonquin et la vieille *Mouine*[7], il y aura du grabuge qui fera bien rire le diable avant longtemps.

Cette vieille Mouine était une jongleuse, elle aussi : autrefois mariée à un Algonquin, elle était veuve alors, et l'Algonquin, dont parlaient les gens de Rimouski, était son fils, ainsi nommé du nom de la nation de son père.

Il existait une rancune entre Ikès et l'Algonquin dont voici l'origine. Les deux sauvages revenaient un jour en canot de la chasse au loup-marin : avant d'arriver à l'Île Saint-Barnabé, ils rencontrèrent une goélette, à bord de laquelle ils échangèrent un loup-marin qu'ils avaient tué, pour quelques effets et du rhum.

L'échange *faite*, nos deux gaillards font halte au bout d'en bas de l'Île, pour *saigner le cochon*, c'est-à-dire pour tirer du rhum de leur petit baril. Après avoir bu copieusement, ils remettent leur canot à l'eau pour gagner terre ; mais la mer avait baissé, et aux deux tiers de la traverse ils ne pouvaient plus avancer. Ils étaient si soûls tous les deux qu'Ikès, se croyant au rivage, débarqua sur la batture, et que l'Algonquin, n'en pouvant plus, se coucha dans le canot. Le premier, en pataugeant dans la vase, tombant et se relevant, finit par se rendre aux maisons et de là chez lui, où il s'endormit en arrivant : le second, emporté dans son canot par un petit vent

---

6. On disait aussi *chéti*, fainéant, vaurien, filou.

7. *Mouine* est un mot micmac (écrit à la française) qui veut dire une ourse. *(Note de Taché)*

et le courant, se réveilla quelques heures après, à plus d'une lieue au large et vis-à-vis de la Pointe-aux-Pères.

Or, l'Algonquin s'imagina que son camarade Ikès avait voulu le faire périr, et ne voulut jamais revenir de cette impression. Ikès, de son côté, ne pouvant faire entendre raison à l'autre, finit par se fâcher : ce fut désormais entre eux une haine à mort, dans laquelle la vieille Mouine prenait part pour son fils.

Les jongleurs, par le pouvoir de leurs *mahoumets*, se jouent de vilains tours entre eux ; mais comme ils sont sur leurs gardes, les uns à l'égard des autres, la guerre dure souvent longtemps avant que l'un d'eux périsse ; mais cela finit toujours par arriver. Les sauvages n'ont pas mémoire d'un jongleur qui, n'ayant pas abandonné la jonglerie, soit mort de mort naturelle.

Enfin, malgré la mauvaise réputation de mon associé, je repartis bientôt avec lui pour le bois, emportant des provisions pour plusieurs semaines. Nous devions revenir, au bout de ce temps, avec nos pelleteries, et remonter une troisième fois pour finir notre chasse au printemps.

Nous nous rendîmes de campement en campement sur notre chemin, enlevant le gibier des tentures et mettant les peaux *sur les moules*, jusqu'à notre principale cabane du lac Kidouamkizouik, sans aventure particulière.

Ikès était toujours de bonne humeur. Le soir de notre retour au lac, je venais de regarder au souper, que j'avais mis sur le feu, et mon compagnon achevait d'arranger une peau de marte sur son *moule*, lorsqu'un cri clair et perçant, traversant l'air, vint frapper mon oreille en me clouant à ma place : jamais je n'ai entendu ni avant ni depuis, rien de pareil. Ikès bondit et s'élança hors de la cabane, en me faisant signe de la main de ne pas le suivre.

Je restai stupéfait. — C'est son *mahoumet*, me dis-je, et je fis un signe de croix !

Au bout de cinq minutes, mon sauvage rentra l'air triste et abattu. Il est fâché, me dit-il; nous aurons bien de l'ouvrage à faire.

— C'est donc vrai que tu as un *mahoumet*, tu ne m'en as jamais parlé. Comment est-il fait? et que t'a-t-il donc annoncé?

Ikès me dit, sans détours, que son diablotin était un petit homme haut de deux pieds, ayant des jambes et des bras très grêles, la peau grise et luisante comme celle d'un lézard, une toute petite tête et deux petits yeux ardents comme des tisons. Il me raconta qu'après l'avoir appelé, il s'était présenté à lui, debout sur une souche, en arrière de la cabane, et lui avait reproché de le négliger, et de ne lui avoir rien offert depuis le commencement de sa chasse d'automne. Le *mahoumet* avait les deux mains fermées, et la conversation suivante avait eu lieu entre lui et son *adocté*.

— Devine ce que j'ai là-dedans, avait dit le lutin en montrant sa main droite à Ikès.

— C'est de la graisse de castor, avait répondu Ikès, à tout hasard.

— Non. C'est de la graisse de loup-cervier: il y en a un qui venait de se prendre dans ton premier collet, ici tout près; mais je l'ai fait échapper. Qu'ai-je dans la main gauche, maintenant?

— De la graisse de loutre.

— Non, c'est du poil de marte: tes *martrières* du sud-ouest et du nord-est sont empestées, les martes n'en approchent pas. Je crois, avait ajouté le *mahoumet* en se moquant, que les *pécans*[8] ont visité ton chemin: tes tentures sont brisées, et tes pièges à castor sont pendus aux branches des bouleaux, dans le voisinage des étangs.

---

8. Animal, appartenant à la famille dite des petits ours, qui fait le désespoir des chasseurs par sa finesse et ses espiègleries malicieuses. (*Note de Taché*)

Puis le diablotin avait disparu en poussant un ricanement d'enfer, que j'avais entendu dans la cabane, sans pouvoir m'expliquer ce que ce pouvait être.

— Ton diable de *mahoumet*, dis-je à Ikès quand il eut fini de me raconter cette entrevue, ton diable de *mahoumet* nous a fait là une belle affaire, si seulement la moitié de ce qu'il t'a dit est vrai.

—Tout est vrai, répondit Ikès.

— N'importe, répliquai-je, comme je n'ai pas envie d'y aller ce soir et que j'ai terriblement faim, je vais retirer la chaudière du feu et nous allons manger.

Ikès ne m'aida pas à compléter les préparatifs du souper : il se tenait assis sur le sapin, les bras croisés sur les jambes et la tête dans les genoux. Quand je l'avertis que le repas était prêt, il me dit :

— Prends ta part dans le *cassot*[9] d'écorce et donne-moi la mienne dans la chaudière.

Sans m'enquérir des raisons qui le faisaient agir ainsi, je fis ce qu'il m'avait demandé. Il prit alors la chaudière et en répandit tout le contenu dans le feu ; puis, s'enveloppant de sa *couverte*[10], il se coucha sur le sapin et s'endormit.

Je compris qu'il venait de faire un sacrifice à son manitou. Mais, bien que sans crainte pour moi-même, j'étais tout de même embêté de tout cela, et je faisais des réflexions plus ou moins réjouissantes, en fumant ma pipe auprès de mon sauvage qui dormait comme un sourd.

Parbleu ! me dis-je à la fin, Ikès est plus proche voisin du diable que moi ; puisqu'il dort, je puis bien en faire autant ! J'attisai le feu, je me couchai et m'endormis auprès de mon compagnon.

---

9. Petit récipient en écorce de bouleau.
10. Couverture.

J'étais tellement certain que ce manitou ne pouvait rien contre ma personne, que je n'en avais aucune peur, et que, même, j'aurais aimé à le voir.

Dès le petit matin du lendemain, je sortis de la cabane, en me disant : — je vas toujours aller voir si cet animal de *mahoumet* a dit vrai pour le loup-cervier. Montant sur mes raquettes, je me rendis à l'endroit où était tendu le collet qu'il avait indiqué.

Effectivement, je trouvai la perche piquée dans la neige à côté de la fourche, et le collet coupé comme avec un rasoir.

— Si tout le reste s'ensuit, me dis-je, en reprenant la direction de notre campement, nous en avons pour quinze jours avant d'avoir rétabli nos deux branches de chemin.

Le gredin de *mahoumet* n'avait, hélas! dit que trop vrai, et nous mîmes douze jours à réparer les dégâts. Pendant tout ce temps Ikès ne prit pas un seul souper et ne fuma pas une seule pipe : tous les soirs il jetait son souper dans le feu, et tous les matins il lançait la moitié d'une torquette de tabac dans le bois.

Enfin nous terminâmes notre besogne : mon malheureux sauvage avait travaillé comme deux.

Nous étions revenus à notre cabane du lac. C'était le matin, il faisait encore noir, nous déjeunions, en ce moment : tout à coup nous entendîmes un sifflement suivi de trois cris de joie : — hi! — hi! — hi! — Ikès s'élança, comme la première fois, hors de la cabane, en m'enjoignant de ne pas bouger de ma place... Il rentra peu de temps après tout joyeux.

— Déjeunons vite, dit-il, il y a deux orignaux, dans le pendant de la côte, là au sud, à une demi-heure de marche.

Ton *mahoumet* aura besoin de nous donner bonne chasse, lui répondis-je, s'il veut être juste et m'indemniser du tort qu'il m'a fait, à moi qui n'ai pas d'affaire à lui et ne lui dois rien, Dieu merci. Mais il se moque de toi, avec ses deux orignaux. Qui, diable, va aller courir l'orignal, avec seulement dix-huit pouces de neige encore molle?

— C'est à l'affût qu'on va les tuer : puis il y a une loutre dans le bord du lac, pas loin d'ici.

Nous tuâmes les orignaux et la loutre ; mais je crois que l'argent que j'ai fait avec cette chasse était de l'argent du diable et qu'il n'a pas porté bonheur à ma fortune, comme vous verrez plus tard. Les anciens avaient bien raison de dire : *Farine du diable s'en retourne en son*[11] !

Je vous assure que, le soir, Ikès fit un fameux souper et fuma d'importance. Avant de se coucher, il étendit sa *couverte* sur le sapin, puis, prenant un charbon, il traça sur la laine la figure d'un homme.

— Qu'est-ce que tu fais donc là, lui demandai-je ; ne finiras-tu pas avec tes diableries ?

— Tiens, tu vois ben, répondit Ikès, toute ma chicane avec mon petit homme vient de la vieille *Mouine*, et c'est l'Algonquin qui est la cause de cela.

— Et qu'est-ce que ta *couverte* peut avoir à faire avec l'Algonquin et la vieille sorcière ?

— La *Mouine* n'est pas avec l'Algonquin ; il est à la chasse, et, en ce moment, dans un endroit qu'il n'a pas indiqué à sa mère en partant ; ils se sont oubliés : c'est le temps de lui donner une *pincée* !

En ce disant, Ikès avait en effet donné une terrible *pincée* dans sa *couverte*, à l'endroit de la figure humaine qu'il avait tracée. Il ajouta avec un sourire féroce :

— Il ne dormira pas beaucoup cette nuit, va ! Tiens, l'entends-tu comme il se plaint ? c'est la colique, tu vois *ben*.

Ma parole, je ne sais pas si je me suis trompé, mais j'ai cru entendre des gémissements, comme ceux d'un homme qui souffre d'atroces douleurs : or, l'Algonquin était, en ce moment, à dix lieues de nous. J'ai appris ensuite qu'il avait été fort malade d'une maladie d'entrailles.

---

11. On retrouve la même expression dans «Le baiser fatal», troisième volet de «La maison hantée» de Pamphile LEMAY.

— Ikès, dis-je à mon compagnon de chasse, tout cela finira mal. D'abord, et c'est l'essentiel, ton salut est en danger ; si tu meurs dans ce commerce, il est bien sûr que le diable t'empoignera pour l'éternité. Dans ce monde-ci même, tu n'as aucune chance contre la vieille Mouine, elle est plus sorcière que toi : tu sais bien que c'est elle qui a prédit l'arrivée des Anglais[12], et il n'y avait pas longtemps alors qu'elle faisait de la jonglerie.

— C'est vrai, répondit Ikès : puis il s'enveloppa dans sa *couverte*, s'étendit sur le sapin et s'endormit.

L'été suivant, je n'étais pas à Rimouski ; mais j'ai appris que le malheureux est mort dans les circonstances suivantes. Il était toujours campé sur le *Brûlé* ; la vieille *Mouine* et l'Algonquin avaient leur cabane à la *Pointe-à-Gabriel*. Un soir, Ikès *flambotait* dans la rivière, il allait darder un saumon, lorsqu'il fut pris d'une douleur de ventre qui lui fit tomber le *nigogue*[13] des mains ; transporté dans sa cabane, il languit quelque temps et mourut dans une stupide indifférence.

C'était une *dernière pincée* de la *Mouine*, et le *dernier coup* de son *Mahoumet* ?

(*Forestiers et voyageurs*, 1884 ;
paru d'abord dans
Les Soirées canadiennes, 1863)

---

12. Une tradition, qui n'est pas encore tout à fait perdue, rapporte qu'une sauvagesse a prédit, deux ou trois ans à l'avance, la prise du pays par les Anglais. (*Note de Taché*)

13. Aussi écrit nigog, sorte de harpon servant à darder le saumon ou l'anguille.

Le Noyeux

Nous avions donc quitté Québec pour les pays d'en haut, comme je vous l'ai dit, reprit le père Michel.

Dans ce temps-là, il n'y avait sur le fleuve que des goélettes, des bateaux plats et des canots qui voyageaient entre Québec et Montréal : souvent les bâtiments à voile mettaient deux semaines, quelquefois trois, à monter à Montréal : le voyage le plus prompt était celui qu'on faisait en canot d'écorce lège. Je crois vous avoir dit que nos canots à nous, cette fois-là, étaient chargés : or, avec un *maître-canot* chargé et bien monté, on fait, *l'un portant l'autre*, six lieues par jour en remontant les rivières, et environ le double en descendant, les portages compris.

Je vais tâcher, dans ce récit de mon voyage, de vous faire connaître comment on raccourcit le temps de ces longs parcours. Et tout d'abord, au départ, c'était la coutume des voyageurs, avant d'atteindre le point de la grande rivière des Outaouais où cessaient les établissements, de profiter de leur reste pour aller tous les soirs, à tour de rôle, aux maisons d'habitants voisines de l'endroit où l'on s'arrêtait : on y buvait du lait, on y chantait des chansons, on y dansait quelquefois, et, quand il commençait à se faire un peu tard, on allait rejoindre les compagnons laissés à la garde des canots et des marchandises. Alors on s'étendait sur le rivage, à la belle étoile, autour d'un bon feu quand il faisait beau temps, du mieux possible à l'abri des canots mis sur le côté, quand il faisait mauvais temps, pour dormir ainsi jusqu'à deux heures du matin, temps du réveil et des préparatifs du départ chaque jour du voyage. Et figurez-vous que ce voyage de canots chargés, durait environ trois mois, sans autres interruptions de repos que celles que nous donnait quelquefois une tempête sur les lacs.

Enfin je faisais route à ce métier au temps dont je vous parle, et le dixième jour nous étions le soir à camper aux Écores, sur la Rivière-des-Prairies. C'est là que j'ai entendu raconter à un vieux voyageur les deux[1] histoires que je vais vous répéter maintenant; remarquez bien que nous étions alors, nous autres, assis en rond autour d'un feu de campement dans le voisinage de l'endroit où les choses s'étaient passées.

Vous savez qu'aux *Écores* il y a un rapide qu'on appelle le *Sault-au-Récollet*; ce nom lui a été donné parce que (dame, je vous parle là d'une chose qui est arrivée dans les commencements du pays), parce qu'un récollet missionnaire s'est noyé dans ce rapide[2].

Le missionnaire descendait de chez les Hurons avec les sauvages, parmi lesquels il y avait un vilain gars qui s'opposait à la prédication de l'Évangile au sein de sa nation; mais il avait eu le soin de cacher ses projets. Choisissant un moment favorable à l'accomplissement de ses desseins, le satané monstre noya le missionnaire dans le rapide.

On n'a jamais pu savoir au juste de quelle manière il s'y est pris; mais voici ce qui arriva quelques années plus tard.

Un canot, monté par des voyageurs, descendait la Rivière-des-Prairies, on était campé, le soir, au pied du rapide. Il faisait noir comme chez le loup. En se promenant autour du *campe-*

---

1. L'autre histoire s'intitule «L'hôte à Valiquet».

2. Le père Nicolas Viel, noyé en 1625 avec un jeune néophyte. D'après les rapports des sauvages, trois Hurons auraient pris part au double assassinat du père et de son jeune compagnon; mais jamais on n'a pu savoir exactement ce qui s'est passé dans cette cirsonstance. *(Note de Taché)*

ment, les hommes virent la lumière d'un feu sur la pointe voisine, à quelques arpents seulement de leur canot.

— Tiens, se dirent-ils, il y a des voyageurs arrêtés là, comme nous ici ; il faut aller les voir.

Trois hommes de la troupe partirent pour aller à la pointe en question, où ils arrivèrent bientôt, guidés par la lumière du feu.

Il n'y avait là ni canot, ni voyageurs ; mais il y avait réellement un feu, et, auprès du feu, un sauvage en *brayet*, assis par terre, les coudes sur les cuisses et la tête dans les mains.

Le sauvage ne bougea pas à leur arrivée : nos gens regardèrent avec de grands yeux ce singulier personnage, et, comme ils s'approchaient pour le considérer de plus près, ils s'aperçurent que sa chevelure et ses membres dégouttaient d'eau.

Étonnés de l'étrange impassibilité de cet homme dans cette situation, au moment où quelqu'un venait à lui, ils s'approchèrent encore, en l'interpellant ; mais le sauvage demeura dans la même position et ne répondit pas.

L'examinant alors avec plus d'attention et à le toucher presque, à la lueur du feu, ils virent, avec un redoublement de surprise, que cette eau qui dégouttait sans cesse du sauvage ne mouillait pas le sable et ne donnait pas de vapeur.

Les trois gaillards n'étaient pas faciles à effrayer, mais ils eurent *souleur*[3] ; ce qui ne les empêcha pas, cependant, de prendre le temps de se bien convaincre de tout ce qu'ils voyaient, mais sans oser toucher au sauvage. En passant et repassant autour du feu, ils remarquèrent encore que cette flamme ne donnait point de chaleur : ils jetèrent une écorce dans le brasier, et l'écorce demeura intacte.

Ils allaient se retirer, lorsque l'un d'eux dit aux autres : « Si nous racontons ce que nous avons vu, à nos compagnons, ils vont rire de nous et dire que nous avons eu peur. » — Or, passer pour *peureux* parmi les voyageurs, c'est *le dernier des métiers*.

---

3. Peur

Comme il ne leur était pas possible de ne pas raconter cette aventure, ils se décidèrent à emporter un des tisons de ce bûcher diabolique, qui donnait flamme et lumière sans brûler, afin d'offrir à leurs camarades une preuve de la vérité de leur récit.

Vous pouvez vous imaginer de la surprise des voyageurs à ce récit extraordinaire : tous étaient à examiner ce tison, se le passant de main en main et mettant les doigts sur la partie en apparence encore ardente, lorsqu'un bruit de *chasse-galerie* et un *sacakoua*[4] épouvantable se firent entendre. Au même instant, un énorme chat noir fit, d'une course furibonde, poussant des miaulements effroyables, deux ou trois fois le tour du groupe des voyageurs ; puis, sautant sur leur canot renversé sur ses pinces, il en mordait le bord avec rage et en déchirait l'écorce avec ses griffes.

— Il va mettre notre canot en pièces, dit le guide à celui qui tenait le morceau de bois en ce moment, jette-lui son tison !

Le tison fut lancé au loin ; le chat noir se précipita dessus, le saisit dans sa gueule, darda des regards de feu vers les voyageurs et tout disparut.

Ce sauvage, qu'on a revu plusieurs fois depuis cette première apparition, tantôt d'un côté tantôt de l'autre du *Sault-au-Récollet*, quelquefois sur les îles voisines, c'est le *Noyeux* du Père récollet. On suppose que le diable s'est emparé du meurtrier au moment où il se faisait sécher après avoir traîné dans l'eau le pauvre missionnaire, et que lui et son feu ont été changés en *loups-garous*.

> (*Forestiers et voyageurs*, 1884 ;
> paru d'abord dans
> *Les Soirées canadiennes*, 1863)

---

4. *Sacakoua* est un mot indien qui veut dire grand tapage, orgie infernale.

Narcisse-Henri-Édouard Faucher de Saint-Maurice

———

Narcisse-Henri-Édouard Faucher de Saint-Maurice, écrivain, journaliste, député, naît à Québec, le 18 avril 1844, de Narcisse-Constantin Faucher, avocat et seigneur de Beaumont, et de Catherine-Henriette Mercier. Après des études classiques au Séminaire de Québec, il entre en qualité de clerc chez les avocats Henri Taschereau et Ulric-Joseph Tessier. En 1864, il part pour le Mexique où il sert comme officier dans les troupes françaises. Blessé, fait prisonnier et même condamné à mort, il peut finalement revenir au Bas-Canada en 1866. Dès son retour au pays, il participe activement à la vie littéraire en collaborant aux journaux et en publiant par la suite plusieurs volumes, dont De Québec à Mexico (1874), À la brunante. Contes et récits (1874), Choses et autres (1874), De tribord à bâbord (1877), Joies et tristesses de la mer (1888) et Loin du pays (1889). En 1867, il devient greffier des bills privés au Conseil législatif. Élu député du comté de Bellechasse (1881), il siège à l'Assemblée législative jusqu'en 1890, sans pour autant délaisser la vie journalistique ; d'abord rédacteur au Journal de Québec (1883), il passe au Canadien en 1885. À l'expiration de son mandat, en 1890, il se fait nommer greffier des procès-verbaux au Conseil législatif, poste qu'il occupe jusqu'à son décès, survenu à Québec le 1er avril 1897. Il a épousé en 1867 Joséphine Berthelot d'Artigny, nièce de Louis-Hippolyte LaFontaine.

Le feu des Roussi

I

Le petit Cyprien

Il est bon de vous dire que le petit Cyprien Roussi n'avait pas fait ses Pâques depuis six ans et onze mois.

La septième année approchait tout doucement; et, comme c'était l'époque où les gens placés en aussi triste cas se transformaient en loups-garous, les commères du village de la bonne Sainte-Anne du Nord s'en donnaient à cœur joie sur le compte du malheureux.

— Rira bien qui rira le dernier, disait dévotement la veuve Demers. Quand il sera obligé de courir les clos, et cela pendant des nuits entières, sans pouvoir se reposer, il aura le temps de songer aux remords que laissent toujours les fêtes et les impiétés.

— Courir les clos! ça c'est trop sûr pour lui, reprenait non moins pieusement mademoiselle Angélique Dessaint, vieille fille de quarante-huit ans; mais peut-on savoir au moins ce qu'il deviendra, ce pauvre Cyprien? J'ai ouï dire qu'un loup-garou pouvait être ours, chatte, chien, cheval, bœuf, crapaud. Ça dépend, paraît-il, de l'esprit malin qui lui est passé par le corps ; et, tenez, si vous me promettiez de ne pas souffler mot, je dirais bien quelque chose, moi...

— Ah ! jour de Dieu, bavarder ! jamais de la vie, affirma hardiment la mère Gariépy, qui tricotait dans son coin. C'est bon pour la femme du marchand, qui est riche et n'a que cela à faire. Parlez, parlez toujours, mademoiselle Angélique.

— Eh ! bien, puisque vous le voulez, je vous avouerai que j'ai dans mon poulailler une petite poule noire qui me donne bien du fil à retordre. Elle ne se juche jamais avec les autres, caquette rarement et ne pondrait pas pour tout le blé que le bonhomme Pierriche récolte le dimanche. Parfois, il me prend des envies de la saigner ; il me semble qu'il doit y avoir quelque chose de louche là-dessous.

— Mais, saignez-la, Angélique ; saignez-la, interrompit la veuve Demers. Qui sait ? en la piquant du bout d'un couteau, peut-être délivrerez-vous un pauvre loup-garou ; car, pour finir leur temps de peine, il faut de toute nécessité qu'un chrétien leur tire une goutte de sang ; ce sont les anciens qui le disent.

— Ah ! bien, ça n'est pas moi qui saignerai Cyprien Roussi ; j'aurais trop peur de toucher à sa peau d'athée ! C'était la petite Victorine qui hasardait cette timide observation, et peut-être se préparait-elle à en dire plus long sur le compte de Cyprien, lorsqu'on entendit une voix avinée qui venait du chemin du roi.

Elle chantait :

> *On dit que je suis fier,*
> *Ivrogne et paresseux,*
> *Du vin dans ma bouteille,*
> *J'en ai ben quand je veux*[1] *!*

---

1. La plupart de ces fragments sont tirés des *Chansons populaires du Canada*, recueillies et publiées avec annotations par M. Ernest Gagnon. Ce livre, qui se fait rare, est précieux à plus d'un titre pour celui qui veut se rendre compte des origines de notre poésie et de notre littérature populaire. *(Note de Faucher de Saint-Maurice)*

— Tiens! voilà le gueux qui passe, murmura modestement la charitable Angélique, en marmottant quelques douces paroles entre ses dents. La voix était toute proche; et, avec cette solution de continuité qui caractérise les idées d'un chevalier de la bouteille, une nouvelle chanson faisait vibrer les vitres du réjouissant repaire où ces dames comméraient à loisir.

> *Ell' n'est pas plus belle que toi,*
> *Mais elle est plus savante:*
> *Ell' fait neiger, ell' fait grêler,*
> *Ell' fait le vent qui vente*
> *Sur la feuille ron... don... don don*
> *Sur la jolie feuille ronde.*
>
> *Ell' fait neiger, ell' fait grêler,*
> *Ell' fait le vent qui vente,*
> *Ell' fait reluire le soleil*
> *À minuit, dans ma chambre.*

— Ah! sainte-bénite! j'en ai les cheveux à pic sur la tête, gazouilla à la sourdine la mère Gariépy. L'avez-vous entendu comme moi? vous autres:

> *Il fait reluire le soleil,*
> *À minuit dans sa chambre!*

— Oui, c'est triste, bien triste, toutes ces choses, continua la suave Angélique; et pourtant, ce soleil qui à minuit reluit dans sa chambre, n'est qu'un faible commencement de la fin. Le pauvre garçon en souffrira bien d'autres!

Ces dames se reprirent à jaser de plus belle; car, la voix s'était perdue dans le lointain et pourtant, de prime abord, celui qui en était le propriétaire ne méritait certainement pas si triste renommée.

Cyprien Roussi n'était pas né à la bonne Sainte-Anne du Nord; mais comme tout jeune encore, il avait perdu père et mère, le hasard l'avait confié aux soins d'un vieil oncle, garçon et esprit tant soit peu voltairien, qui avait laissé Cyprien pousser à sa guise, sans jamais s'en occuper autrement que pour le gourmander sévèrement lorsqu'il n'arrivait pas à l'heure du repas.

Pour le reste, liberté absolue.

Aussi, dès l'âge de vingt ans, Cyprien avait réussi à grouper autour de lui la plus joyeuse bande de lurons qui ait jamais existé, à partir du Château-Richer en remontant jusque dans les fonds de Saint-Féréol. Il était, par droit de conquête, le roi de tous ces noceurs, roi par la verve, par l'adresse, et par la force corporelle, car personne mieux que le petit Cyprien ne savait raconter une *blague*, adresser un coup de poing, décapuchonner avec une balle un goulot de bouteille et vider en une heure les pintes et les chopines de rhum.

Sur lui, le mal de cheveux n'avait guère plus de prise que les Bostonnais sur les habitants de la bonne Sainte-Anne du Nord.

La nature n'avait rien épargné pour façonner au petit Cyprien une bonne et rude charpente.

Front haut et dégagé, œil fier et ferme sous le regard d'autrui, bouche agaçante et pleine de promesses, tête solidement assise sur un cou fortement planté entre deux larges épaules, poitrine musculeuse et bombée ; tout était taillé chez Cyprien Roussi pour le pousser à une vieillesse de cent ans.

Lui-même, quand on lui parlait de rhumatismes, de maladies mystérieuses, de morts subites et des peines de l'enfer, il se frappait l'estomac de son poing velu, et disait en ricanant :

— Est-ce qu'on craint le froid, la maladie, la vieillesse, le diable, avec un pareil coffre ? Là-dessus le chaud et le froid passent sans laisser de traces. Cessez vos psalmodies, mes doux amis, et gémissez sur le compte d'autrui ; car en me voyant naître, la bonne Sainte-Anne a dit à son mari :

— Tiens, je vois poindre là-bas un gaillard qui pendant la vie s'économisera bien des vœux. Alors, tout le monde se signait; on le recommandait aux prières des fidèles, et les bonnes gens de l'endroit égrenaient le chapelet pour lui, et écoutaient dévotement les vêpres, pendant qu'en joyeuse compagnie, le petit Cyprien jurait haut et buvait sec dans les bois qui foisonnent autour de la Grande-Rivière.

Là, pelotonné à l'ombre, tout le village passait devant ses yeux, sans pouvoir trouver grâce.

Les vieilles avaient la langue trop affilée; ce qui était un peu vrai:

Les jeunes voulaient enjôler les garçons par des charmes d'importation anglaise, et par des vertus tout aussi artificielles:

Le marchand faisait passer un tributaire du Saint-Laurent dans son rhum et dans son genièvre:

Le curé buvait sec, mais en cachette; ce qui constituait un pénible cas d'ivrognerie:

La bonne Sainte-Anne ne se faisait pas assez prier pour opérer ses miracles:

Les béquilles suspendues à la voûte et aux parois de l'église étaient toutes de la même longueur; ce qui prouvait en faveur de la monotonie du talent de l'ouvrier chargé de la commande:

Les *ex-voto* étaient faits dans le but d'encourager la colonisation, au détriment de la navigation pour laquelle le petit Cyprien se sentait un faible décidé.

Et la bande joyeuse de rire aux éclats, de trinquer à chaque saillie, et de faire chorus autour de l'athée.

Il n'y avait pas de scandales cousus au fil blanc qu'il n'inventât, lorsqu'un beau dimanche ce fut au tour de tous ces lurons d'être scandalisés.

Pendant la grand'messe, le petit Cyprien Roussi qu'on n'avait pas vu depuis trois semaines, s'était pieusement approché du balustre, et, à la vue de tout le village ébahi, y avait reçu des mains de son curé la sainte communion.

II

Marie la couturière

Le secret de tout ceci était bien simple pourtant.

Si le dimanche qui suivit la fête au Bois, les farauds du Château-Richer et de Saint-Féréol, tout en pomponnant leurs chevaux et faisant leur tour de voiture, s'étaient adonnés à passer devant la porte de la modeste maison du père Couture, sise au pied d'une de ces jolies collines, qui traversent le village de Sainte-Anne, ils auraient aperçu le cabrouet de Cyprien, dételé et remisé sous le hangar.

Ce jour-là, bayant aux corneilles, fatigué de courir la prétentaine et de fainéantiser, Cyprien, avait appris l'arrivée de Marie la couturière.

Marie la couturière était une grande brune, ni belle ni laide, qui, avec l'œuvre de ses dix doigts, gagnait un fort joli salaire à la ville, où elle s'était fait une réputation de modiste. Elle était venue prendre quelques jours de repos, chez l'oncle Couture, et, comme le petit Cyprien s'était levé ce matin-là, avec l'idée fixe d'aller lui conter fleurette, il avait attelé, après le dîner, et s'en était venu bon train, superbement endimanché, pipe vierge sous la dent, mettre le feu dessus et faire un brin de jasette.

Le père Couture était un vieux rusé, qui, lui aussi, avait fait son temps de jeunesse. Aussi, vit-il d'un très mauvais œil le vert galant arrêter sa jument devant la porte, la faire coquettement se cabrer, puis s'élancer lestement sur les marches du perron, tout en faisant claquer savamment son fouet. Mais sa nièce Marie lui avait montré une si jolie rangée de dents, elle l'avait appelé : « Mon oncle ! » avec une intonation si particulière, qu'il se prit à chasser cette mauvaise humeur, comme on chasse une mauvaise pensée et, sans savoir ni pourquoi, ni comment, il s'en était allé tranquille mettre le cheval à l'écurie, et remiser la voiture sous le hangar.

Pendant l'accomplissement de cette bonne action, le petit Cyprien, le toupet relevé en aile de pigeon, le coin du mouchoir artistement tourmenté hors de la poche, avait fait son entrée triomphale, tenant d'une main son fouet, et de l'autre sa pipe neuve.

Marie était bonne fille, au fond. Cet air d'importance n'amena pas le plus petit sourire sur le bout de ses lèvres roses. Elle lui tendit gaiement la main, tout en disant :

— Eh ! bien, comment se porte-t-on par chez vous, Cyprien ?

— Mais cahin et caha, mademoiselle Marie : l'oncle Roussi est un peu malade ; quant à moi, ceci est du fer, ajouta-t-il, en passant familièrement la main sur la poitrine.

— Savez-vous que vous êtes heureux d'avoir bonne santé comme cela, Cyprien : au moins, c'est une consolation, pour vous qui mettez sur terre tout votre bonheur, car, pour celui de l'autre côté, on m'assure que vous n'y croyez guère.

— Ah ! pour cela, on ne vous a pas trompé, et je dis avec le proverbe : un tu tiens vaut mieux que deux tu tiendras.

— C'est une erreur, Cyprien ; on ne tient pas toujours, mais en revanche vient le jour où l'on est irrévocablement tenu : alors il n'est plus temps de regretter. Voyons, là, puisque nous causons de ces choses, dites-moi, cœur dans la main, quel plaisir trouvez-vous à être détesté par toute une paroisse, et à vous moquer continuellement de tout ce que votre mère n'a fait que vénérer pendant sa vie ?

— Quel plaisir ! mais Marie, il faut bien tuer le temps, et je conviens franchement, puisque vous l'exigez, que je m'amuserais beaucoup mieux à Québec. Ça, c'est une ville où l'on peut faire tout ce qu'on veut sans être remarqué ; mais ici, pas moyen de dire un mot sans que de suite il prenne les proportions d'un sacrilège. Vous ne me connaissez pas d'hier,

mademoiselle Marie, et vous savez bien qu'en fin de compte,
je suis un bon garçon, mais je n'aime pas à être agacé, et dès
que l'on m'agace, je...

— Eh bien, je... quoi ?

— Sac à papier ! je ris.

— Vous riez, pauvre Cyprien ! mais savez-vous ce que
vous faites ? vous riez des choses saintes. Dieu, qui de toute
éternité sait ce que vous fûtes et ce que vous deviendrez, se
prend alors à considérer cette boue qu'il a tirée du néant et qui
cherche maintenant à remonter vers lui pour l'éclabousser, et
alors, cette bouche qui profère en riant le blasphème, il la voit
à travers les ans, tordue, violette, disjointe et rongée par la
vermine du cimetière.

— Vous lisez, mademoiselle Marie, vous lisez trop ; vos
lectures vous montent à la tête, et quelquefois, ça finit par
porter malchance.

— Ne craignez rien pour moi, Cyprien, et vos facéties ne
m'empêcheront pas d'aller jusqu'au bout, car je veux vous
sermonner tout à mon aise. Vous le méritez et vous m'écou-
terez, je le veux ! Elle fit une moue tout enfantine, et Cyprien,
étonné de se trouver si solidement empoigné par ces griffes
roses, se prit à se balancer sur sa chaise, tout en se taisant
courageusement. Marie reprit doucement.

— Vous disiez tout à l'heure, Cyprien, que vous regret-
tiez de ne pouvoir pas demeurer à la ville ; on y mène si
joyeuse vie, pensiez-vous ! Eh bien ! voulez-vous savoir ce que
c'est que la vie à Québec ; écoutez-moi bien alors.

— Ça y est, belle Marie ; j'emprunte les longues oreilles
du bedeau, et j'écoute votre aimable instruction.

— Aimable, non, franche, oui. Regardez-moi bien en
face, Cyprien ; je ne suis qu'une pauvre fille, qui a fait un bout
de couvent, mais qui, restée orpheline à mi-chemin, a su
apprendre et comprendre bien des choses que la misère enseigne mieux que les Ursulines. Livrée seule à moi-même, j'ai

cru que le travail était la sauvegarde de tout, et je ne me suis pas trompée. J'ai travaillé, et en travaillant, j'ai vu et j'ai retenu ce que le paresseux ne voit pas et le riche ne sent pas.

J'ai vu de pauvres compagnes d'atelier, faibles et confiantes, tomber et se relever les mains pleines de cet argent que le travail honnête ne peut réunir que par parcelles.

J'ai coudoyé des hommes respectables et réputés très honorables, qui, la bonhomie sur le visage, le sourire de la vertu sur les lèvres, s'en allaient porter à l'orgie et au vice le salaire que la famille réclamait piteusement.

J'ai vu monter chez moi des femmes couvertes de soie et de dentelles fines, pendant que leurs enfants, au bras d'une servante, croupissaient dans l'ignorance.

J'ai vu déchirer à belles dents des réputations, par de saints marguilliers qui pieusement et sans remords, ronflaient dans le banc d'œuvre.

J'ai vu bien des beaux esprits se paralyser au contact de leur verre plein.

J'ai vu des jeunes gens bien élevés employer leur intelligence à faire franchir le seuil de la débauche à de pauvres enfants, qui jusque-là n'avaient eu d'autre chagrin que celui qu'apporte la rareté du pain quotidien.

J'ai vu... mais à quoi sert de vous parler de toutes ces choses, Cyprien ? Vous les savez mieux que moi, car si Québec regorge de ces horreurs, Sainte-Anne renferme bien aussi quelqu'un qui peut marcher sur leurs brisées, et ce que les autres font en plein soleil et sous des dehors de grand seigneur, vous le faites ici sans façon et à la débraillée. Ah! Cyprien, ce n'est pas pour vous faire de la peine que je dis ces choses-là; mais il est pénible de vous voir, vous, fils d'habitant, boire votre champ, au lieu de le cultiver.

Dans quel siècle vivons-nous donc, grand Dieu, et où l'intelligence humaine s'en va-t-elle ?

Cyprien ne riait plus ; la tête baissée, les joues vivement colorées, il réfléchissait silencieusement.

Mauvaise cervelle, mais cœur excellent, il ne trouvait plus rien à dire et, comme l'oncle Couture venait de rentrer, après avoir fait le train des animaux et le tour de ses bâtiments, il dit tout simplement à voix basse :

— Merci ! merci du sermon ! il profitera : et maintenant, il faut que je m'en aille ; sans rancune, Marie, au revoir.

En route, il fut rêveur et fit, presque sans s'en apercevoir, tout le bout de chemin qui le séparait de la maison Roussi.

Dès ce jour, il y eut un changement notable dans sa conduite. Ses amis ne pouvaient plus mettre la main dessus ; il était toujours absent, et même les mauvaises langues commençaient à chuchoter ; car le cabrouet de Cyprien s'arrêtait souvent à la porte du père Couture.

Marie était légèrement malade depuis quelques jours ; le travail avait un tant soit peu ébranlé cette frêle constitution et, sous prétexte d'aller chercher de ses nouvelles, le petit Cyprien passait ses après-midi à la maison de la couturière.

Or, un beau matin, comme Marie était à prendre une tisane, et que Cyprien tout distrait tambourinait de ses doigts sur la vitre de la fenêtre, il se prit à dire tout à coup :

— J'ai envie de me marier, Marie ?

— Un jour le diable se fit ermite, murmura doucement la malade, en remettant son bol de tisane sur la petite table placée auprès de sa berceuse.

— Je ne suis plus le diable, pauvre Marie ; depuis un mois me voilà rangé. Déjà ma réputation de viveur s'en va par lambeaux, et maintenant j'ai besoin d'une bonne fille pour me raffermir dans la voie droite. Vous savez... l'habitude de chanceler ne se perd pas facilement, ajoute-t-il en riant. Puis, redevenant sérieux, il dit :

— Voulez-vous être ma femme, Marie ?

— Vous allez vite en besogne, monsieur Cyprien, reprit la malade ; et vous profitez de l'intérêt que je vous porte pour vous moquer de moi. Vous ne vous corrigerez donc jamais de votre esprit gouailleur ?

— Dieu sait si je dis la pure vérité, Marie !

— Dieu ! mais tout le village sait aussi que vous avez dit cent fois ne pas y croire.

— Ah ! mon amie, c'étaient alors de folles paroles que je passerai toute ma vie à expier. J'y crois, maintenant. Plus que cela, j'y ai toujours cru !

— Et qui me le dit, maître Cyprien ? avec des viveurs comme vous autres, nous, pauvres filles, il est toujours bon de prendre ses précautions.

— Mademoiselle Marie, Cyprien Roussi vient de se confesser, et il doit communier demain, répondit-il lentement.

Marie se tut : une larme erra dans son œil noir ; puis, faisant effort pour rendre la conversation plus gaie, elle reprit :

— Bien, Cyprien, très bien ! après avoir été le scandale, vous serez l'expiation ; tout cela est raisonnable ; mais je ne comprends pas comment monsieur le curé a pu m'imposer à vous comme pénitence.

— Oh ! Marie, c'est à votre tour maintenant de railler ! mais écoutez-moi : il vous est si facile d'être bonne que je serai bon. Tenez, si vous dites oui, et si vous voulez être madame Roussi, eh ! bien, je ne suis pas riche, mais je vous ferai un beau cadeau de noce.

— Et ce cadeau de noce, que sera-t-il ?

— Je vous jure que de ma vie jamais goutte de liqueur forte n'effleurera mes lèvres.

Marie resta silencieuse un instant ; puis étendant sa main vers Cyprien :

— Puisque vous dites la vérité, je serai franche avec vous : je vous aime, Cyprien. Et voilà comment il se fit que deux mois après avoir communié, le petit Cyprien, toujours au grand ébahissement du village, était marié à Marie la couturière.

III

Le feu des Roussi

Quinze ans s'étaient écoulés depuis ce jour de bonheur et d'union, quinze ans de paix, tels que Cyprien n'avait jamais osé les souhaiter lui-même à ses heures de rêverie les plus égoïstes.

La petite famille s'était augmentée d'un gros garçon bien fait et bien portant, et, comme Cyprien s'était vite apprivoisé à l'idée du travail, une modeste aisance l'avait bientôt récompensé de son labeur assidu.

C'était à Paspébiac qu'il habitait maintenant ; il lui avait été difficile de demeurer plus longtemps en ce village de la bonne Sainte-Anne du Nord, qui ne lui rappelait que le souvenir de ses fredaines passées. Là, il avait trouvé de l'emploi auprès de la maison Robin qui avait su apprécier cet homme sobre, actif, rangé ; et petit à petit les économies n'avaient cessé de se grouper autour de lui ; car Marie aidait aussi de son côté, et tout marchait à merveille.

Chaque semaine, les écus s'en allaient au fond du grand coffre qui renfermait le linge blanc ; et là, ils s'amoncelaient dans le silence, en attendant le mois de septembre suivant, époque où le fils Jeannot pourrait monter commencer ses études au Petit Séminaire de Québec.

Cyprien s'était bien mis en tête de lui faire faire son cours classique, et Jeannot avait débuté en écoutant attentivement sa mère lui inculquer ces principes sages, cet amour de la religion et cette triste expérience du monde qu'elle avait su jadis faire passer dans l'âme du petit Cyprien.

Le bonheur terrestre semblait fait pour cette humble maison; la paix de l'âme y régnait en souveraine, lorsqu'un soir, une catastrophe soudaine y fit entrer les larmes et les sanglots.

C'était en hiver, au mois de janvier.

Marie était seule à préparer le souper auprès du poêle rougi: Cyprien et Jean s'en étaient allés causer d'affaires à la maison occupée par les employés de M. Robin.

Que se passa-t-il pendant cette triste absence? Personne ne put le dire.

Seulement, lorsque Cyprien et son fils furent arrivés sur le seuil de leur demeure, ils entendirent des gémissements plaintifs. Ils se précipitèrent dans la cuisine, et le pied du malheureux père heurta le corps de sa pauvre femme, qui gisait sur le plancher, au milieu d'une mare d'eau bouillante. À ses côtés, une bouilloire entr'ouverte, n'indiquait que trop comment ce malheur navrant était arrivé.

Pendant deux heures, Marie eut le triste courage de vivre ainsi; elle offrait à Dieu ses indicibles souffrances, en échange de cette absolution qu'elle savait ne pouvoir obtenir sur terre; car on était alors en 1801, et la côte était desservie par un pieux missionnaire qui restait à une trop grande distance de Paspébiac.

Agenouillés auprès de ce calvaire de douleur, Cyprien et Jean pleuraient à chaudes larmes. Déjà ce calme poignant qui se glisse sous les couvertures du moribond était venu présager l'agonie, et Marie, les yeux demi-fermés, semblait reposer, lorsque tout à coup, elle les ouvrit démesurément grands. Cyprien vit qu'elle baissait: il se leva pour se pencher sur elle; mais la main de la pauvre endolorie s'agita faiblement sur le bord du lit, et il l'entendit murmurer:

— Ta promesse, Cyprien, de ne plus boire...

— Je m'en souviens toujours, et je la tiendrai ; sois tranquille ; dors, mon enfant !

Alors Marie s'endormit. Le silence de l'éternité avait envahi la maisonnette du pauvre Cyprien, ne laissant derrière lui que des larmes et de l'abandon.

Le coup fut rude à supporter ; aussi Cyprien prit-il du temps à s'en remettre. Ce départ avait tout dérangé et, comme bien d'autres projets celui de mettre Jean au séminaire fut abandonné. En ces temps de douleurs, son père avait vieilli de dix longues années ; cette vieillesse prématurée affaiblissait ses forces ainsi que son courage, et Jean lui-même avait demandé à rester pour venir en aide au travail paternel.

Les jours passaient devant eux, mornes et sans joie, lorsqu'un matin Daniel Gendron fit sa bruyante entrée dans la maison des délaissés.

Gendron arrivait en droite ligne de Saint-Féréol. Là, il avait entendu dire que par en bas la pêche était bonne.

Si la pauvreté contrariait maître Daniel, en revanche, l'esprit d'ordre ne le taquinait pas trop et, repoussé de toutes les fermes du comté de Montmorency, il s'en était venu solliciter un engagement à la maison Robin. Elle avait besoin de bras : il fut accepté, et sa première visite était pour Cyprien avec qui il avait bu plus d'un joyeux coup, lors des interminables flâneries de jadis, sur les bords de la Grande-Rivière de Sainte-Anne.

Cyprien n'aimait pas trop à revoir ceux qui avaient eu connaissance de sa vie de jeunesse ; aussi lui fit-il un accueil assez froid. Gendron ne put s'empêcher de le remarquer :

— Comme tu as l'air tout chose aujourd'hui, maître Cyprien ; est-ce que ça ne te ferait pas plaisir de me revoir ?

— Oui, oui, Daniel, ça me ferait plaisir en tout autre moment ; mais aujourd'hui c'est jour de pêche et, comme tu es novice, j'aime à te dire qu'on ne prépare pas en une minute tout ce qu'il faut emporter pour aller au large.

— Tiens! je serais curieux de t'accompagner pour voir ça; tu me donneras ta première leçon.

— Je veux bien; mais si tu veux suivre un bon conseil, tu ferais mieux de profiter de ton dernier jour de liberté; car on travaille dur par ici.

— Bah! ça me fait plaisir d'aller jeter une ligne; et puis, nous parlerons du bon temps.

— Ah! pour cela, non! dit énergiquement Cyprien, je n'aime pas qu'on me le rappelle!

— Pourquoi donc, mon cher? Nous buvions sec et nous chantions fort alors! est-ce que cela n'était pas le vrai plaisir, Cyprien?

— Daniel, ce qui est mort est mort; laissons ça là.

— Comme tu voudras, monsieur; mais tout de même, tu es devenu fièrement ennuyeux! et toi qui riais de si bon cœur de notre curé, tu as rattrapé le temps perdu, et te voilà maintenant plus dévôt que le pape.

Sans répondre, Cyprien se dirigea vers la grève suivi de Jean et de Daniel; là, ils poussèrent la berge à l'eau, et se mirent à ramer vers le large.

Le temps était légèrement couvert; un petit vent soufflait doucement, et tout promettait une bonne pêche. Daniel chantait une chanson de rameur, pendant que Cyprien et Jean fendaient silencieusement la lame; cela dura ainsi jusqu'à ce qu'ils fussent arrivés sur les fonds; alors, ils se mirent courageusement à pêcher.

Pendant deux bonnes heures, ils y allèrent de tout cœur, et la berge s'emplissait de morues, lorsque Daniel interrompit tout à coup son travail, en disant:

— Ne trouves-tu pas Cyprien que la brise renforcit? il serait plus prudent de rentrer, qu'en dis-tu?

Cyprien sembla sortir d'une longue rêverie: du regard, il fit le tour de l'horizon; puis, d'une voix brève, il commanda à Jean:

— Lève la haussière ! Et se tournant vers Daniel :

— Déferle la voile ! je prends la barre ! déferle vite, nous n'avons pas de temps à perdre, Daniel !

Une minute après, la berge était coquettement penchée sur la vague et volait à tire-d'aile vers la pointe du banc de Paspébiac.

On était alors vers les derniers jours de mai : il fait encore froid à cette époque, surtout par une grosse brise, et rien de surprenant si les mains s'engourdissaient facilement. Daniel ne le savait bien que trop ; car il se soufflait dans les doigts depuis quelque temps, lorsque tout à coup, portant la main à sa poche, il en retira une bouteille de rhum.

Il la tendit triomphalement à Cyprien :

— Prends un coup, mon homme, ça réchauffe, et ça n'est pas l'occasion qui manque par cette température-ci. Diable ! qui a eu l'idée d'appeler cette baie, la baie des Chaleurs ?

— Garde pour toi, Daniel ; je n'en prends pas, merci ! Veille toujours à l'écoute ! Et il secoua tristement sa pipe par-dessus bord de l'air d'un homme qui ne se sent pas le cœur à l'aise.

Cependant la brise montait grand train. De minute en minute, le temps se chagrinait ; les nuages gris étaient devenus noirs comme de l'encre, et pour cette nuit-là la mer ne présageait rien de bon. Tout à coup la berge prêta le flanc, et une vague plus grosse que les autres, arrivant en ce moment, couvrit Cyprien des pieds à la tête.

Roussi tint bon tout de même ; sa main n'avait pas lâché la barre ; ses habits ruisselaient, le froid augmentait, et Daniel qui avait à demi esquivé ce coup de mer, s'en consolait en reprenant un second coup.

— Là, vraiment, Cyprien, tu n'en prendrais pas ? Ça fait furieusement du bien pourtant, lorsqu'on est mouillé !

Cyprien eut un frisson ; il ne sentait plus la pression de ses doigts sur la barre ; l'onglée l'avait saisi, et détachant une main du gouvernail, il la tendit enfin vers Daniel et but à longs traits.

Il avait menti à sa pauvre morte!

Qu'advint-il d'eux depuis? Nul ne le sait. Le lendemain matin, on trouva à l'entrée du Banc une berge jetée au plein, la quille en l'air, et à ses côtés, maître Daniel Gendron qui avait perdu connaissance.

Depuis ce sinistre, on aperçoit à la veille du mauvais temps une flamme bleuâtre courir sur la baie.

— Suivant les rapports de. ceux qui l'ont examinée, dit l'abbé Ferland, elle s'élève parfois au sein de la mer, à mi-distance entre Caraquet et Paspébiac. Tantôt petite comme un flambeau, tantôt grosse et étendue comme un vaste incendie, elle s'avance, elle recule, elle s'élève. Quand le voyageur croit être arrivé au lieu où il la voyait, elle disparaît tout à coup, puis elle se montre de nouveau, lorsqu'il est éloigné. Les pêcheurs affirment que ces feux marquent l'endroit où périt dans un gros temps une berge conduite par quelque hardi marin du nom de Roussi; cette lumière, selon l'interprétation populaire, avertirait les passants de prier pour les pauvres noyés.

Ceci est la pure vérité.

Aussi voyageurs et pêcheurs, lorsque vous verrez osciller un point lumineux au fond de la baie des Chaleurs, age-nouillez-vous, et dites un *De Profundis* pour les deux défunts, car vous aurez vu le *feu des Roussi*.

(*À la brunante*, 1874)

Ferdinand Morissette

Joseph-Ferdinand Morissette naît vers 1858 de Jean-Baptiste Morissette, marchand, et de Marie-Caroline Vaillancourt. Il se consacre très tôt au journalisme et fonde, au cours de carrière, surtout à Montréal et à Québec, quantité de journaux éphémères. Dès 1875, il lance à Québec Le Musée canadien, *revue «scientifique et littéraire» qui ne connaît guère plus de succès que le journal du même nom qu'il publie en 1880. En 1879, il est assistant rédacteur de* L'Éclaireur *de Québec. En 1883, il est rédacteur propriétaire du* Journal de Beauharnois *et, en 1886, il publie* Le National *de Saint-Jérôme. Il collabore tour à tour à* L'Étendard, *à* La Minerve *et au* Monde. *En 1892, il fonde* Le Feu-Follet, *dont le second et dernier numéro paraît à Lévis. Sa dernière publication,* Le Combat, *date de 1896. Il meurt dans l'indigence à Montréal le 1ᵉʳ mars 1901. Il a publié au moins un roman,* Le fratricide *(1884) et un recueil de contes et de nouvelles,* Au coin du feu *(1883).*

Le diable au bal

Alexis Provost avait deux filles à marier.

Une avait vingt-quatre ans, l'autre vingt et un ans. Comme on le voit, elles commençaient à être grandettes et il était bien temps que leur père songeât à leur trouver chacun un mari.

Alexis Provost était riche, au dire des gens qui le connaissaient.

Il avait fait sa fortune dans le commerce du bois.

C'était un homme peu instruit, mais dont les capacités commerciales surprenaient bien des gens. Il avait commencé son commerce avec une petite somme d'argent, et avait réussi à se créer une honnête aisance, grâce à un travail constant et assidu.

Il n'était pas aussi riche qu'on le disait cependant. Il avait environ cinquante mille piastres. Cette somme lui rapportait à 5 pour cent d'intérêt, un joli revenu de deux mille cinq cents piastres par année.

C'était plus que suffisant pour ses goûts modestes.

Alexis Provost avait épousé, à l'âge de vingt ans, une jeune fille de Montréal, Alice Boisvert.

Madame Provost était une gentille personne. Elle n'était âgée que de dix-huit ans, lors de son mariage. Elle avait été très bien élevée, elle avait reçu une bonne éducation ; c'était une femme accomplie; ajoutez à cela une beauté assez rare et vous comprendrez facilement que le jeune Provost s'éprît d'elle et l'épousât.

Alice Boisvert avait pourtant un défaut, un grand défaut même, elle était affreusement légère… de caractère.

Des ennemis de la plus belle partie du genre humain ont prétendu que la légèreté était un défaut inné chez les femmes. Je ne serai pas aussi sévère qu'eux, mais je dirai que malheureusement, la chose se rencontre souvent.

Alice Boisvert, fille, contait fleurette à tous les garçons qu'elle rencontrait. Elle était gaie, rieuse, aimait à badiner; partout où elle allait, on pouvait être certain que l'amusement ne manquerait pas.

Un beau jour, sa gaieté disparut comme par enchantement. On se demandait ce qu'elle pouvait avoir, mais personne ne réussissait à découvrir le secret de ce changement subit. Quelque temps après on apprenait le mariage de la jeune fille avec Alexis Provost. Le secret était découvert.

Malgré toute sa légèreté, Alice avait compris l'importance de l'acte qu'elle allait faire.

Le jour de son mariage, la jeune fille recouvra toute sa gaieté.

Cependant, devenue femme, elle avait mis un frein à sa légèreté et son mari n'eut jamais à lui faire le moindre reproche.

*

* *

Au moment où commence notre récit, Alexis Provost est père de deux filles.

J'ai fait connaître leurs âges plus haut.

La plus âgée se nommait Alice, la plus jeune, Arthémise.

Ces deux jeunes filles ne se ressemblaient en aucune manière. L'aînée était blonde, la plus jeune était brune. Alice avait la gaieté folle de sa mère ; Arthémise était sage et réservée comme son père.

Elles s'aimaient toutes deux bien cordialement, jamais de dispute, jamais de chicane. Disons de suite que les désirs d'Alice étaient des ordres pour Arthémise et que cette dernière obéissait aux moindres caprices de son aînée.

Les deux filles étaient libres de leurs actions. La mère qui se rappelait son jeune temps, prétendait que la jeunesse doit s'amuser. Ses filles ne passaient pas un soir sans assister à une soirée quelconque. Madame Provost préparait elle-même leur toilette, ce n'étaient pas elles qui avaient les plus vilains costumes.

J'ai oublié de dire qu'Alexis Provost demeurait à Montréal et qu'il fréquentait la meilleure société. Aussi les bals ne manquaient pas pour les deux jeunes filles. On sait que, dans la grande société, il est de rigueur que chaque famille donne un bal dans le courant de l'hiver.

Le père conduisait parfois Alice et Arthémise à ces réunions, d'autres fois c'était la mère qui les accompagnait.

On se rappelle sans doute l'arrivée d'un grand personnage au Canada, il y a quelques années de cela, et le fameux bal donné lors de son passage à Montréal.

Un grand nombre d'invitations furent lancées et, comme Alexis Provost occupait une certaine position dans la société montréalaise, il fut invité à assister à ce grand bal avec son épouse et ses deux filles.

C'était une occasion favorable d'exhiber des filles à marier, et l'on accepta l'invitation de grand cœur.

Alice et Arthémise ne rencontreraient-elles pas dans cette réunion des jeunes gens dignes de les épouser ?

Il fallait une toilette neuve et de circonstance, madame Provost se prépara à se la procurer digne de son rang.

*
* *

Alice était dans la jubilation.

Arthémise, au contraire, se révoltait à l'idée d'assister à ce bal, surtout dans le costume exigé.

Il est bon de dire qu'il était spécifié sur les invitations, que les dames devaient porter des robes décolletées et à manches courtes. Le grand personnage tenait, paraît-il, à inspecter les beaux cous, les jolies épaules et les charmants bras de nos Canadiennes. Il croyait peut-être trouver du sang de sauvage chez quelques-unes d'entre elles. La peau de ces dames ne doit pas avoir la blancheur de celle des blondes filles d'Albion, se sera-t-il dit, j'en aurai la certitude.

On comprend ce que cette obligation de décolletage avait d'insultant pour nos bonnes Canadiennes. Toute femme qui a un reste de pudeur devait se sentir humiliée d'un semblable affront.

La presse de Montréal, du moins la presse canadienne, fut presque unanime à condamner la conduite de celui qui avait dicté la toilette des dames.

Aussi je dois le dire à l'honneur de notre race, il y eut désapprobation presque générale de la part des dames canadiennes. Je dis presque, car malheureusement, il y en eut quelques-unes qui eurent le courage d'aller exhiber leur peau devant le grand personnage en question.

Au nombre de ces dernières se trouvaient madame Provost et ses deux filles. La toilette des jeunes filles était indécente au suprême degré. Celle d'Alice, surtout, était tellement décolletée, que son père ne put s'empêcher d'en faire la remarque ; malheureusement, il était trop tard pour la changer et elle se rendit au bal dans cet accoutrement.

Il y avait déjà un grand nombre d'invités de rendus, lorsque la famille Provost fit son apparition dans la salle du bal.

C'était en partie des Anglais et des Anglaises, des Écossais et des Écossaises et quelques Canadiens et Canadiennes.

Le bal commença.

*
* *

Valses, quadrilles, polkas, mazurkas, lanciers se succédaient avec un entrain diabolique.

Alice faisait partie de toutes les danses, elle eut même le bonheur de danser avec le grand personnage.

Ce qu'elle préférait surtout, c'était la valse; elle valsait à ravir.

La valse, n'est-ce pas là la danse que les jeunes gens aiment le mieux? Est-ce parce qu'elle est plus jolie que les autres, ou bien, est-ce parce qu'elle est condamnée et défendue par l'Église? Ce sont autant de points que je n'essaierai pas d'éclaircir.

Vers onze heures un nouveau personnage faisait son apparition dans la salle du bal. C'était un beau grand jeune homme, aux cheveux noirs et bouclés, aux yeux d'un noir vif, à l'air noble.

Un quart d'heure après son entrée, il se trouvait auprès d'Alice Provost et engageait la conversation avec elle, au grand désappointement des autres jeunes filles.

Il parlait admirablement bien le français. Sa voix était douce, mielleuse même. Il se mit à débiter force compliments à la jeune fille qui rougissait de plaisir et d'orgueil.

Le jeune homme, continuant toujours, lui fit une déclaration d'amour des plus enthousiastes.

Il dit comment, au milieu de toutes les jeunes filles présentes, il l'avait remarquée. Son cœur avait battu avec précipitation en la voyant, si belle et si joyeuse, passer près de lui dans la dernière danse. Il avait compris qu'il l'aimait et que le plus grand bonheur qu'il pouvait désirer, serait de voir son amour partagé.

On comprend si une jeune fille comme Alice, qui cherche à se marier, devait accepter les avances d'un si beau jeune homme.

Le connaissait-elle?

Non, mais à quoi lui aurait servi de le connaître!

Il lui avait dit se nommer Frank McArthur, être officier dans l'armée anglaise. Or, comme Alice était du nombre des jeunes Canadiennes qui se croient beaucoup plus élevées que leurs compagnes lorsqu'elles sont courtisées par des jeunes gens de la *race supérieure*, elle ne put s'empêcher de dire au jeune officier anglais qu'elle était charmée de son amour et qu'elle avait tout lieu de croire que cet amour serait partagé.

Le jeune homme présenta alors à Alice un magnifique collier en or, premier gage de son amour, lui demandant de le porter immédiatement. Alice accepta le cadeau et le mit sur-le-champ dans son cou.

Quelques instants plus tard, on les voyait valser tous deux.

Le jeune MacArthur était un fameux danseur. Alice n'en avait jamais rencontré d'aussi capable. Aussi était-elle fière de se voir considérée par un si noble cavalier.

Elle riait des yeux que lui faisaient les jeunes Anglaises, jalouses de ses succès; elle valsait, valsait toujours.

*
* *

Le collier qu'Alice venait de recevoir devait être en or massif, car il était bien lourd, trop lourd même, pensait-elle.

Il lui semblait que ce collier entrait dans sa chair. Elle s'imaginait qu'il était de feu, car il lui brûlait la peau.

Il était lourd, extraordinairement lourd.

Après la valse, se sentant indisposée, Alice demanda à sa mère la permission de retourner à la maison immédiatement.

Elle fut prête avant ses parents, et partit de suite accompagnée du jeune homme.

Alexis Provost et son épouse parlaient en se rendant à leur demeure du magnifique résultat qu'avait eu pour Alice ce fameux bal. Ils grondèrent même Arthémise qui les accompagnait seule parce qu'elle n'avait pas su s'attirer les avances de quelques-uns des jeunes gens qui se trouvaient à cette réunion.

Cette pauvre Arthémise avait passé la soirée dans un coin, seule, regardant les nombreux danseurs et danseuses qui passaient devant elle.

Elle avait honte du costume qu'elle portait, et n'osait bouger de crainte d'attirer les regards effrontés des jeunes gens.

Elle songeait au mal qu'elle occasionnerait, si on la voyait, et, comme elle était bonne et pieuse, elle demandait à Dieu d'éloigner d'elle toute occasion qui la mettait en évidence.

À part la honte que lui faisait éprouver son costume décolleté, Arthémise se sentait le cœur triste. Il lui semblait qu'un malheur pesait sur sa famille.

Dieu, se disait-elle, ne peut laisser impunis tant de péchés et ce sera sur nous, catholiques, que retombera sa colère.

Lorsque sa mère lui reprocha d'avoir manqué une magnifique occasion de se trouver un mari, Arthémise lui dit simplement : attendez.

La manière dont il fut dit, plutôt que le mot lui-même, impressionna vivement monsieur et madame Provost, sans trop savoir pourquoi ils hâtèrent le pas. Comme ils demeuraient à peu de distance de l'hôtel dans lequel s'était donné le bal en question, ils arrivèrent bientôt à leur résidence.

En entrant dans la maison, un spectacle affreux, inouï, se présenta à leur vue.

Alice était étendue morte sur le plancher, les yeux presque sortis de leurs orbites, les cheveux droits sur la tête, la figure, les mains, le corps tout entier était complètement noir, comme s'il eût été carbonisé.

Le collier qu'elle avait sur la poitrine était entré dans la chair, ce n'était pas de l'or, mais du fer rougi.

La maison tout entière était remplie d'une odeur de chair grillée.

Chose épouvantable, le jeune homme, qui avait fait sa cour à Alice, était Satan, le roi de l'enfer en personne. La jeune fille s'était donnée à lui; il avait emporté son âme, et avait laissé son corps dans l'état pitoyable dans lequel on le trouvait.

*
*   *

En voyant son enfant dans un état aussi affreux, Alexis Provost fut frappé d'apoplexie et mourut quelques jours plus tard.

Madame Provost, atteinte d'aliénation mentale, voit à tout moment sa fille qui l'accuse d'être la cause de sa mort.

Quant à Arthémise, elle prend soin de la pauvre folle et se dispose à entrer dans un monastère pour se faire religieuse, dès que Dieu aura mis fin aux souffrances de sa mère.

Honoré Beaugrand

Honoré Beaugrand, né à Lanoraie le 24 mars 1848, de Louis Beaugrand dit Champagne, capitaine et batelier, et de Joséphine Marion, fait ses études au Collège de Joliette, qu'il quitte après quatre ans pour entrer à l'école militaire. Enrôlé volontaire à dix-sept ans, il participe à la campagne du Mexique (1865-1867) où il fait la connaissance de Faucher de Saint-Maurice. 'Après les hostilités, il accompagne en France le corps expéditionnaire français et découvre, pendant deux ans, le libéralisme, le radicalisme et l'anticléricalisme. Rentré aux États-Unis en 1869, il se consacre au journalisme. Il collabore à L'Abeille puis fonde en 1873, avec le docteur Alfred Mignault, L'Écho du Canada. Il quitte Fall River (Massachusetts) au printemps de 1875 et se dirige vers St. Louis où il occupe le poste de rédacteur du Golf Democrat. À l'automne de la même année, Beaugrand publie à Boston La République, qu'il transporte de ville en ville. En mars 1878, il publie à Ottawa Le Fédéral et, en octobre de la même année, il lance, à Montréal, Le Farceur, autre journal éphémère. En 1879, il fonde La Patrie, organe du parti réformiste, pour succéder au National qui vient de disparaître. Maire de Montréal en 1885 et 1886, il abandonne la vie politique en 1887 et publie The Daily News dont il quitte rapidement la direction. Il parcourt de nouveau l'Europe et adresse aux lecteurs de La Patrie ses Lettres de voyage. En 1896, il cède La Patrie à Joseph-Israël Tarte et, à quarante-neuf ans, se retire de la vie publique. Il consacre les loisirs de sa retraite au folklore et aux voyages et meurt à Westmount le 7 octobre 1906. Il *a épousé en 1873 Eliza Walker, de Fall River. Il a publié d'abord un roman,* Jeanne la fileuse *(1878), quelques récits de voyages et un recueil de contes,* La chasse-galerie. Légendes canadiennes *(1900), d'abord parus dans les journaux et revues de l'époque*[1].

1. Pour une chronologie plus détaillée, on consultera *La chasse-galerie et autres récits*, édition critique par François Ricard, Montréal, PUM, 1989, coll. «Bibliothèque du Nouveau-Monde», 362 p.

La chasse-galerie

I

Pour lors que je vais vous raconter une rôdeuse d'histoire, dans le fin fil ; mais s'il y a parmi vous autres des lurons qui auraient envie de courir la chasse-galerie ou le loup-garou, je vous avertis qu'ils font mieux d'aller voir dehors si les chats-huants font le sabbat, car je vais commencer mon histoire en faisant un grand signe de croix pour chasser le diable et ses diablotins. J'en ai eu assez de ces maudits-là dans mon jeune temps.

Pas un homme ne fit mine[1] de sortir ; au contraire tous se rapprochèrent de la cambuse où le *cook*[2] finissait son préambule et se préparait à raconter une histoire de circonstance.

On était à la veille du jour de l'an 1858, en pleine forêt vierge, dans les chantiers des Ross, en haut de la Gatineau. La saison avait été dure et la neige atteignait déjà la hauteur du toit de la cabane.

Le bourgeois avait, selon la coutume, ordonné la distribution du contenu d'un petit baril de rhum parmi les hommes du chantier, et le cuisinier avait terminé de bonne heure les

---

1. Signe (édition de 1891).
2. Anglicisme, cuisinier.

préparatifs du fricot de pattes et des glissantes[3] pour le repas du lendemain. La mélasse mijotait dans le grand chaudron pour la partie de tire qui devait terminer la soirée.

Chacun avait bourré sa pipe de bon tabac canadien, et un nuage épais obscurcissait l'intérieur de la cabane, où un feu pétillant de pin résineux jetait, cependant, par intervalles, des lueurs rougeâtres qui tremblotaient en éclairant par des effets merveilleux de clair-obscur, les mâles figures de ces rudes travailleurs des grands bois.

Joe le cook était un petit homme assez mal fait, que l'on appelait assez généralement le bossu, sans qu'il s'en formalisât, et qui faisait chantier depuis au moins 40 ans. Il en avait vu de toutes les couleurs dans son existence bigarrée et il suffisait de lui faire prendre un petit coup de jamaïque pour lui délier la langue et lui faire raconter ses exploits.

II

Je vous disais donc, continua-t-il, que si j'ai été un peu *tough*[4] dans ma jeunesse, je n'entends plus risée sur les choses de la religion. J'vas à confesse régulièrement tous les ans, et ce que je vais vous raconter là se passait aux jours de ma jeunesse quand je ne craignais ni Dieu ni diable. C'était un soir comme celui-ci, la veille du jour de l'an, il y a de cela 34 ou 35 ans. Réuni avec tous mes camarades autour de la cambuse, nous prenions un petit coup; mais si les petits ruisseaux font les grandes rivières, les petits verres finissent par vider les grosses cruches, et dans ces temps-là, on buvait plus sec et plus souvent qu'aujourd'hui, et il n'était pas rare de voir finir les fêtes

---

3. Sorte de ragoût très gras.
4. Grossier, rude, solide.

par des coups de poings et des tirages de tignasse. La jamaïque était bonne, — pas meilleure que ce soir, — mais elle était bougrement bonne, je vous le parsouète. J'en avais bien lampé une douzaine de petits gobelets, pour ma part, et sur les onze heures, je vous l'avoue franchement, la tête me tournait et je me laissai tomber sur ma robe de carriole pour faire un petit somme en attendant l'heure de sauter à pieds joints par-dessus la tête d'un quart de lard, de la vieille année dans la nouvelle, comme nous allons le faire ce soir sur l'heure de minuit, avant d'aller chanter la guignolée et souhaiter la bonne année aux hommes du chantier voisin.

Je dormais donc depuis assez longtemps lorsque je me sentis secouer rudement par le boss des piqueurs, Baptiste Durand, qui me dit:

— Joe! minuit vient de sonner et tu es en retard pour le saut du quart. Les camarades sont partis pour faire leur tournée et moi je m'en vais à Lavaltrie voir ma blonde. Veux-tu venir avec moi?

— À Lavaltrie! lui répondis-je, es-tu fou? nous en sommes à plus de cent lieues et d'ailleurs aurais-tu deux mois pour faire le voyage, qu'il n'y a pas de chemin de sortie dans la neige. Et puis, le travail du lendemain du jour de l'an?

— Animal! répondit mon homme, il ne s'agit pas de cela. Nous ferons le voyage en canot d'écorce, à l'aviron, et demain matin à six heures nous serons de retour au chantier.

Je comprenais.

Mon homme me proposait de courir la chasse-galerie et de risquer mon salut éternel pour le plaisir d'aller embrasser ma blonde, au village. C'était raide! Il était bien vrai que j'étais un peu ivrogne et débauché et que la religion ne me fatiguait pas à cette époque, mais risquer de vendre mon âme au diable, ça me surpassait.

— Cré poule mouillée! continua Baptiste, tu sais bien qu'il n'y a pas de danger. Il s'agit d'aller à Lavaltrie et de revenir dans six heures. Tu sais bien qu'avec la chasse-galerie, on voyage au moins 50 lieues à l'heure lorsqu'on sait manier l'aviron comme nous. Il s'agit tout simplement de ne pas prononcer le nom du bon Dieu pendant le trajet, et de ne pas s'accrocher aux Croix des clochers en voyageant. C'est facile à faire et pour éviter tout danger, il faut penser à ce qu'on dit, avoir l'œil où l'on va et ne pas prendre de boisson en route. J'ai déjà fait le voyage cinq fois et tu vois bien qu'il ne m'est jamais arrivé malheur. Allons, mon vieux, prends ton courage à deux mains et si le cœur t'en dit, dans deux heures de temps, nous serons à Lavaltrie. Pense à la petite Liza Guimbette et au plaisir de l'embrasser. Nous sommes déjà sept pour faire le voyage mais il faut être deux, quatre, six ou huit et tu seras le huitième.

— Oui ! tout cela est très bien, mais il faut faire un serment au diable, et c'est un animal qui n'entend pas à rire lorsqu'on s'engage à lui.

— Une simple formalité, mon Joe. Il s'agit simplement de ne pas se griser et de faire attention à sa langue et à son aviron. Un homme n'est pas un enfant, que diable ! Viens ! viens ! nos camarades nous attendent dehors et le grand canot de la *drave* est tout prêt pour le voyage.

Je me laissai entraîner hors de la cabane où je vis en effet six de nos hommes qui nous attendaient, l'aviron à la main. Le grand canot était sur la neige dans une clairière et avant d'avoir eu le temps de réfléchir, j'étais déjà assis dans le devant, l'aviron pendant sur le plat bord[5], attendant le signal du départ. J'avoue que j'étais un peu troublé, mais Baptiste qui passait, dans le chantier, pour n'être pas allé à confesse depuis sept ans, ne me laissa pas le temps de me débrouiller. Il était à l'arrière, debout, et d'une voix vibrante il nous dit :

— Répétez avec moi !

---

5. Sans trait d'union en 1891.

Et nous répétâmes :

Satan ! roi des enfers, nous te promettons de te livrer nos âmes, si d'ici à six heures nous prononçons le nom de ton maître et du nôtre, le bon Dieu, et si nous touchons une croix dans le voyage. À cette condition tu nous transporteras, à travers les airs, au lieu où nous voulons aller et tu nous ramèneras de même au chantier !

III

Acabris ! Acabras ! Acabram !
Fais-nous voyager par-dessus les montagnes !

À peine avions-nous prononcé les dernières paroles que nous sentîmes le canot s'élever dans l'air à une hauteur de cinq ou six cents pieds. Il me semblait que j'étais léger comme une plume et, au commandement de Baptiste, nous commençâmes à nager comme des possédés que nous étions. Aux premiers coups d'aviron le canot s'élança dans l'air comme une flèche, et c'est le cas de le dire, le diable nous emportait. Ça nous en coupait le respire et le poil en frisait sur nos bonnets de carcajou.

Nous filions plus vite que le vent. Pendant un quart d'heure, environ, nous naviguâmes au-dessus de la forêt sans apercevoir autre chose que les bouquets des grands pins noirs. Il faisait une nuit superbe et la lune, dans son plein, illuminait le firmament comme un beau soleil du midi. Il faisait un froid du tonnerre et nos moustaches étaient couvertes de givre, mais nous étions cependant tous en nage. Ça se comprend aisément puisque c'était le diable qui nous menait et je vous assure que ce n'était pas sur le train de la *Blanche*. Nous aperçûmes bientôt une éclaircie, c'était la Gatineau dont la surface glacée et polie étincelait au-dessous de nous comme un immense miroir. Puis, p'tit à p'tit nous aperçûmes des lumières dans les maisons d'habitants ; puis des clochers d'églises qui reluisaient comme des baïonnettes de soldats, quand ils font l'exercice sur le champ de Mars de Montréal. On passsait ces clochers aussi vite qu'on passe les poteaux de télégraphe, quand on voyage en chemin de fer. Et nous filions toujours comme tous les diables, passant par-dessus les villages, les forêts, les rivières et laissant derrière nous comme une traînée d'étincelles. C'est Baptiste, le possédé, qui gouvernait, car il connaissait la route et nous arrivâmes bientôt à la rivière des Outaouais qui nous servit de guide pour descendre jusqu'au lac des Deux-Montagnes.

— Attendez un peu, cria Baptiste. Nous allons raser Montréal et nous allons effrayer les coureux qui sont encore dehors à c'te heure cite. Toi, Joe ! là, en avant, éclaircis-toi le gosier et chante-nous une chanson sur l'aviron.

En effet, nous apercevions déjà les mille lumières de la grande ville, et Baptiste, d'un coup d'aviron, nous fit descendre à peu près au niveau des tours de Notre-Dame. J'enlevai ma chique pour ne pas l'avaler, et j'entonnai à tue-tête cette chanson de cirsonstance que tous les canotiers répétèrent en chœur :

> *Mon père n'avait fille que moi,*
> *Canot d'écorce qui va voler,*
> *Et dessus la mer il m'envoie :*
> *Canot d'écorce qui vole, qui vole,*
> *Canot d'écorce qui va voler !*
>
> *Et dessus la mer il m'envoie,*
> *Canot d'écorce qui va voler,*
> *Le marinier qui me menait :*
> *Canot d'écorce qui vole, qui vole,*
> *Canot d'écorce qui va voler !*

Le marinier qui me menait,
Canot d'écorce qui va voler,
Me dit ma belle embrassez-moi :
Canot d'écorce qui vole, qui vole,
Canot d'écorce qui va voler !

Me dit, ma belle, embrassez-moi,
Canot d'écorce qui va voler,
Non, non, monsieur, je ne saurais :
Canot d'écorce qui vole, qui vole,
Canot d'écorce qui va voler !

Non, non, monsieur, je ne saurais,
Canot d'écorce qui va voler,
Car si mon papa le savait :
Canot d'écorce qui vole, qui vole,
Canot d'écorce qui va voler !

Car si mon papa le savait,
Canot d'écorce qui va voler,
Ah ! c'est bien sûr qu'il me battrait :
Canot d'écorce qui vole, qui vole,
Canot d'écorce qui va voler !

Bien qu'il fût près de deux heures du matin, nous vîmes des groupes s'arrêter dans les rues pour nous voir passer, mais nous filions si vite qu'en un clin d'œil nous avions dépassé Montréal et ses faubourgs, et alors je commençai à compter les clochers : la Longue-Pointe, la Pointe-aux-Trembles, Repentigny, Saint-Sulpice, et enfin les deux flèches argentées de Lavaltrie qui dominaient le vert sommet des grands pins du domaine.

— Attention ! vous autres, nous cria Baptiste. Nous allons atterrir à l'entrée du bois, dans le champ de mon parrain, Jean-Jean Gabriel, et nous nous rendrons ensuite à pied pour aller surprendre nos connaissances dans quelque fricot ou quelque danse du voisinage.

Qui fut dit fut fait, et cinq minutes plus tard notre canot reposait dans un banc de neige à l'entrée du bois de Jean-Jean Gabriel ; et nous partîmes tous les huit à la file pour nous rendre au village. Ce n'était pas une mince besogne car il n'y avait pas de chemin battu et nous avions de la neige jusqu'au califourchon. Baptiste qui était plus effronté que les autres s'en alla frapper à la porte de la maison de son parrain où l'on apercevait encore de la lumière, mais il n'y trouva qu'une fille *engagère*[6] qui lui annonça que les vieilles gens étaient à un *snaque*[7] chez le père Robillard, mais que les farauds et les filles de la paroisse étaient presque tous rendus chez Batissette Augé, à la Petite-Misère, en bas de Contrecœur, de l'autre côté du fleuve, où il y avait un rigodon du jour de l'an.

— Allons au rigodon, chez Batissette Augé, nous dit Baptiste, on est certain d'y rencontrer nos blondes.

— Allons chez Batissette ! Et nous retournâmes au canot, tout en nous mettant mutuellement en garde sur le danger qu'il y avait de prononcer certaines paroles et de prendre un coup de trop, car il fallait reprendre la route des chantiers et y arriver avant six heures du matin, sans quoi nous étions flambés comme des carcajous, et le diable nous emportait au fin fond des enfers.

Acabris ! Acabras ! Acabram !
Fais-nous voyager par-dessus les montagnes !

cria de nouveau Baptiste. Et nous voilà repartis pour la Petite-Misère, en naviguant en l'air comme des renégats que nous étions tous. En deux tours d'aviron, nous avions traversé le fleuve et nous étions rendus chez Batissette Augé dont la maison était tout illuminée. On entendait vaguement, au dehors, les sons du violon et les éclats de rire des danseurs dont on voyait les ombres se trémousser, à travers les vitres couvertes de givre.

---

6. Engagée, fille, bonne à tout faire.
7. De l'anglais *snack*, banquet, festin, repas somptueux.

Nous cachâmes notre canot derrière les tas de bourdillons qui bordaient la rive, car la glace avait refoulé, cette année-là.

— Maintenant, nous répéta Baptiste, pas de bêtises, les amis, et attention à vos paroles. Dansons comme des perdus, mais pas un seul verre de Molson, ni de jamaïque, vous m'entendez! Et au prernier signe, suivez-moi tous, car il faudra repartir sans attirer l'attention. Et nous allâmes frapper à la porte.

V

Le père Batisette vint ouvrir lui-même et nous fûmes reçus à bras ouverts par les invités que nous connaissions presque tous. Nous fûmes d'abord assaillis de questions :

— D'où venez-vous?

— Je vous croyais dans les chantiers!

— Vous arrivez bien tard!

— Venez prendre une larme!

Ce fut encore Baptiste qui nous tira d'affaire en prenant la parole :

— D'abord, laissez-nous nous décapoter et puis ensuite laissez-nous danser. Nous sommes venus exprès pour ça. Demain matin, je répondrai à toutes vos questions et nous vous raconterons tout ce que vous voudrez.

Pour moi j'avais déjà reluqué Liza Guimbette qui était faraudée par le p'tit Boisjoli de Lanoraie.

Je m'approchai d'elle pour la saluer et pour lui demander l'avantage de la prochaine qui était un *reel*[8] à quatre. Elle accepta avec un sourire qui me fit oublier que j'avais risqué le salut de mon âme pour avoir le plaisir de me trémousser et de

---

8. Danse populaire.

battre des ailes de pigeon en sa compagnie. Pendant deux heures de temps, une danse n'attendait pas l'autre et ce n'est pas pour me vanter si je vous dis que, dans ce temps-là, il n'y avait pas mon pareil à dix lieues à la ronde pour la gigue simple ou la voleuse[9]. Mes camarades, de leur côté, s'amusaient comme des lurons, et tout ce que je puis vous dire, c'est que les garçons d'habitants étaient fatigués de nous autres, lorsque quatre heures sonnèrent à la pendule. J'avais cru apercevoir Baptiste Durand qui s'approchait du buffet où les hommes prenaient des nippes de whisky blanc, de temps en temps, mais j'étais tellement occupé avec ma partenaire que je n'y portai pas beaucoup d'attention. Mais maintenant que l'heure de remonter en canot était arrivée, je vis clairement que Baptiste avait pris un coup de trop et je fus obligé d'aller le prendre par le bras pour le faire sortir avec moi, en faisant signe aux autres de se préparer à nous suivre sans attirer l'attention des danseurs. Nous sortîmes donc les uns après les autres sans faire semblant de rien et cinq minutes plus tard, nous étions remontés en canot, après avoir quitté le bal comme des sauvages, sans dire bonjour à personne ; pas même à Liza que j'avais invitée pour danser un foin. J'ai toujours pensé que c'était cela qui l'avait décidée à me trigauder[10] et à épouser le petit Boisjoli sans même m'inviter à ses noces, la bougresse[11]. Mais pour revenir à notre canot, je vous avoue que nous étions rudement embêtés de voir que Baptiste Durand avait bu un coup, car c'était lui qui nous gouvernait et nous n'avions juste que le temps de revenir au chantier pour six heures du matin, avant le réveil des hommes qui ne travaillaient pas le jour du jour de l'an. La lune était disparue et il ne faisait plus aussi clair qu'auparavant, et ce n'est pas sans crainte que je pris ma position à l'avant du canot, bien décidé

---

9. Deux autres danses populaires.
10. Ne pas agir franchement.
11. Vaurienne.

à avoir l'œil sur la route que nous allions suivre. Avant de nous enlever dans les airs, je me retournai et je dis à Baptiste :

— Attention! là, mon vieux. Pique tout droit sur la montagne de Montréal, aussitôt que tu pourras l'apercevoir.

— Je connais mon affaire, répliqua Baptiste, et mêle-toi des tiennes! Et avant que j'aie eu le temps de répliquer :

> *Acabris! Acabras! Acabram!*
> *Fais-nous voyager par-dessus les montagnes!*

VI

Et nous voilà repartis à toute vitesse. Mais il devint aussitôt évident que notre pilote n'avait plus la main aussi sûre, car le canot décrivait des zigzags inquiétants. Nous ne passâmes pas à cent pieds du clocher de Contrecœur et au lieu de nous diriger à l'ouest, vers Montréal, Baptiste nous fit prendre les bordées vers la rivière Richelieu. Quelques instants plus tard, nous passâmes par-dessus la montagne de Belœil et il ne s'en manqua pas de dix pieds que l'avant du canot n'allât se briser sur la grande croix de tempérance que l'évêque de Québec avait plantée là.

— À droite! Baptiste! à droite! mon vieux, car tu vas nous envoyer chez le diable, si tu ne gouvernes pas mieux que ça!

Et Baptiste fit instinctivement tourner le canot vers la droite en mettant le cap sur la montagne de Montréal que nous apercevions déjà dans le lointain. J'avoue que la peur commençait à me tortiller car si Baptiste continuait à nous conduire de travers, nous étions flambés comme des gorets qu'on grille après la boucherie. Et je vous assure que la dégringolade ne se fit pas attendre, car au moment où nous passions au-dessus de Montréal, Baptiste nous fit prendre une *sheer*[12] et avant d'avoir eu le temps de m'y préparer, le canot s'enfonçait dans un banc de neige, dans une éclaircie, sur le flanc de la montagne. Heureusement que c'était dans la neige molle, que personne n'attrapât de mal et que le canot ne fût pas brisé. Mais à peine étions-nous sortis de la neige que voilà Baptiste qui commence à sacrer comme un possédé et qui déclare qu'avant de repartir pour la Gatineau, il veut descendre en ville prendre un verre. J'essayai de raisonner avec lui, mais allez donc faire entendre raison à un ivrogne qui veut se mouiller la luette. Alors, rendus à bout de patience, et plutôt que de laisser nos âmes au diable qui se léchait déjà les babines en nous voyant dans l'embarras, je dis un mot à mes autres compagnons qui avaient aussi peur que moi, et nous nous jetons tous sur Baptiste que nous terrassons, sans lui faire de mal, et que nous plaçons ensuite au fond du canot, — après l'avoir ligoté comme un bout de saucisse et lui avoir mis un bâillon pour l'empêcher de prononcer des paroles dangereuses, lorsque nous serions en l'air. Et:

Acabris! Acabras! Acabram!

nous voilà repartis sur un train de tous les diables car nous n'avions plus qu'une heure pour nous rendre au chantier de la Gatineau. C'est moi qui gouvernais, cette fois-là, et je vous assure que j'avais l'œil ouvert et le bras solide. Nous remontâmes la rivière Outaouais comme une poussière jusqu'à la Pointe à Gatineau et de là nous piquâmes au nord vers le chantier. Nous n'en étions plus qu'à quelques lieues, quand voilà-t-il pas cet animal de Baptiste qui se détortille de la corde avec laquelle nous l'avions ficelé, qui s'arrache son bâillon et qui se lève tout droit, dans le canot, en lâchant un sacre qui me fit frémir jusque dans la pointe des cheveux. Impossible de

---

12. Prendre une sheer (shire), glisser, tomber.

lutter contre lui dans le canot sans courir le risque de tomber d'une hauteur de deux ou trois cents pieds, et l'animal gesticulait comme un perdu en nous menaçant tous de son aviron qu'il avait saisi et qu'il faisait tournoyer sur nos têtes en faisant le moulinet comme un Irlandais avec son *shilelagh*[13]. La position était terrible, comme vous le comprenez bien. Heureusement que nous arrivions, mais j'étais tellement excité, que par une fausse manœuvre que je fis pour éviter l'aviron de Baptiste, le canot heurta la tête d'un gros pin et que nous voilà tous précipités en bas, dégringolant de branche en branche comme des perdrix que l'on tue dans les épinettes. Je ne sais pas combien je mis de temps à descendre jusqu'en bas, car je perdis connaissance avant d'arriver, et mon dernier souvenir était comme celui d'un homme qui rêve qu'il tombe dans un puits qui n'a pas de fond.

VII

Vers les huit heures du matin, je m'éveillai dans mon lit dans la cabane, où nous avaient transportés des bûcherons qui nous avaient trouvés sans connaissance, enfoncés jusqu'au cou, dans un banc de neige du voisinage. Heureusement que personne ne s'était cassé les reins mais je n'ai pas besoin de vous dire que j'avais les côtes sur le long comme un homme qui a couché sur les ravalements pendant toute une semaine, sans parler d'un *blackeye*[14] et de deux ou trois déchirures sur les mains et dans la figure. Enfin, le principal, c'est que le diable ne nous avait pas tous emportés et je n'ai pas besoin de vous dire que je ne

---

13. Mot irlandais signifiant gros bâton.
14. Terme anglais : œil poché. On dit aussi, en langage populaire, œil au beurre noir.

m'empressai pas de démentir ceux qui prétendirent qu'ils m'avaient trouvé, avec Baptiste et les six autres, tous saouls comme des grives, et en train de cuver notre jamaïque dans un banc de neige des environs. C'était déjà pas si beau d'avoir risqué de vendre son âme au diable, pour s'en vanter parmi les camarades; et ce n'est que bien des années plus tard que je racontai l'histoire telle qu'elle m'était arrivée.

Tout ce que je puis vous dire, mes amis, c'est que ce n'est pas si drôle qu'on le pense que d'aller voir sa blonde en canot d'écorce, en plein cœur d'hiver, en courant la chasse-galerie; surtout si vous avez un maudit ivrogne qui se mêle de gouverner. Si vous m'en croyez, vous attendrez à l'été prochain pour aller embrasser vos p'tits cœurs, sans courir le risque de voyager aux dépens du diable.

Et Joe le *cook* plongea sa micouane[15] dans la mélasse bouillonnante aux reflets dorés, et déclara que la tire était cuite à point et qu'il n'y avait plus qu'à l'*étirer*.

(*La chasse-galerie*, 1900;
paru d'abord dans *La Patrie*,
31 décembre 1891)

---

15. Mot indien signifiant une longue cuillère de bois.

La bête à grand'queue[1]

I

C'est absolument comme je te le dis, insista le p'tit Pierriche Desrosiers, j'ai vu moi-même la queue de la bête. Une queue poilue d'un rouge écarlate et coupée en sifflet pas loin du trognon. Une queue de six pieds, mon vieux!

— Oui c'est ben bon de voir la queue de la bête, mais c'vlimeux de Fanfan Lazette est si blagueur qu'il me faudrait d'autres preuves que ça pour le croire sur parole.

— D'abord, continua Pierriche, tu avoueras ben qu'il a tout ce qu'il faut pour se faire poursuivre par la bête à grand'queue. Il est blagueur, tu viens de le dire, il aime à prendre la goutte, tout le monde le sait, et ça court sur la huitième année qu'il fait des pâques de renard. S'il faut être sept ans sans faire ses pâques ordinaires pour courir le loup-garou, il suffit de faire des pâques de renard pendant la même période, pour se faire attaquer par la bête à grand'queue. Et il l'a rencontrée en face du manoir de Dautraye, dans les grands arbres qui bordent la route où le soleil ne pénètre jamais,

---

1. Sous-titré «Récit populaire» en 1892.

même en plein midi. Juste à la même place où Louison Laroche s'était fait arracher un œil par le maudit animal, il y a environ une dizaine d'années.

Ainsi causaient Pierriche Desrosiers et Maxime Sansouci, en prenant clandestinement un p'tit coup dans la maisonnette du vieil André Laliberté qui vendait un verre par ci et par là, à ses connaissances, sans trop s'occuper des lois de patente ou des remontrances du curé.

— Et toi, André, que penses-tu de tout ça? demanda Pierriche. Tu as dû en voir des bêtes à grand'queue dans ton jeune temps. Crois-tu que Fanfan Lazette en ait rencontré une, à Dautraye?

— C'est ce qu'il prétend, mes enfants, et, comme le voici qui vient prendre sa nippe ordinaire, vous n'avez qu'à le faire jaser lui-même si vous voulez en savoir plus long.

II

Fanfan Lazette était un mauvais sujet qui faisait le désespoir de ses parents, qui se moquait des sermons du curé, qui semait le désordre dans la paroisse et qui — conséquence fatale — était la coqueluche de toutes les jolies filles des alentours. Le père Lazette l'avait mis au collège de l'Assomption, d'où il s'était échappé pour aller à Montréal faire un métier quelconque. Et puis il avait passé deux saisons dans les chantiers et était revenu chez son père qui se faisait vieux, pour diriger les travaux de la ferme.

Fanfan était un rude gars au travail, il fallait lui donner cela, et il besognait comme quatre lorsqu'il s'y mettait; mais il était journalier, comme on dit au pays, et il faisait assez souvent des neuvaines qui n'étaient pas toujours sous l'invocation de saint François Xavier.

Comme il faisait tout à sa tête, il avait pris pour habitude de ne faire ses pâques qu'après la période de rigueur, et il mettait une espèce de fanfaronnade à ne s'approcher des sacrements qu'après que tous les fidèles s'étaient mis en règle avec les commandements de l'Église.

Bref, Fanfan était un luron que les commères du village traitaient de *pendard*[2], que les mamans qui avaient des filles à marier craignaient comme la peste et qui passait, selon les lieux où on s'occupait de sa personne, pour un bon diable ou pour un mauvais garnement.

Pierriche Desrosiers et Maxime Sansouci se levèrent pour lui souhaiter la bienvenue et pour l'inviter à prendre un coup, qu'il s'empressa de ne pas refuser.

— Et maintenant, Fanfan, raconte-nous ton histoire de bête à grand'queue. Maxime veut faire l'incrédule et prétend que tu veux nous en faire accroire.

— Ouidà, oui! Eh bien, tout ce que je peux vous dire, c'est que si c'eût été Maxime Sansouci qui eût rencontré la bête au lieu de moi, je crois qu'il ne resterait plus personne pour raconter l'histoire, au jour d'aujourd'hui.

Et s'adressant à Maxime Sansouci:

— Et toi, mon p'tit Maxime, tout ce que je te souhaite, c'est de ne jamais te trouver en pareille compagnie; tu n'as pas les bras assez longs, les reins assez solides et le corps assez raide pour te tirer d'affaire dans une pareille rencontre. Écoute-moi bien et tu m'en diras des nouvelles ensuite.

Et puis:

— André, trois verres de Molson réduit.

---

2. Homme dangereux.

III

D'abord, je n'ai pas d'objection à reconnaître qu'il y a plus de sept ans que je fais des pâques de renard et même, en y réfléchissant bien, j'avouerai que j'ai même passé deux ans sans faire de pâques du tout, lorsque j'étais dans les chantiers. J'avais donc ce qu'il fallait pour rencontrer la bête, s'il faut en croire Baptiste Gallien, qui a étudié ces choses-là dans les gros livres qu'il a trouvés chez le notaire Latour.

Je me moquais bien de la chose auparavant; mais, lorsque je vous aurai raconté ce qui vient de m'arriver à Dautraye, dans la nuit de samedi à dimanche, vous m'en direz des nouvelles. J'étais parti samedi matin avec vingt-cinq poches d'avoine pour aller les porter à Berthier chez Rémi Tranche-montagne et pour en remporter quelques marchandises : un p'tit baril de mélasse, un p'tit quart de cassonade, une meule de fromage, une dame-jeanne de jamaïque et quelques livres de thé pour nos provisions d'hiver. Le grand Sem à Gros-Louis Champagne m'accompagnait et nous faisions le voyage en grand'charette avec ma pouliche blonde — la meilleure bête de la paroisse, sans me vanter ni la pouliche non plus. Nous étions à Berthier sur les onze heures de la matinée et, après avoir réglé nos affaires chez Tranchemontagne, déchargé notre avoine, rechargé nos provisions, il ne nous restait plus qu'à prendre un p'tit coup en attendant la fraîche du soir pour reprendre la route de Lanoraie. Le grand Sem Champagne fréquente une petite Laviolette de la petite rivière de Berthier, et il partit à l'avance pour aller farauder[3] sa prétendue jusqu'à l'heure du départ.

---

3. Courtiser, faire le galant.

Je devais le prendre en passant, sur les huit heures du soir, et, pour tuer le temps, j'allai rencontrer des connaissances chez Jalbert, chez Gagnon et chez Guilmette, où nous payâmes chacun une tournée, sans cependant nous griser sérieusement ni les uns ni les autres. La journée avait été belle, mais sur le soir, le temps devint lourd et je m'aperçus que nous ne tarderions pas à avoir de l'orage. Je serais bien parti vers les six heures, mais j'avais donné rendez-vous au grand Sem à huit heures et je ne voulais pas déranger un garçon qui *gossait*[4] sérieusement et pour le bon motif. J'attendis donc patiemment et je donnai une bonne portion à ma pouliche, car j'avais l'intention de retourner à Lanoraie sur un bon train. À huit heures précises, j'étais à la petite rivière, chez le père Laviolette, où il me fallut descendre prendre un coup et saluer la compagnie. Comme on ne part jamais sur une seule jambe, il fallut en prendre un deuxième pour rétablir l'équilibre, comme dit Baptiste Gallien, et après avoir dit le bonsoir à tout le monde, nous prîmes le chemin du roi. La pluie ne tombait pas encore, mais il était facile de voir qu'on aurait une tempête avant longtemps et je fouettai ma pouliche dans l'espoir d'arriver chez nous avant le grain.

IV

En entrant chez le père Laviolette, j'avais bien remarqué que Sem avait pris un coup de trop ; et c'est facile à voir chez lui, car vous savez qu'il a les yeux comme une morue gelée, lorsqu'il se met en fête, mais les deux derniers coups du départ le finirent complètement et il s'endormit comme une marmotte

---

4. Faire la cour à une femme, par extension draguer, flirter avec une femme.

au mouvement de la charette. Je lui plaçai la tête sur une botte de foin que j'avais au fond de la voiture et je partis grand train. Mais j'avais à peine fait une demi-lieue, que la tempête éclata avec une fureur terrible. Vous vous rappelez la tempête de samedi dernier. La pluie tombait à torrents, le vent sifflait dans les arbres et ce n'est que par la lueur des éclairs que j'entre-voyais parfois la route. Heureusement que ma pouliche avait l'instinct de me tenir dans le milieu du chemin, car il faisait noir comme dans un four. Le grand Sem dormait toujours, bien qu'il fût trempé comme une lavette. Je n'ai pas besoin de vous dire que j'étais dans le même état. Nous arrivâmes ainsi jusque chez Louis Trempe dont j'aperçus la maison jaune à la lueur d'un éclair qui m'aveugla, et qui fut suivi d'un coup de tonnerre qui fit trembler ma bête et la fit s'arrêter tout court. Sem lui-même s'éveilla de sa léthargie et poussa un gémisse-ment suivi d'un cri de terreur:

— Regarde, Fanfan! la bête à grand'queue! Je me retour-nai pour apercevoir derrière la voiture, deux grands yeux qui brillaient comme des tisons et, tout en même temps, un éclair me fit voir un animal qui poussa un hurlement de *bête-à-sept-têtes* en se battant les flancs d'une queue rouge de six pieds de long. — J'ai la queue chez moi et je vous la montrerai quand vous voudrez! — Je ne suis guère peureux de ma nature, mais j'avoue que me voyant ainsi, à la noirceur, seul avec un homme saoul, au milieu d'une tempête terrible et en face d'une bête comme ça, je sentis un frisson me passer dans le dos et je lançai un grand coup de fouet à ma jument qui partit comme une flèche. Je vis que j'avais la double chance de me casser le cou dans une coulée ou en roulant en bas de la côte, ou bien de me trouver face à face avec cette fameuse bête à grand'queue dont on m'avait tant parlé, mais à laquelle je croyais à peine. C'est alors que tous mes pâques de renard me revinrent à la mémoire et je promis bien de faire mes devoirs comme tout le monde, si le bon Dieu me tirait de là. Je savais bien que le seul moyen de venir à bout de la bête, si ça en venait à une prise de corps, c'était de lui couper la queue au ras du trognon, et je m'assurai que j'avais bien dans ma poche un bon couteau à ressort de chantier qui coupait comme un rasoir. Tout cela me passa par la tête dans un instant pendant que ma jument galopait comme une déchaînée et que le grand Sem Champagne, à moitié dégrisé par la peur, criait :

— Fouette, Fanfan ! la bête nous poursuit. J'lui vois les yeux dans la noirceur.

Et nous allions un train d'enfer. Nous passâmes le village des Blais et il fallut nous engager dans la route qui longe le manoir de Dautraye. La route est étroite, comme vous savez. D'un côté, une haie en hallier bordée d'un fossé assez profond sépare le parc du chemin, et de l'autre, une rangée de grands arbres longe la côte jusqu'au pont de Dautraye. Les éclairs pénétraient à peine à travers le feuillage des arbres et le moindre écart de la pouliche devait nous jeter dans le fossé du côté du manoir, ou briser la charrette en morceaux sur les troncs des grands arbres. Je dis à Sem :

— Tiens-toi bien mon Sem ! Il va nous arriver un accident.

Eh vlan ! patatras ! un grand coup de tonnerre éclate et voilà la pouliche affolée qui se jette à droite dans le fossé, et la charrette qui se trouve sens dessus dessous. Il faisait une noirceur à ne pas se voir le bout du nez, mais en me relevant tant bien que mal, j'aperçus au-dessus de moi les deux yeux de la bête qui s'était arrêtée et qui me reluquait d'un air féroce. Je me tâtai pour voir si je n'avais rien de cassé. Je n'avais aucun mal et ma première idée fut de saisir l'animal par la queue et de me garer de sa gueule de possédé. Je me traînai en rampant, et tout en ouvrant mon couteau à ressort que je plaçai dans ma ceinture, et au moment où la bête s'élançait sur moi en poussant un rugissement infernal, je fis un bond de côté et je l'attrapai par la queue que j'empoignai solidement de mes deux mains. Il fallait voir la lutte qui s'ensuivit. La bête, qui sentait bien que je la tenais par le bon bout, faisait des sauts terribles pour me faire lâcher prise, mais je me cramponnais comme un désespéré. Et cela dura pendant au moins un quart d'heure. Je volais à droite, à gauche, comme une casserole au bout de la queue d'un chien, mais je tenais bon. J'aurais bien voulu saisir mon couteau pour la couper, cette maudite queue, mais impossible d'y penser tant que la charogne se démènerait ainsi. À la fin, voyant qu'elle ne pouvait pas me faire lâcher prise la voilà partie sur la route au triple galop, et moi par derrière, naturellement.

Je n'avais jamais voyagé aussi vite que cela de ma vie. Les cheveux m'en frisaient en dépit de la pluie qui tombait toujours à torrents. La bête poussait des beuglements pour m'effrayer davantage et, à la faveur d'un éclair, je m'aperçus que nous filions vers le pont de Dautraye. Je pensais bien à mon couteau, mais je n'osais pas me risquer d'une seule main, lorsqu'en arrivant au pont, la bête tourna vers la gauche et tenta d'escalader la palissade. La maudite voulait sauter à l'eau pour me noyer. Heureusement que son premier saut ne réussit pas, car, avec l'erre d'aller que j'avais acquis, j'aurais certainement fait le plongeon. Elle recula pour prendre un nouvel élan et c'est ce qui me donna ma chance. Je saisis mon couteau de la main droite et, au moment où elle sautait, je réunis tous mes efforts, je frappai juste et la queue me resta dans la main. J'étais délivré et j'entendis la charogne qui se débattait dans les eaux de la rivière Dautraye et qui finit par disparaître avec le courant. Je me rendis au moulin où je racontai mon affaire au meunier et nous examinâmes ensemble la queue que j'avais apportée. C'était une queue longue de cinq à six pieds, avec un bouquet de poil au bout, mais une queue rouge écarlate ; une vrai queue de possédée, quoi !

La tempête s'était apaisée et, à l'aide d'un fanal, je partis à la recherche de ma voiture que je trouvai embourbée dans un fossé de la route, avec le grand Sem Champagne qui, complètement dégrisé, avait dégagé la pouliche et travaillait à ramasser mes marchandises que le choc avait éparpillées sur la route.

Sem fut l'homme le plus étonné du monde de me voir revenir sain et sauf car il croyait bien que c'était le diable en personne qui m'avait emporté.

Après avoir emprunté un harnais au meunier pour remplacer le nôtre, qu'il avait fallu couper pour libérer la pouliche, nous reprîmes la route du village où nous arrivâmes sur l'heure de minuit.

— Voilà mon histoire et je vous invite chez moi un de ces jours pour voir la queue de la bête. Baptiste Lambert est en train de l'empailler pour la conserver.

V

Le récit qui précède donna lieu, quelques jours plus tard, à un démêlé resté célèbre dans les annales criminelles de Lanoraie. Pour empêcher un vrai procès et les frais ruineux qui s'ensuivent, on eut recours à un arbitrage dont voici le procès-verbal :

«Ce septième jour de novembre 1856, à 3 heures de relevée, nous soussignés, Jean-Baptiste Gallien, instituteur diplômé et maître-chantre de la paroisse de Lanoraie, Onésime Bombenlert, bedeau de ladite paroisse, et Damase Briqueleur, épicier, dûment nommés commissaires royaux et p'tit banc politique et permanent, ayant été choisis comme arbitres du plein gré des intéressés en cette cause, avons rendu la sentence d'arbitrage qui suit dans le différend survenu entre *François-Xavier Trempe*, surnommé *Francis Jean-Jean* et Joseph, surnommé *Fanfan Lazette*.

Le sus-nommé F. X. Trempe revendique des dommages-intérêts, au montant de cent francs, audit Fanfan Lazette, en l'accusant d'avoir coupé la queue de son taureau rouge dans la nuit du samedi, 3 octobre dernier, et d'avoir ainsi causé la mort dudit taureau d'une manière cruelle, illégale et subreptice, sur le pont de la rivière Dautraye près du manoir des seigneurs de Lanoraie.

Ledit Fanfan Lazette nie d'une manière énergique l'accusation dudit F. X. Trempe et la déclare malicieuse et irrévérencieuse, au plus haut degré. Il reconnaît avoir coupé la queue d'un animal connu dans nos campagnes sous le nom de *bête à grand'queue*, dans des conditions fort dangereuses pour sa vie corporelle et pour le salut de son âme, mais cela à son corps défendant et parce que c'est le seul moyen reconnu de se débarrasser de la bête.

Et les deux intéressés produisent chacun un témoin pour soutenir leurs prétentions, tel que convenu dans les conditions d'arbitrage.

Le nommé Pierre Busseau, engagé au service dudit F. X. Trempe, déclare que la queue produite par le susdit Fanfan Lazette lui paraît être la queue du défunt taureau de son maître, dont il a trouvé la carcasse échouée sur la grève, quelques jours auparavant dans un état avancé de décomposition. Le taureau est précisément disparu dans la nuit du 3 octobre, date où ledit Fanfan Lazette prétend avoir rencontré la *bête à grand'queue*. Et ce qui le confirme dans sa conviction, c'est la couleur de la susdite queue du susdit taureau qui quelques jours auparavant, s'était amusé à se gratter sur une barrière récemment peinte en vermillon.

Et se présente ensuite le nommé Sem Champagne, sur-nommé Sem-à-gros-Louis, qui désire confirmer de la manière la plus absolue les déclarations de Fanfan Lazette, car il était avec lui pendant la tempête du 3 octobre et il a aperçu et vu distinctement la *bête à grand'queue* telle que décrite dans la déposition dudit Lazette.

En vue de ces témoignages et dépositions et :

Considérant que l'existence de la *bête à grand'queue* a été de temps immémoriaux reconnue comme réelle, dans nos campagnes, et que le seul moyen de se protéger contre la susdite bête est de lui couper la queue comme paraît l'avoir fait si bravement Fanfan Lazette, un des intéressés en cette cause ;

Considérant d'autre part, qu'un taureau rouge apparte-nant à F. X. Trempe est disparu à la même date et que la carcasse a été trouvée, échouée et sans queue, sur la grève du St-Laurent par le témoin Pierre Busseau, quelques jours plus tard ;

Considérant qu'en face de témoignages aussi contradic-toires il est fort difficile de faire plaisir à tout le monde, tout en restant dans les bornes d'une décision péremptoire :

Décidons :

1. Qu'à l'avenir ledit Fanfan Lazette soit forcé de faire ses pâques dans les conditions voulues par notre Sainte Mère l'Église, ce qui le protégera contre la rencontre des loups-garous, bêtes-à-grand'queue et feux follets quelconques, en allant à Berthier ou ailleurs.

2. Que ledit F. X. Trempe soit forcé de renfermer ses taureaux de manière à les empêcher de fréquenter les chemins publics et de s'attaquer aux passants dans les ténèbres, à des heures indues du jour et de la nuit.

3. Que les deux intéressés en cette cause, les susdits Fanfan Lazette et F. X. Trempe soient condamnés à prendre la queue coupée par Fanfan Lazette et à la mettre en loterie

parmi les habitants de la paroisse afin que la somme réalisée nous soit remise à titre de compensation pour notre arbitrage pour suivre la bonne tradition qui veut que, dans les procès douteux, les juges et les avocats soient rémunérés, quel que soit le sort des plaideurs qui sont renvoyés dos-à-dos, chacun payant les frais.

En foi de quoi nous avons signé,

Jean-Baptiste Gallien,
Onésime Bombenlert,
Damase Briqueleur

Commissaires royaux et arbitres du p'tit banc municipal. Pour copie conforme.

(*La chasse-galerie*, 1900 ;
paru d'abord dans *La Patrie*,
20 février 1892)

Le fantôme de l'avare [1]

Vous connaissez tous, vieillards et jeunes gens, l'histoire que je vais vous raconter. La morale de ce récit, cependant, ne saurait vous être redite trop souvent, et rappelez-vous que derrière la légende, il y a la leçon terrible d'un Dieu vengeur qui ordonne au riche de faire la charité [2].

C'était la vieille du jour de l'an de grâce 1858.

Il faisait un froid sec et mordant.

La grande route qui longe la rive nord du St-Laurent de Montréal à Berthier était couverte d'une épaisse couche de neige, tombée avant la Noël.

Les chemins étaient lisses comme une glace de Venise. Aussi, fallait-il voir si les fils des fermiers à l'aise des paroisses du fleuve se plaisaient à «pousser» leurs chevaux fringants, qui passaient comme le vent au son joyeux des clochettes de leurs harnais argentés.

Je me trouvais en veillée chez le père Joseph Hervieux, que vous connaissez tous. Vous savez aussi que sa maison qui est bâtie en pierre, est située à mi-chemin entre les églises de Lavaltrie et de Lanoraie. Il y avait fête ce soir-là chez le père Hervieux. Après avoir copieusement soupé, tous les membres

---

1. Sous-titré en 1875 «Légende du jour de l'an».
2. Préambule ajouté en 1896.

de la famille s'étaient rassemblés dans la grande salle de réception.

Il est d'usage que chaque famille canadienne donne un festin au dernier jour de chaque année, afin de pouvoir saluer, à minuit, avec toutes les cérémonies voulues, l'arrivée de l'inconnu qui nous apporte à tous une part de joies et de douleurs.

Il était dix heures du soir.

Les bambins, poussés par le sommeil, se laissaient les uns après les autres rouler sur les robes de buffle qui avaient été étendues autour de l'immense poêle à fourneau de la cuisine.

Seuls, les parents et les jeunes gens voulaient tenir tête à l'heure avancée, et se souhaiter mutuellement une bonne et heureuse année, avant de se retirer pour la nuit.

Une fillette vive et alerte, qui voyait la conversation languir, se leva tout à coup et allant déposer un baiser respectueux sur le front du grand-père de la famille, vieillard presque centenaire, lui dit d'une voix qu'elle savait irrésistible :

— Grand-père, redis-nous, je t'en prie, l'histoire de ta rencontre avec l'esprit de ce pauvre Jean-Pierre Beaudry — que Dieu ait pitié de son âme — que tu nous racontas l'an dernier, à pareille époque. C'est une histoire bien triste, il est vrai, mais ça nous aidera à passer le temps en attendant minuit.

— Oh! oui! grand-père, l'histoire du jour de l'an, répétèrent en chœur les convives qui étaient presque tous les descendants du vieillard.

— Mes enfants, reprit d'une voix tremblotante l'aïeul aux cheveux blancs, depuis bien longtemps, je vous répète à la veille de chaque jour de l'an, cette histoire de ma jeunesse. Je suis bien vieux, et peut-être pour la dernière fois, vais-je vous la redire ici ce soir. Soyez toute attention, et remarquez surtout le châtiment terrible que Dieu réserve à ceux qui, en ce monde, refusent l'hospitalité au voyageur en détresse.

Le vieillard approcha son fauteuil du poêle, et ses enfants ayant fait cercle autour de lui, il s'exprima en ces termes :

— Il y a de cela soixante-dix ans aujourd'hui. J'avais vingt ans alors.

Sur l'ordre de mon père, j'étais parti de grand matin pour Montréal, afin d'aller y acheter divers objets pour la famille ; entre autres, une magnifique dame-jeanne de jamaïque, qui nous était absolument nécessaire pour traiter dignement les amis à l'occasion du nouvel an. À trois heures de l'après-midi, j'avais fini mes achats, et je me préparais à reprendre la route de Lanoraie. Mon « brelot [3] » était assez bien rempli, et comme je voulais être de retour chez nous avant neuf heures, je fouettai vivement mon cheval qui partit au grand trot. À cinq heures et demie j'étais à la traverse du bout de l'île, et j'avais jusqu'alors fait bonne route. Mais le ciel s'était couvert peu à peu et tout faisait présager une forte bordée de neige. Je m'engageai sur la traverse, et avant que j'eusse atteint Repentigny il neigeait à plein temps. J'ai vu de fortes tempêtes de neige durant ma vie, mais je ne m'en rappelle aucune qui fût aussi terrible que celle-là. Je ne voyais ni ciel ni terre, et à peine pouvais-je suivre le « chemin du roi » devant moi, les « balises » n'ayant pas encore été posées, comme l'hiver n'était pas avancé. Je passai l'église Saint-Sulpice à la brunante ; mais bientôt, une obscurité profonde et une « poudrerie » qui me fouettait la figure m'empêchèrent complètement d'avancer. Je n'étais pas bien certain de la localité où je me trouvais, mais je croyais alors être dans les environs de la ferme du père Robillard. Je ne crus pouvoir faire mieux que d'attacher mon cheval à un pieu de la clôture du chemin, et de me diriger à l'aventure à la recherche d'une maison pour y demander l'hospitalité en attendant que la tempête fût apaisée. J'errai pendant quelques minutes et je désespérais de réussir, quand j'aperçus,

---

3. S'agit-il d'une erreur typographique ? Sans doute. Beaugrand veut parler ici de son « berlot », voiture d'hiver plus légère que la carriole. Ce traîneau à coffre peu élevé est généralement muni de deux sièges dont celui de devant se dissimule à volonté.

sur la gauche de la grande route, une masure à demi ensevelie dans la neige et que je ne me rappelais pas avoir encore vue. Je me dirigeai en me frayant avec peine un passage dans les bancs de neige vers cette maison que je crus tout d'abord abandonnée. Je me trompais cependant; la porte en était fermée, mais je pus apercevoir par la fenêtre la lueur rougeâtre d'un bon feu de «bois franc» qui brûlait dans l'âtre. Je frappai et j'entendis aussitôt les pas d'une personne qui s'avançait pour m'ouvrir. Au «qui est là?» traditionnel, je répondis en grelottant que j'avais perdu ma route, et j'eus le plaisir immédiat d'entendre mon interlocuteur lever le loquet. Il n'ouvrit la porte qu'à moitié, pour empêcher autant que possible le froid de pénétrer dans l'intérieur, et j'entrai en secouant mes vêtements qui étaient couverts d'une couche épaisse de neige.

— Soyez le bienvenu, me dit l'hôte de la masure en me tendant une main qui me parut brûlante, et en m'aidant à me débarrasser de ma ceinture fléchée et de mon capot d'étoffe du pays.

Je lui expliquai en peu de mots la cause de ma visite, et après l'avoir remercié de son accueil bienveillant, et après avoir accepté un verre d'eau-de-vie qui me réconforta, je pris place sur une chaise boiteuse qu'il m'indiqua de la main au coin du foyer. Il sortit, en me disant qu'il allait sur la route quérir mon cheval et ma voiture, pour les mettre sous une remise, à l'abri de la tempête.

Je ne pus m'empêcher de jeter un regard curieux sur l'ameublement original de la pièce où je me trouvais. Dans un coin, un misérable banc-lit sur lequel était étendue une peau de buffle devait servir de couche au grand vieillard aux épaules voûtées qui m'avait ouvert la porte. Un ancien fusil, datant probablement de la domination française, était accroché aux soliveaux en bois brut qui soutenaient le toit en chaume de la maison. Plusieurs têtes de chevreuils, d'ours et d'orignaux étaient suspendues comme trophées de chasse aux murailles

blanchies à la chaux. Près du foyer, une bûche de chêne solitaire semblait être le seul siège vacant que le maître de céans
eût à offrir au voyageur qui, par hasard, frappait à sa porte pour
lui demander l'hospitalité.

Je me demandai quel pouvait être l'individu qui vivait
ainsi en sauvage en pleine paroisse de Saint-Sulpice, sans que
j'en eusse jamais entendu parler ? Je me torturai en vain la tête,
moi qui connaissais tout le monde, depuis Lanoraie jusqu'à
Montréal, mais je n'y voyais goutte. Sur ces entrefaites, mon
hôte rentra et vint, sans dire mot, prendre place vis-à-vis de
moi, à l'autre coin de l'âtre.

— Grand merci de vos bons soins, lui dis-je, mais vou-
driez-vous bien m'apprendre à qui je dois une hospitalité aussi
franche. Moi qui connais la paroisse de Saint-Sulpice comme
mon « pater », j'ignorais jusqu'aujourd'hui qu'il y eût une maison située à l'endroit qu'occupe la vôtre, et votre figure m'est
inconnue.

En disant ces mots, je le regardai en face, et j'observai
pour la première fois les rayons étranges que produisaient les
yeux de mon hôte ; on aurait dit les yeux d'un chat sauvage.
Je reculai instinctivement mon siège en arrière, sous le regard
pénétrant du vieillard qui me regardait en face, mais qui ne me
répondait pas.

Le silence devenait fatigant, et mon hôte me fixait toujours de ses yeux brillants comme les tisons du foyer.

Je commençais à avoir peur.

Rassemblant tout mon courage, je lui demandai de nouveau son nom. Cette fois, ma question eut pour effet de lui
faire quitter son siège. Il s'approcha de moi à pas lents, et
posant sa main osseuse sur mon épaule tremblante, il me dit
d'une voix triste comme le vent qui gémissait dans la cheminée :

« Jeune homme, tu n'as pas encore vingt ans, et tu de-
mandes comment il se fait que tu ne connaisses pas Jean-Pierre

Beaudry, jadis le richard du village. Je vais te le dire, car ta visite ce soir me sauve des flammes du purgatoire où je brûle depuis cinquante ans, sans avoir jamais pu jusqu'aujourd'hui remplir la pénitence que Dieu m'avait imposée. Je suis celui qui jadis, par un temps comme celui-ci, avait refusé d'ouvrir sa porte à un voyageur épuisé par le froid, la faim et la fatigue. »

Mes cheveux se hérissaient, mes genoux s'entrechoquaient, et je tremblais comme la feuille du peuplier pendant les fortes brises du nord. Mais, le vieillard sans faire attention à ma frayeur, continuait toujours d'une voix lente :

« Il y a de cela cinquante ans. C'était bien avant que l'Anglais eût jamais foulé le sol de ta paroisse natale. J'étais riche, bien riche, et je demeurais alors dans la maison où je te reçois, ici, ce soir. C'était la veille du jour de l'an, comme aujourd'hui, et seul près de mon foyer, je jouissais du bien-être d'un abri contre la tempête et d'un bon feu qui me protégeait contre le froid qui faisait craquer les pierres des murs de ma maison. On frappa à ma porte, mais j'hésitais à ouvrir. Je craignais que ce ne fût quelque voleur, qui sachant mes richesses, ne vint pour me piller, et qui sait, peut-être m'assassiner.

« Je fis la sourde oreille et après quelques instants, les coups cessèrent. Je m'endormis bientôt, pour ne me réveiller que le lendemain au grand jour, au bruit infernal que faisaient deux jeunes hommes du voisinage qui ébranlaient ma porte à grands coups de pied. Je me levai à la hâte pour aller les châtier de leur impudence, quand j'aperçus en ouvrant la porte, le corps inanimé d'un jeune homme qui était mort de froid et de misère sur le seuil de ma maison. J'avais, par amour pour mon or, laissé mourir un homme qui frappait à ma porte, et j'étais presque un assassin. Je devins fou de douleur et de repentir.

« Après avoir fait chanter un service solennel pour le repos de l'âme du malheureux, je divisai ma fortune entre les pauvres des environs, en priant Dieu d'accepter ce sacrifice en expiation du crime que j'avais commis. Deux ans plus tard, je fus brûlé vif dans ma maison et je dus aller rendre compte à mon créateur de ma conduite sur cette terre que j'avais quittée d'une manière si tragique. Je ne fus pas trouvé digne du bonheur des élus et je fus condamné à revenir à la veille de chaque nouveau jour de l'an, attendre ici qu'un voyageur vint frapper à ma porte, afin que je pusse lui donner cette hospitalité que j'avais refusée de mon vivant à l'un de mes semblables. Pendant cinquante hivers, je suis venu, par l'ordre de Dieu, passer ici la nuit du dernier jour de chaque année, sans que jamais un voyageur dans la détresse ne vint frapper à ma porte. Vous êtes enfin venu ce soir, et Dieu m'a pardonné. Soyez à jamais béni d'avoir été la cause de ma délivrance des flammes du purgatoire, et croyez que, quoi qu'il vous arrive ici-bas, je prierai Dieu pour vous là-haut.»

Le revenant, car c'en était un, parlait encore quand, succombant aux émotions terribles de frayeur et d'étonnement qui m'agitaient, je perdis connaissance...

Je me réveillai dans mon «brelot», sur le chemin du roi, vis-à-vis de l'église de Lavaltrie.

La tempête s'était apaisée et j'avais sans doute, sous la direction de mon hôte de l'autre monde, repris la route de Lanoraie.

Je tremblais encore de frayeur quand j'arrivai ici à une heure du matin, et que je racontai aux convives assemblés, la terrible aventure qui m'était arrivée.

Mon défunt père, — que Dieu ait pitié de son âme — nous fit mettre à genoux, et nous récitâmes le rosaire, en reconnaissance de la protection spéciale dont j'avais été trouvé digne, pour faire sortir ainsi des souffrances du purgatoire une âme en peine qui attendait depuis si longtemps sa délivrance. Depuis cette époque, jamais nous n'avons manqué, mes enfants, de réciter à chaque anniversaire de ma mémorable aventure, un chapelet en l'honneur de la vierge Marie, pour le repos des âmes des pauvres voyageurs qui sont exposés au froid et à la tempête.

Quelques jours plus tard, en visitant St-Sulpice, j'eus l'occasion de raconter mon histoire au curé de cette paroisse. J'appris de lui que les registres de son église faisaient en effet mention de la mort tragique d'un nommé Jean-Pierre Beaudry, dont les propriétés étaient alors situées où demeure maintenant le petit Pierre Sansregret. Quelques esprits forts ont prétendu que j'avais rêvé sur la route. Mais où avais-je donc appris les faits et les noms qui se rattachaient à l'incendie de la ferme du défunt Beaudry, dont je n'avais jusqu'alors jamais entendu parler. M. le curé de Lanoraie, à qui je confiai l'affaire, ne voulut rien en dire, si ce n'est que le doigt de Dieu était en toutes choses et que nous devions bénir son saint nom.

Le maître d'école avait cessé de parler depuis quelques moments, et personne n'avait osé rompre le silence religieux avec lequel on avait écouté le récit de cette étrange histoire. Les jeunes filles émues et craintives se regardaient timidement sans oser faire un mouvement, et les hommes restaient pensifs en réfléchissant à ce qu'il y avait d'extraordinaire et de merveilleux dans cette apparition surnaturelle du vieil avare, cinquante ans après son trépas.

Le père Montépel fit enfin trêve à cette position gênante en offrant à ses hôtes une dernière rasade de bonne eau-de-vie de la Jamaïque, en l'honneur du retour heureux des voyageurs.

On but cependant cette dernière santé avec moins d'entrain que les autres, car l'histoire du maître d'école avait touché la corde sensible dans le cœur du paysan franco-canadien: la croyance à tout ce qui touche aux histoires surnaturelles et aux revenants.

Après avoir salué cordialement le maître et la maîtresse de céans et s'être redit mutuellement de sympathiques bonsoirs, garçons et filles reprirent le chemin du logis. Et en parcourant la grande route qui longe la rive du fleuve, les fillettes serraient en tremblotant le bras de leurs cavaliers, en entrevoyant se balancer dans l'obscurité la tête des vieux peupliers; et en entendant le bruissement des feuilles, elles pensaient encore malgré les doux propos de leurs amoureux, à la légende du «Fantôme de l'avare».

(*La Patrie*, 31 décembre 1896;
paru d'abord dans *Le Courrier
de Montréal,* 25 août 1875)

Wenceslas-Eugène Dick

—◆—

Wenceslas-Eugène Dick naît à Saint-Jean (île d'Orléans) le 7 mars 1848, fils de Gabriel Dick, notaire, et d'Émélie Noël. Il étudie successivement à l'école normale Laval, à l'Académie de commerce de Québec, à l'Université Laval à Québec puis à Montréal où il obtient un diplôme en médecine. Il ouvre alors un cabinet à Château-Richer, paroisse de ses parents depuis 1861. Au cours de ses études, il s'initie au roman, en rédigeant «Wenceslas de Calonne», œuvre restée iné-dite, et au journalisme, en collaborant à L'Écho du peuple *et en fondant avec d'autres étudiants* Le Charivari canadien *puis* La Scie de Saint-Roch. *Il collabore à plusieurs revues et journaux auxquels il livre des romans, contes, nouvelles, poèmes, chroniques et études sur des sujets divers. Mais l'argent entre peu chez le médecin, et il en sort beaucoup; de plus, l'alcool lui fait perdre des clients. Aussi Dick va-t-il tenter fortune à Saint-Agapit de Lotbinière, à Saint-Denis de Lévis, à Chateau-Richer encore, puis enfin à Sainte-Anne-de-Beau-pré, où il meurt le 23 juin 1919. Il a épousé à Château-Richer Annunciata Lavoie. Il a publié* L'enfant mystérieux *(1890),* Un drame au Labrador *(1897) et* Le roi des étudiants *(1903), trois romans d'aventures.*

Un épisode de résurrectionnistes

I

Il y a de cela quelques années, j'étais à Montréal, finissant mon cours de médecine à l'Université***.

Or, il arriva qu'un hiver, nous manquâmes absolument de *sujets* pour la dissection. Le professeur d'anatomie avait inutilement épuisé toutes les ressources légales pour en fournir nos salles : c'est à peine si trois ou quatre pauvres cadavres d'individus, morts à l'hôpital ou en prison, s'offraient à nos scalpels avides.

Que faire ?

Fallait-il, lorsque tant de nos compatriotes dormaient leur dernier sommeil dans les *charniers* environnants, abandonner nos fructueuses études et rengainer dans leurs étuis nos instruments vierges ? devions-nous plier le cou sous la fatalité et renoncer à chercher dans la mort le secret de la vie ? Ou bien, la circonstance était-elle assez grave pour humilier notre orgueil national jusqu'au point de recourir à l'étranger, de faire venir nos morts des États-Unis et de promener nos scalpels royalistes dans des chairs républicaines ?

Plutôt faire de l'anatomie comparée, plutôt déclarer la guerre aux chiens errants et aux chats de gouttières, que d'en venir à une si déshonorante extrémité !

Et, pourtant, il fallait des *sujets*, coûte que coûte!

En face d'une aussi impérieuse nécessité, nous convoquâmes le ban et l'arrière-ban de l'école de médecine et nous tînmes un conseil de guerre... à la mort.

La réunion fut nombreuse et bruyante.

Jamais les murs de la grande salle de l'école, habitués cependant aux savantes dissertations de nos professeurs, n'avaient répercuté d'aussi sonores éclats de voix, entendu d'aussi éloquents discours; jamais les boiseries de son plafond n'avaient retenti d'aussi amères protestations contre la salubrité du climat montréalais et la gredinerie de la mort!

Telle, aux grands jours de péril de la république, dut retentir autrefois, aux accents patriotiques des sénateurs romains, la voûte du capitole!

Enfin, les circonstances du cas ayant été exposées sous toutes leurs faces, nous en vînmes à une décision formidable. Ce fut d'aller EN RÉSURRECTION!

II

En terme de rapin, aller *en résurrection* signifie aller enlever des cadavres, soit dans les charniers, en hiver, soit dans les cimetières en été.

Ce n'est pas gai, je vous assure.

À part la salutaire frayeur qu'inspirent toujours ces lieux d'éternel repos, il y a encore une foule de petits désagréments avec lesquels le résurrectioniste doit compter; et, parmi ces derniers, le moindre n'est pas la vigilance des bedeaux, je vous prie de le croire.

L'on serait porté à se représenter tous les bedeaux comme gens de paix et bons enfants. Que l'on se détrompe. Il y en a de terribles, il y en a de féroces... qui vous flanquent des coups de fusil dans le dos, ou plus bas, sans plus de cérémonie que si vous étiez des corbeaux.

Combien de mes honorables confrères portent encore, dans quelque partie bien charnue de leur grassouillette individualité, les preuves évidentes de ce déplorable penchant qu'ont certains bedeaux à tirer sur les «voleurs de morts»!

Je ne parle pas des chiens de garde. Ces quadrupèdes-là ont plus mangé de «fonds de culottes» médicaux qu'ils n'ont rongé de gigots de mouton.

Le plus singulier, c'est qu'ils n'en sont pas morts et que leur race abhorrée continue à se propager d'une façon tout à fait désastreuse pour l'avancement de la science médicale.

Il faudra recourir aux boulettes.

III

Donc, les étudiants en médecine de mon Université, réunis en assemblée solennelle, avaient décrété d'urgence la *résurrection*.

Il n'y avait plus à regimber et il fallait s'exécuter sous le plus court délai.

Je fus désigné, avec un de mes amis du nom de Georges, pour opérer dans une paroisse des environs, à plusieurs lieues de la ville.

C'était justement la place natale de mon compagnon. Il en connaissait, par conséquent, toutes les arcanes, et nous n'étions pas exposés à revenir bredouille.

Nous partîmes en *carriole,* par une nuit sombre de Janvier. Il n'y avait pas de lune, ce qui était une circonstance favorable, et une neige large, morte, tombant en flocons serrés, augmentait encore l'obscurité, déjà fort épaisse, de l'atmosphère.

Le trajet se fit gaiement. Nous devisions de choses et d'autres, comme deux bons camarades qui se rendent à une partie de plaisir. Georges me racontait ses amours avec une jeune fille de sa paroisse, du nom de Louise, qu'il devait épouser dans quelques mois, aussitôt après avoir reçu son diplôme de médecin. Moi, je lui parlais des charmantes Québecquoises[1] que j'avais laissées au départ et dont le souvenir me trottait toujours dans la tête...

Bref, le temps passa assez agréablement, et je vous assure que nous n'avions aucunement la mine de deux résurrectionnistes en campagne. Il serait peut-être juste d'ajouter qu'il y avait probablement une légère dose d'affectation dans notre gaieté, et qu'elle ressemblait singulièrement au chant énervé d'un homme qui marche seul, la nuit, ayant la peur aux talons.

Ce qui pourrait justifier cette hypothèse, c'est que la conversation alla décroissant à mesure que nous approchions, pour tomber tout à fait à notre entrée dans la paroisse.

Quoi qu'il en soit, nous ne tardâmes pas à arriver en vue de l'église. Tout dormait dans le village. Pas une lumière ne brillait aux fenêtres soigneusement closes.

Seule, la veilleuse du sanctuaire scintillait faiblement dans le brouillard. Nous cachâmes notre voiture derrière un bouquet de sapins; puis, munis de nos outils, entre autres d'une fausse-clé que Georges s'était procurée je ne sais trop comment, nous nous acheminâmes silencieusement vers le charnier.

IV

«Où demeure votre bedeau? demandai-je à voix basse.

— Tiens, là, à un arpent environ du presbytère, répondit Georges.

— C'est un bon garçon, qui ne s'amuse pas à veiller quand les autres dorment?

---

1. Au XIX⁰ siècle, les résidantes de la ville de Québec.

— Ne crains rien : c'est la crème de la profession — une nature lymphatique portée au sommeil.

— Brave homme ! a-t-il un chien ?

— Il déteste tous les animaux à quatre pattes.

— Excellent cœur !... Tu as la lanterne sourde, au moins ?

— Oui, la voici.

— Tout est bien. Ouvre-moi cette grosse porte : Je te suis. »

Nous étions arrivés.

Georges introduisit sa fausse-clé dans la serrure du charnier, fit jouer la lourde penne, donna un vigoureux coup d'épaule et s'engouffra bravement dans l'ouverture béante.

J'en fis autant, et la porte se referma derrière nous.

Il était alors deux heures du matin.

Vous êtes-vous jamais trouvés dans un charnier, au beau milieu de la nuit, entourés de cercueils que vous heurtiez à chaque pas et aspirant à plein nez cette âcre odeur de cadavre qui y sature l'atmosphère ?

J'espère que non. Eh bien ! c'est une position assez terrifiante, je vous le certifie. Les braves y éprouvent une forte émotion, et les peureux y sentent leur coiffure se soulever sous la poussée des cheveux qui se hérissent.

Mais, nous, nous étions trop pressés pour nous amuser à analyser ces fâcheuses sensations.

Georges ouvrit la lanterne sourde, et une pâle clarté se répandit aussitôt dans le caveau mortuaire.

V

Il y avait là une dizaine de tombes : des grandes, des petites, les unes en humble bois de sapins, les autres en chêne vernissé, avec des clous d'argent.

L'égalité n'existe pas même dans la mort — pour les cadavres, s'entend.

Nous attaquâmes la tombe la plus proche. C'était un de ces beaux cercueils en chêne, ornementés d'argent, dont je viens de parler.

Pendant que je tenais la lampe, Georges enlevait les vis et faisait sauter le couvercle avec un ciseau.

Mon digne camarade semblait avoir beaucoup d'expérience en ces sortes d'opérations, car, en cinq minutes, ce fut fait.

Il souleva alors le suaire blanc et se mit en devoir de tirer le cadavre à lui, en le prenant par la tête.

J'approchai la lanterne pour constater sur quel espèce de *sujet* nous étions tombés; mais Georges poussa aussitôt un grand cri: «Louise!» lâcha la tête et se renversa en arrière.

Au même moment, le cadavre se redressa lentement et, s'aidant des mains, se mit sur son séant.

La jeune fille — car c'en était une — fixa un instant ses yeux éteints sur la physionomie bouleversée de l'étudiant, murmura le nom de Georges, puis, promenant autour d'elle un regard terrifié, elle parut soudain avoir conscience de sa position. Alors, un rictus effrayant crispa sa figure marmoréenne... Elle essaya de joindre les mains et retomba lourdement dans son cercueil!

Georges, fou de douleur et d'effroi, se précipita sur la tombe ouverte, couvrit de baisers délirants le visage glacé de la jeune fille et l'appela des noms les plus tendres...

Inutiles démonstrations! la fiancée de Georges était bien morte, cette fois, morte après s'être réveillée un instant d'un long sommeil léthargique et avoir vu son amant en train de profaner sa tombe!...

VI

Qu'on n'aille pas croire que je fais ici de l'horrible à froid et pour le seul plaisir de causer une bonne peur à mes lectrices.

Pas du tout.

Les enterrements prématurés sont trop fréquents, malheureusement, et les exemples de sommeil cataleptique ressemblant à la mort trop souvent rapportés, pour que mon histoire ne soit pas au moins vraisemblable, si l'on me refuse l'honneur de la croire vraie.

Mais je reprends mon récit, pour le terminer en deux mots.

Glacés d'horreur, Georges et moi, nous replaçâmes tant bien que mal le couvercle de la tombe de Louise ; puis, après avoir fermé la porte du charnier, nous courûmes à notre voiture et reprîmes à toute vitesse le chemin de la ville.

En arrivant à la pension, Georges trouva sur sa table une lettre en deuil à son adresse.

Il l'ouvrit fiévreusement...

C'était l'annonce de la mort de Louise, sa fiancée, arrivée deux jours auparavant.

Un malentendu insignifiant avait empêché que cette lettre lui fût remise avant son départ, et causé l'effroyable aventure qui venait de nous arriver.

Nous fîmes alors la promesse solennelle de ne plus jamais aller *en résurrection*!

(*L'Opinion publique,*
11 mai 1876)

Une histoire de loup-garou

C'était à Saint-François de l'île d'Orléans — l'île des Sorciers — un soir de novembre. Le *fricot*[1] était terminé. Mais on ne se leva pas de table pour cela. L'inépuisable cruche fit encore une fois le recensement des convives, versant à chacun une dernière rasade de rhum.

Puis vinrent les histoires.

D'abord anodines et d'une gaieté fortement épicée, elles ne tardèrent pas à prendre une tournure plus en rapport avec la prédilection ordinaire des narrateurs et auditeurs. De drolatiques, elles devinrent sérieuses, puis extraordinaires, puis tout à fait lugubres.

Ce fut Antoine Bouet, l'huissier beau parleur, l'avocat du village, qui les amena sensiblement sur ce terrain, où il était chez lui.

Ambroise Campagna venait de terminer une histoire dans laquelle un *quêteux* avait jeté un *sort* aux bêtes à cornes de son oncle, Baptiste Morency; et, comme il était quelque peu esprit fort, ce Campagna, il n'avait pas manqué d'ajouter:

— Vous en croirez ce que vous voudrez; mais, pour moi, je trouve que tous ces contes-là, c'est des bêtises.

---

1. Festin où sont conviés parents et amis à l'occasion d'une fête de famille, d'une noce...

— Des bêtises! interrompit vivement Antoine; tu en parles bien à ton aise, Ambroise Campagna. Il pourrait bien t'en cuire, mon garçon, pour refuser ainsi de croire aux châtiments que le bon Dieu nous envoie par l'entremise de ses amis, les pauvres.

Il faut dire ici, entre parenthèse, que ce finaud d'Ambroise avait toujours le nom de Dieu à la bouche, bien qu'il fût moins croyant que n'importe qui.

— C'est vrai! murmura-t-on, Ambroise aura *queque chose*.

— Remarque, ami Ambroise, que je ne te le souhaite pas, au moins, reprit Antoine... Mais si jamais il t'arrivait comme à ce pauvre Jean Plante, de l'Argentenay...

— Qu'est-ce qui est arrivé à Jean Plante? demanda-t-on avec une curiosité inquiète.

— Voilà! reprit solennellement Antoine, tout fier d'avoir mis la puce à l'oreille de son auditoire et, se plaçant à califourchon sur une chaise, dans l'attitude du conteur qui se dispose à produire de l'effet.

— Si nous allumions avant de commencer! fit observer une voix.

— Oui! oui! bourrons les pipes! répondit-on de partout. Antoine est beau parleur et en a pour longtemps. D'ailleurs, on goûte mieux une histoire en *tirant une touche*.

Pipes, calumets, brûle-gueules et blagues à tabac sortirent simultanément de toutes les poches, et ce fut enveloppé, comme Jupiter tonnant, d'un nuage de fumée qu'Antoine Bouet, le beau parleur, commença son récit.

Jean Plante, de l'Argentenay, dit-il, était comme Ambroise Campagna; il ne croyait pas aux loups-garous, il riait des revenants, il se moquait des sorts. Quand on en parlait devant lui, il ne manquait jamais de dire avec un gros ricanement: «Je voudrais en rencontrer un de vos revenants ou de vos loups-garous: c'est moi qui vous l'arrangerais de la belle manière!»

Propos inconvenants, vous l'avouerez, et qu'on ne devrait

jamais entendre sortir de la bouche d'un chrétien qui respecte les secrets du bon Dieu!

— Ne va pas croire au moins, Ambroise, que je dis ça pour toi... je parle en général.

Il faut vous dire, mes amis, que Jean Plante vivait alors — il y a de ça une trentaine d'années — dans un vieux moulin à farine situé en bas des côtes de l'Argentenay, à pas moins de vingt arpents de la plus proche habitation. Il avait avec lui, pendant le jour, son jeune frère Thomas, pour lui aider à faire le plus gros de l'ouvrage. Mais, la nuit, il couchait tout seul au second étage.

C'est qu'il n'était pas peureux, Jean Plante, et qu'on aurait bien couru toute l'île d'Orléans pour trouver son pareil.

Il était, en outre de cela, pas mal ivrogne et colère en diable, quand il se trouvait *chaud*[2] — ce qui lui arrivait six jours sur huit. Dans cet état, je vous assure qu'il ne faisait pas bon le regarder de travers ou lui dire un mot plus haut que l'autre : le méchant homme était capable de vous flanquer des coups de la grande faux qu'on voyait toujours accrochée près de son lit.

Or, il arriva qu'un après-midi où Jean Plante avait levé le coude un nombre incalculable de fois, un *quêteux* se présenta au moulin et demanda la charité pour l'amour du bon Dieu.

— La charité! fainéant!... Attends un peu, je te vas la faire, la charité! cria Jean, qui courut sur le pauvre homme et lui donna un grand coup de pied dans le derrière.

Le *quêteux* ne dit pas mot; mais il braqua sur le meunier une paire de z'yeux qui aurait dû le faire réfléchir. Puis il descendit lentement l'escalier et s'en alla.

Au pied de la côte du moulin, il rencontra Thomas qui arrivait avec une charge d'avoine.

— La charité, pour l'amour du bon Dieu?... demanda-t-il poliment, en ôtant son vieux chapeau.

---

2. Ivre.

— Va au diable : j'ai pas le temps ! répondit durement Thomas, qui se mit à fouetter ses bœufs.

Comme tout à l'heure, le *quêteux* ne souffla mot ; mais il étendit sa main sèche du côté du moulin et disparut au milieu des arbres.

*
* *

Ici le narrateur fit une pause habile, pour exciter davantage la curiosité de son auditoire — lequel pourtant, suspendu aux lèvres d'Antoine, n'avait certes pas besoin de cet aiguillon.

Puis il secoua la cendre de sa pipe sur l'ongle de son pouce et reprit :

— Le *quêteux* n'avait pas plus tôt fait ce geste que, cric ! crac ! le moulin s'arrêta net.

Jean lâcha un juron et s'en fut voir ce qu'il y avait. Mais il eut beau examiner la grand'roue, les petites roues d'engrenage, les courroies et tout le bataclan... il ne trouva rien. Tout paraissait en ordre. L'eau ne manquait pas, non plus.

Il appela son frère :

— Hé ! Thomas !

— Ensuite ?

— Le moulin est arrêté.

— Je le vois bien.

— De quoi est-ce que ça dépend ?

— J'en sais rien.

— Comment !... T'en sais rien !... Mais c'est qu'il faut le savoir, mon gars.

— C'est pas mon affaire, à moi. Regarde ce qu'il a, ton moulin.

— Ah ! ah ! c'est pas ton affaire !... On va voir ça, mon garçon. Rempoche-moi un peu d'avoine que tu viens de jeter dans la trémie : il y a des pierres dedans, je le gagerais.

— Y a pas de cailloux dans mon avoine. Je les aurais vus, je suppose.

— T'as pas la vue bonne aujourd'hui. Rempoche tout de suite, ou sinon...

— Viens-y donc pour voir ! répliqua aigrement Thomas. Mais il n'eut pas plus tôt regardé les yeux gris, tout pleins d'étincelles, de son frère Jean, qu'il se baissa immédiatement et se mit en devoir de vider le grand entonnoir où, comme vous savez, on jette le grain destiné à être moulu.

La meule se trouva bientôt à découvert.

Jean se baissa à son tour, tâta, palpa, fit toutes les simagrées imaginables.

Rien.

— C'est pas mal drôle, tout de même, cette affaire-là... marmota-t-il entre ses dents : tout est correct, et cependant le moulin ne veut pas marcher.

— Je sais ce que c'est ! fit tout à coup Thomas, en se frappant le front.

— Si tu le sais, dis-le donc, imbécile.

— C'est le maudit *quêteux* de tout à l'heure qui lui a jeté un sort.

— Cré bête ! tiens, voilà où je les loge, moi, les sorts, ricana Jean Plante, en allongeant à son frère un maître coup de pied.

Ce pauvre Thomas, il en souleva de terre et alla tomber sur les mains à dix pieds plus loin. Quand il se releva, il était bleu de colère et il courut tout droit sur Jean. Mais le meunier, qui pouvait en rosser une demi-douzaine comme celui-là, lui prit les poignets et l'arrêta court.

— Halte-là ! mon gars, dit-il : on ne lève pas la main sur Jean Plante, ou il en cuit.

Thomas vit bien qu'il n'était pas le plus fort. Pleurant de rage, il alla ramasser son chapeau.

Puis il sortit, en montrant le poing à son frère et en lui disant d'un ton de menace :

— Quand tu me reverras !...

*
* *

Jean resta donc seul.

Tout le reste de l'après-midi, il l'employa à essayer de faire marcher son moulin. Mais, bernique ! la grand'roue faisait un tour, puis, crac ! la mécanique s'arrêtait net.

— On verra demain ce qui l'empêche d'aller, se dit à la fin Jean Plante. En attendant, *fêtons*, puisqu'il n'y a pas autre chose à faire.

Et notre homme installa sa cruche sur la table et se mit à boire, que c'était un plaisir. Un verre de rhum n'attendait pas l'autre, si bien qu'à minuit il était soûl comme une bourrique.

Il songea alors à se coucher.

C'est une chose facile à faire quand on est à jeun et qu'un bon lit nous attend ; mais, quand les jambes refusent de nous porter, il faut s'y prendre à plusieurs fois pour réussir. Or, cette nuit-là, le meunier avait les pattes de derrière molles comme de la laine. Il se cognait à tous les meubles et prenait des embardées qui l'éloignaient toujours de sa paillasse.

Finalement il se fâcha.

— Ah ! ça ! dit-il en se disposant à essayer une dernière fois, de ce coup-là, je me lance pour la mort ou pour la vie.

Et il prit son élan, les bras en avant. Mais ce ne fut pas son grabat qu'il **atteignit** : ce fut la porte de l'escalier, restée entr'ouverte.

Jean roula jusqu'en bas, comme un paquet de linge, et se trouva dehors, à la belle étoile.

Essayer de remonter ?... Impossible. Il fallut donc passer la nuit-là, au beau milieu du bois et avec la terre dure pour paillasse.

Aussi, quoique soûl, Jean ne put fermer l'œil. Il s'amusa à compter les étoiles et à voir les nuages glisser sur la lune.

Vers environ deux heures du matin, un grand vent du nord s'éleva, qui, s'engouffrant dans la cage de l'escalier, éteignit la chandelle restée allumée dans le moulin.

— Merci, monsieur le vent, dit Jean Plante : vous êtes plus ménagé que moi, vous soufflez ma chandelle.

Et il se mit à ricaner. Mais son plaisir ne dura pas longtemps.

La lumière reparut au bout de cinq minutes, et, pendant une bonne heure, elle se promena d'une fenêtre à l'autre, comme si une main invisible l'eût fait marcher. En même temps, il arrivait de l'intérieur du moulin des bruits de chaînes, des gémissements, des cris étouffés, que c'était à faire dresser les cheveux sur la tête et à croire que tous les diables d'enfer faisaient sabbat là-dedans.

Puis, quand ce tapage effrayant eut cessé, ce fut autre chose.

Des feux follets bleus, verts, livides, rouges, se mirent à danser sur le toit et à courir d'un pignon à l'autre. Il y en eut même qui vinrent effleurer la figure du pauvre ivrogne au point qu'ils lui roussirent un peu la chevelure et la barbe.

Enfin, pour combler la mesure, une espèce de grand chien à poil roux, haut de trois pieds au moins, rôdait au milieu des arbres, s'arrêtant parfois et dardant sur le meunier deux gros yeux qui brillaient comme des charbons enflammés.

Jean Plante avait froid dans le dos et les cheveux hérissés comme les poils d'un porc-épic. Il essaya plusieurs fois de se relever, pour prendre sa course vers les maisons. Mais la terreur le paralysait autant que l'ivresse, et il ne put en venir à bout qu'au petit jour, alors que toutes les épouvantes de cette nuit terrible avaient disparu.

Avec la clarté du soleil, Jean retrouva son courage et se moqua de ce qu'il avait vu. Pourtant il lui resta une certaine souleur[3], qui l'empêcha d'abord d'en rire bien franchement. Mais il n'eut pas aussitôt lampé deux ou trois bons verres de rhum, qu'il redevint *gouailleur* comme la veille et se mit à défier tous les revenants et les loups-garous de l'île de venir lui faire peur.

*
* *

La journée se passa en essais inutiles pour faire repartir le moulin. Il était ensorcelé tout de bon, car il n'y eut pas tant seulement moyen de lui faire faire de suite deux tours de roue.

Jean vit approcher le soir avec une certaine appréhension. Il avait beau se dire qu'il avait rêvé la nuit précédente, son esprit n'était pas en repos. Mais, comme l'orgueil l'empêchait de monter aux maisons, où l'on n'aurait pas manqué de le railler, il coucha bravement au moulin, — non toutefois sans avoir soigneusement fermé portes et fenêtres.

Tout alla bien jusqu'à minuit.

Jean se flattait que la scène de la veille ne se renouvellerait plus et qu'il pouvait compter sur un bon *somme*.

Mais... ding! ding! comme le douzième tintement de l'horloge finissait de résonner, le tapage recommença. V'lan! un coup de poing ici; boum! un coup de pied là... Puis des lamentations!... puis des gémissements de chaînes!... puis des éclats de rire,... des chuchotements,... des lueurs soudaines,... des souffles étranges qui se croisaient dans la chambre, — bref, un charivari à faire mourir de frayeur!

Jean, lui, se fâcha blanc. Il bondit sur sa grande faux et, jurant comme un possédé, il fureta dans toutes les chambres du moulin, sans même en excepter le grenier.

Mais — chose curieuse — quand le meunier arrivait dans un endroit, le bruit y cessait aussitôt pour se reproduire à la place qu'il venait de quitter.

---

3. Frayeur subite.

C'était à en devenir fou.

De guerre lasse, Jean Plante regagna son lit et ramena les couvertures par-dessus sa tête : ce qui ne l'empêcha pas de grelotter de fièvre tout le reste de la nuit.

*
* *

Cela dura ainsi pendant toute une semaine.

Le soir de la huitième journée — qui se trouvait être le propre jour de la Toussaint — Jean veillait encore seul. Il n'avait pas été à la messe, sous prétexte qu'il *faisait trop mauvais*, aimant mieux passer son temps à *buvasser*[4] et braver le bon Dieu.

Il était pourtant bien changé, le pauvre homme. Sa figure bouffie et ses yeux brillants de fièvre disaient assez quelle affreuse semaine d'insomnie il avait passée.

Au dehors, le vent de nord-est faisait rage, fouettant les vitres avec une petite pluie fine, qui durait depuis le matin.

Pas la moindre lune au firmament. Une nuit noire comme de l'encre !

Jean était accoté sur la table, en face de son éternelle cruche, qu'il regardait d'un air hébété.

La chandelle fumait, laissant retomber sur le suif son *lumignon* carbonisé.

Il faisait noir dans la chambre.

Tout à coup, l'horloge sonna onze heures.

Jean Plante tressaillit et fit mine de se lever. Mais l'orgueil le fit retomber sur sa chaise.

— Il ne sera pas dit que je céderai... murmura-t-il d'une voix farouche. Je n'ai pas peur, moi !... Non, non, je n'ai peur de rien !

Et il se versa à boire d'un air de défi.

---

4. Boire de l'eau-de-vie sans arrêt.

Minuit arriva. L'horloge se mit à sonner lentement ses douze coups : ding ! ding ! ding !...

Jean ne bougea pas.

Il comptait les coups et regardait partout, les yeux grands comme des verres de montres.

Au dernier tintement, flac ! une rafale de vent ouvrit violemment la porte, et le grand chien roux de la première nuit apparut.

Il s'assit sur son derrière, près du chambranle, et se mit tranquillement à regarder Jean Plante, sans détourner la vue une seule seconde.

Pendant cinq bonnes minutes, le meunier et le chien se dévisagèrent comme ça, — le premier rempli d'épouvante et les cheveux droits sur la tête, le second calme et menaçant.

À la fin, Jean n'y put tenir. Il se leva et voulut moucher la chandelle, pour mieux voir...

La chandelle s'éteignit sous ses doigts.

Jean chercha vite le paquet d'allumettes qui devait se trouver sur la table...

Le paquet d'allumettes n'y était plus.

Alors il eut véritablement peur et se mit à reculer dans la direction de son lit, observant toujours l'animal immobile.

Celui-ci se leva lentement et se mit à se promener de long en large dans la chambre, se rapprochant peu à peu du lit.

Ses yeux étaient devenus brillants comme des globes de feu, et il les tenait toujours attachés sur le meunier.

Quand il ne fut plus qu'à trois pas de Jean Plante, le pauvre homme perdit la tête et sauta sur sa faux.

— C'est un loup-garou ! cria-t-il d'une voix étranglée.

Et, ramenant avec force son arme, il en frappa furieusement l'animal.

Aussitôt, il arriva une chose bien surprenante. Le moulin se prit à marcher comme un tonnerre, pendant qu'une lueur soudaine envahissait la chambre.

Thomas Plante venait de surgir, tenant une allumette enflammée dans ses doigts.

Le grand chien s'était évanoui!

Sans souffler mot, Thomas ralluma la chandelle. Puis, apercevant son frère qui tenait toujours sa faux:

— Ah! ça! dit-il, que diable faisais-tu donc-là, à la noirceur? Deviendrais-tu fou, par hasard?

Jean, livide et hagard, ne répondit pas. Il regardait Thomas, à qui il manquait un bout de l'oreille droite.

— Qui t'a arrangé l'oreille comme ça? demanda-t-il d'une voix qui n'était plus qu'un souffle.

— Tu le sais bien! répondit durement Thomas. Jean se baissa et ramassa par terre un bout d'oreille de chien, encore saignant.

— C'était donc toi! murmura-t-il. Et, portant la main à son front, il éclata d'un rire lugubre. Jean Plante était fou!

(*L'Opinion publique*,
28 août 1879)

CHARLES-MARIE DUCHARME

—◦◦◦—

Charles-Marie Ducharme, fils de Prosper Ducharme et d'Elmina Turcotte, naît à Trois-Rivières le 30 juin 1864. Il fait ses études au collège Sainte-Marie de Montréal et devient par la suite notaire. Associé à Narcisse Pélodeau, à Montréal, il abandonne l'exercice de sa profession vers la fin de 1889 et meurt à Montréal le 10 novembre 1890. Il a collaboré à plusieurs périodiques, dont L'Étendard, Le Monde illustré, Le National, La Revue canadienne *et* L'Électeur. *Il a publié (1889)* Ris et croquis, *un recueil de récits et d'études littéraires.*

À la Sainte-Catherine

Légende

*On était en novembre. Il neigeait, les flocons
Comme de blanches fleurs s'accrochaient aux buissons ;
Blancs étaient les sentiers et blanche l'aubépine
C'était, en ce jour-là, la Sainte-Catherine.*

L.-P. LEMAY

Colette ne voulait point *coiffer Sainte-Catherine*[1] !

On le savait depuis longtemps au village des Rassis, aussi chaque année, les malins, qui la voyaient toujours sans amoureux, ne manquaient-ils pas d'aller lui présenter leurs plus sincères condoléances.

Ils se préparaient encore en 187* à recommencer leur sempiternel refrain, sous la fenêtre de la belle découragée quand, dès la matinée du 25 novembre, une nouvelle incroyable... stupéfiante, se répandit par tout le village : Colette avait avoué *en secret*, à une intime, que c'était sa dernière Sainte-Catherine, et que la journée ne se passerait point sans que l'on vît du nouveau.

Quel « nouveau » pouvait-il y avoir ? Colette allait-elle se marier ?

---

1. Expression populaire qui signifie demeurer vieille fille.

On devine si les commérages allaient leur train. D'où venait le futur? était-il blond, châtain, brun ou roux? avait-il un air gauche ou gracieux? était-il riche? Nul ne le savait, car pour tous, jusque-là, l'amant de Colette était resté invisible. Pour la première fois, la fiancée avait été discrète, et tellement discrète qu'on ne savait encore comment elle avait pu garder son secret aussi longtemps.

Mais la journée n'était pas finie, et les commères devaient passer par bien d'autres surprises. À peine midi sonnait-il au clocher du village, qu'on vit le facteur s'arrêter de porte en porte, et déposer à toutes les maisons de la localité, des cartes d'invitation pour un parti de *tire* chez... personne ne le croyait, plusieurs allèrent acheter des lunettes, d'autres en empruntè-rent... chez Colette!!!

Évidemment, la fin du monde était proche. Colette faire des invitations et générales encore! mais où mettrait-elle tout ce monde? comment pourrait-elle le recevoir décemment? elle n'avait pour tout abri qu'une vieille masure à peine sou-tenue par des poutres vermoulues; elle l'habitait, seule avec son frère, un bossu, qu'on évitait parce qu'il avait la réputation de jeter des maléfices; et puis, quel mobilier primitif garnissait leur intérieur: une table, des chaises, un poêle et quelques bottes de foin!

On avait donc grande hâte de voir le soir arriver, afin d'avoir la clef de toutes ces énigmes.

Il vint enfin, avec des flocons de mousses blanches qui voltigeaient dans les airs comme ces touffes de blanc duvet que la brise promène sous la feuillée, aux premiers effluves du printemps, et ce fut en foule qu'on se rendit chez Colette. Là, nouvelle surprise. Les invités furent un bon quart d'heure sans se reconnaître. Si la chaumière de Colette était restée la même à l'extérieur, l'intérieur avait subi une transformation gran-diose..., féerique. Les poutres vermoulues avaient disparu sous des lambris dorés; des colonnes de marbre, enguirlandées des roses les plus fraîches et les plus odoriférantes, soutenaient une voûte teinte d'azur et étoilée de marguerites et de boutons d'or ; des massifs de fleurs rares et de ramilles de sapins, disséminés çà et là, dans ce nouveau parterre, digne pendant du jardin d'Armide, remplissaient l'enceinte des parfums les plus suaves et les plus aromatiques.

Ce qui surprit encore davantage les invités, ce fut Colette elle-même : rajeunie, embellie, gracieuse comme une sylphide, blanche comme un lys, elle qui était si noire auparavant !

Il n'y avait plus moyen d'en douter, l'amant de Colette devait être un grand prince, un prince riche et puissant, mais on ne le voyait nulle part ! où était-il donc ? se cachait-il derrière ces riches tentures aux plis enchanteurs qui masquaient les fenêtres et les portes ; se conservait-il pour la fin de la soirée, afin de créer une sensation ?

Tout semblait l'indiquer. En attendant, les commentaires allaient leur train. Les jeunes filles étaient émerveillées de la grâce de Colette, et auraient donné tout ce qu'elles possédaient pour être belles comme elle, une minute, seulement une seconde. Quant aux anciens, ils hochaient la tête, en se disant que tout ce qu'ils voyaient n'était pas naturel, qu'il devait y avoir du sortilège quelque part, et que cela pourrait bien finir par tourner mal. Un fait surtout semblait leur donner raison, c'était l'isolement de Colette. Les jeunes galants du village auraient été au comble de leurs désirs, s'ils avaient pu seulement s'approcher de Colette, et la prier, d'avance, de danser avec eux, vers la fin de la fête, malheureusement, Colette restait inabordable, et, après bien des efforts réitérés et des tentatives toujours infructueuses, les plus braves durent céder devant le cercle infranchissable qui semblait maintenir la reine de la soirée, hors de toute atteinte. Et pourtant, elle ne les fuyait point, elle les invitait à s'approcher, leur adressait ses plus charmants sourires, elle se permettait même des minauderies, et soulignait son gracieux babil des moues les plus séduisantes.

Lorsque le sirop, dont on entendait crépiter les bulles odoriférantes dans un immense vase doré, fut suffisamment cuit, et qu'on voulut l'étirer, les invités furent témoins d'un nouveau phénomène ; de couleur d'or qu'elle était, la *tire* prit les teintes les plus variées, personne n'en avait de la même couleur : ici elle était rose, orange, blanche, là, violette, azurée, pourprée, et on aurait dit du nectar, tant elle était délicieuse au goût. Aussi, fut-elle regardée comme la meilleure qui ait jamais été faite dans le village. On s'imagine si les invités lui firent honneur en la croquant sommairement ; ils ne pouvaient s'en rassasier, tant elle était excellente, et ils en auraient bien mangé jusqu'au matin, si un orchestre invisible, qui attaquait un quadrille à faire danser les pierres, n'était venu leur rappeler qu'il fallait faire trêve à la gourmandise. Aussitôt, tout le monde fut sur pied, personne ne pouvait résister au charme, à l'entraînement de ces accords si fantasques et si guillerets. Vieux comme jeunes, infirmes comme non infirmes : tous se mirent à danser avec un entrain, une légèreté dont ils se croyaient incapables.

Contre l'attente générale, on vit encore Colette danser seule ; le cercle se maintenait autour d'elle, et aucun danseur ne parvenait à l'approcher.

Soudain, on entendit sonner minuit.

Colette pâlit.

Au dernier coup de cadran, un grand tumulte se fit dans la salle. Les massifs se mirent en mouvement, et joignirent la danse ; les marguerites et les boutons d'or de la voûte qui semblait maintenant embrasée tombèrent comme une pluie de feu ; les lumières, jusque-là si étincelantes et si blanches, prirent les teintes d'un brasier ; il en fut de même de tout ce qu'il y avait dans la salle : fleurs, colonnes, massifs, tentures, tout semblait flamboyer.

On dansait, dansait toujours, de plus en plus vite, et, malgré la frayeur des invités qui auraient voulu se voir à cent lieues², personne ne put quitter le tourbillon rapide qui entraînait les couples malgré eux, et il fallut danser et danser encore, sans qu'on pût prévoir comment tout cela finirait. Puis on vit les massifs se réunir et entourer Colette, lui former un berceau de feuillages et de rameaux pourpres, sous lequel s'élevèrent bientôt deux trônes : un personnage tout de rouge habillé, les yeux flamboyants, doté de deux cornes et d'une queue velue, occupait l'un, l'autre était sans doute destiné à Colette.

À cette vue, les invités se signèrent, et aussitôt, une vigoureuse poussée les envoya rouler pêle-mêle dans la neige, et l'on entendit une voix caverneuse proférer ces mots épouvantables :

— Colette, sois mon épouse, et viens régner avec moi au royaume de l'enfer. Tu as dis ce matin : «Plutôt épouser le diable que de coiffer Sainte-Catherine ! Ton vœu est exaucé. Damnés en avant la noce !»

On entendit alors un bruit formidable de chaînes et d'enclumes, un gémissement lugubre glaça d'épouvante les derniers invités qui fuyaient au loin, la masure s'écroula, et une flamme bleuâtre erra sur les décombres.

Le lendemain, la masure de Colette avait disparu. À sa place s'élevaient un monceau de cendres fumantes et une poutre calcinée : derniers vestiges du terrible drame de la veille.

Aucun spectateur du tragique événement ne l'oublia, et c'est encore en tremblant, que longtemps après, ils rappelaient à leurs jeunes filles qui voyaient la coiffe de Sainte-Catherine d'une mauvais œil, la terrible punition de l'imprudente Colette.

*
* *

---

2. Une lieue équivaut à trois milles ou près de cinq kilomètres.

Tous les ans, à la Sainte-Catherine, sur l'heure de minuit, on voit une forme blanche errer dans les ruines maudites, et tracer en lettres de feu, sur la poutre calcinée, cette funeste parole : « Plutôt épouser le diable que de coiffer Sainte-Catherine ! »

Et l'on dit, dans le village, que c'est Colette qui vient renouveler à son seigneur et mari, le diable, l'hommage qu'elle lui a juré dans un jour néfaste.

(*Ris et croquis*, 1889)

Louis Fréchette

—◈—

Fils de Louis-Marthe Fréchette et de Marguerite Martineau, Louis-Honoré Fréchette naît à Hadlow Cose (au pied de la falaise de Lévis) le 16 novembre 1839. Après des études au Petit Séminaire de Québec, aux Collèges de Sainte-Anne-de-la-Pocatière et de Nicolet, il est admis en droit à l'Université Laval de Québec. Pendant son cours universitaire, il fréquente la librairie d'Octave Crémazie, collabore au Journal de Québec *et, durant les sessions, travaille comme traducteur à l'Assemblée législative. Reçu avocat en 1864, il fonde avec son frère Edmond* Le Drapeau de Lévis, *qui deviendra l'année suivante* Le Journal de Lévis. *Mais ses idées par trop libérales conduisent à la fermeture du journal. Aigri, il s'exile à Chicago où il fonde, en 1866,* L'Observateur, *qui cesse bientôt de paraître. Il est alors nommé secrétaire-correspondant du département des Terres de l'Illinois central. En 1868, il devient rédacteur de* L'Amérique, *qui appuie la politique républicaine des États-Unis. De retour au pays en 1871, il s'intéresse à la politique. Sous la bannière libérale, il est d'abord défait aux élections provinciales avant de représenter, de 1874 à 1878, le comté de Lévis à la Chambre des communes d'Ottawa. Il n'est cependant pas réélu. Profitant de la renommée que lui vaut, en 1880, l'attribution du prix Montyon par l'Académie française pour les* Fleurs boréales. Les oiseaux de neige, *il tente de nouveau sa chance aux élections de 1882, mais sans succès. Il s'établit alors à Nicolet pour y exercer le droit. En 1888, il va habiter Montréal. Tout en occupant le poste de greffier du Conseil législatif de Québec, il continue de collaborer aux différents journaux libéraux, notamment à*

La Patrie. *En 1907, il cesse toute activité et se fait héberger avec sa famille à l'Institut des sourdes et muettes de Montréal; il y meurt le 31 mai 1908. Il a épousé en 1876 Emma Beaudry, fille d'un riche propriétaire de la métropole. Il a publié, outre plusieurs recueils de poésies, des drames et deux recueils de contes,* La Noël au Canada *(1900) et* Originaux et détraqués *(1892). En 1976, paraît un troisième recueil:* Contes II. Masques et fantômes et les autres contes épars.

Le revenant de Gentilly

Si vous demandez à quelqu'un s'il croit aux revenants, quatre-vingt-dix-neuf fois sur cent il vous répondra : Non.

Ce qui n'empêche pas qu'il se passe, ou tout au moins qu'il se raconte des choses bien inexplicables.

Témoin l'histoire suivante que je tiens du père d'un de mes confrères, un homme de profession libérale, à l'esprit très large et très éclairé, sur qui la crédulité populaire n'avait aucune prise, et dont la bonne foi était — vous pouvez m'en croire — au-dessus de tout soupçon.

Voici le récit qu'il nous fit un soir, à quelques amis et à moi, en présence de sa femme et de ses trois fils, avec le ton sérieux qu'il savait prendre quand il parlait de choses sérieuses.

Je lui laisse la parole.

Je ne prétends pas, dit-il, qu'il faille croire à ceci et à cela, ou qu'il n'y faille pas croire ; je veux seulement vous relater ce que j'ai vu et entendu ; vous en conclurez ce que vous voudrez.

Quant à moi, je me suis creusé la tête bien longtemps pour trouver une explication, sans pouvoir m'arrêter à rien de positif ; et j'ai fini par n'y plus songer.

C'était en 1823.

J'achevais mes études au Collège de Nicolet, et j'étais en vacances dans le village de Gentilly, avec quelques-uns de mes confrères et deux ou trois séminaristes en congé auprès de leurs parents.

Nous fréquentions assidûment le presbytère, où le bon vieux curé du temps, très sociable, grand ami de la jeunesse, nous recevait comme un père.

C'était un fier fumeur devant le Seigneur, et pendant les beaux soirs d'été nous nous réunissions sur sa véranda pour déguster un fameux tabac canadien que le bon vieillard cultivait lui-même avec une sollicitude de connaisseur et d'artiste.

À onze heures sonnant:

— Bonsoir, mes enfants!

— Bonsoir, monsieur le curé!

Et nous regagnions nos pénates respectifs.

Un soir — c'était vers la fin d'août, et les nuits commençaient à fraîchir — au lieu de veiller à l'extérieur, nous avions passé la soirée à la chandelle, dans une vaste pièce où s'ouvrait la porte d'entrée, et qui servait, ordinairement, de bureau d'affaires, de fumoir ou de salle de causerie.

Coïncidence singulière, la conversation avait roulé sur les apparitions, les hallucinations, les revenants ou autres phénomènes de ce genre.

Onze heures approchaient, et le débat se précipitait un peu, lorsque monsieur le curé nous interrompit sur un ton quelque peu inquiet:

— Tiens, dit-il, on vient me chercher pour un malade.

En même temps, nous entendions le pas d'un cheval et le roulement d'une voiture qui suivait la courbe de l'allée conduisant à la porte du presbytère, et qui parut s'arrêter en face du perron.

Il faisait beau clair de lune; quelqu'un se mit à la fenêtre.

— Tiens, dit-il, on ne voit rien.

— Ils auront passé outre.

— C'est étrange.

Et nous allions parler d'autre chose, quand nous entendîmes distinctement des pas monter le perron, et quelqu'un frapper à la porte.

— Entrez! fit l'un de nous.

Et la porte s'ouvrit.

Jusque-là, rien d'absolument extraordinaire; mais jugez de notre stupéfaction à tous lorsque la porte se referma d'elle-même, comme après avoir laissé passer quelqu'un, et que, là, sous nos yeux, presque à portée de la main, nous entendîmes des pas et comme des frôlements de soutane se diriger vers l'escalier qui conduisait au premier, et dont chaque degré — sans que nous pussions rien apercevoir — craqua comme sous le poids d'une démarche lourde et fatiguée.

L'escalier franchi, il nous sembla qu'on traversait le corridor sur lequel il débouchait, et qu'on entrait dans une chambre s'ouvrant droit en face. Nous avions écouté sans trop analyser ce qui se passait, ahuris et nous regardant les uns les autres, chacun se demandant s'il n'était pas le jouet d'un rêve.

Puis les questions s'entrecroisèrent:

— Avez-vous vu quelqu'un, vous autres?

— Non.

— Ni moi!

— Nous avons entendu, cependant.

— Bien sûr.

— Quelqu'un entrer...

— Puis traverser la chambre...

— Puis monter l'escalier...

— Oui.

— Puis s'introduire là-haut.

— Exactement.

— Qu'est-ce que cela veut dire?

Et, à mesure que nous nous rendions compte de ce qui venait d'arriver, je voyais les autres blêmir et je me sentais blêmir moi aussi.

En effet, nous avions tous bien entendu...

Et sans rien voir...

Nous n'étions point des enfants, cependant, et le courage ne nous manquait pas.

Le curé prit un chandelier, j'en pris un autre ; et nous montâmes l'escalier.

Rien !

Nous ouvrîmes la chambre où le mystérieux personnage avait paru s'enfermer.

Personne !

Absolument rien de dérangé ; absolument rien d'insolite.

Nous redescendîmes bouleversés et parlant bas.

— C'était pourtant bien quelqu'un.

— Il n'y a pas à dire.

— Et vous n'avez rien découvert ?

— Pas une âme !

— C'est renversant.

En ce moment un bruit terrible éclata dans la chambre que nous venions de visiter, comme si un poids énorme fût tombé sur le plancher.

Le vieux curé reprit froidement sa chandelle, remonta l'escalier et entra de nouveau dans la chambre.

Personne ne le suivit cette fois.

Il reparut pâle comme un spectre ; et pendant que nous entendions des cliquetis de chaînes et des gémissements retentir dans la chambre qu'il venait de quitter :

— J'ai bien regardé partout, mes enfants, dit-il ; je vous jure qu'il n'y a rien ! Prions le bon Dieu.

Et nous nous mîmes en prière.

À une heure du matin, le bruit cessa.

Deux des séminaristes passèrent le reste de la nuit au presbytère, pour ne pas laisser le bon curé seul ; et les collégiens — j'étais fort tremblant pour ma part — rentrèrent chacun chez soi, se promettant toutes sortes d'investigations pour le lendemain.

La seule chose que nous découvrîmes fut, en face du presbytère, les traces de la voiture mystérieuse, qui apparaissaient très distinctes et toutes fraîches, dans le sable soigneusement ratissé de la veille.

Inutile de vous dire si cette histoire eut du retentissement. Elle ne se termina pas là, du reste.

Tous les soirs, durant plus d'une semaine, les bruits les plus extraordinaires se firent entendre dans la chambre où l'invisible visiteur avait paru se réfugier.

Les hommes les plus sérieux et les moins superstitieux du village de Gentilly venaient tour à tour passer la nuit au presbytère, et en sortaient le matin blancs comme des fantômes.

Le pauvre curé ne vivait plus.

Il se décida d'aller consulter les autorités du diocèse; et, comme Trois-Rivières n'avait pas encore d'évêque à cette époque, il partit pour Québec.

Le soir de son retour, nous étions réunis comme les soirs précédents, attendant le moment des manifestations surnaturelles, qui ne manquaient jamais de se produire sur le coup de minuit.

Le curé était très pâle, et plus grave encore que d'habitude.

Quand le tintamarre recommença, il se leva, passa son surplis et son étole, et, s'adressant à nous:

— Mes enfants, dit-il, vous allez vous agenouiller et prier; et quel que soit le bruit que vous entendiez, ne bougez pas, à moins que je ne vous appelle. Avec l'aide de Dieu je remplirai mon devoir.

Et, d'un pas ferme, sans arme et sans lumière — je me rappelle encore, comme si c'était d'hier, le sentiment d'admiration qui me gonfla la poitrine devant cette intrépidité si calme et si simple — le saint prêtre monta bravement l'escalier, et pénétra sans hésitation dans la chambre hantée.

Alors, ce fut un vacarme horrible.

Des cris, des hurlements, des fracas épouvantables.

On aurait dit qu'un tas de bêtes féroces s'entre-dévoraient, en même temps que tous les meubles de la chambre se seraient écrabouillés sur le plancher.

Je n'ai jamais entendu rien de pareil dans toute mon existence.

Nous étions tous à genoux, glacés, muets, les cheveux dressés de terreur.

Mais le curé n'appelait pas.

Cela dura-t-il longtemps? je ne saurais vous le dire, mais le temps nous parut bien long.

Enfin le tapage infernal cessa tout à coup, et le brave abbé reparut, livide, tout en nage, les cheveux en désordre, et son surplis en lambeaux...

Il avait vieilli de dix ans.

— Mes enfants, dit-il, vous pouvez vous retirer; c'est fini; vous n'entendrez plus rien. Au revoir; parlez de tout ceci le moins possible.

Après ce soir-là, le presbytère de Gentilly reprit son calme habituel.

Seulement, tous les premiers vendredis du mois, jusqu'à sa mort, le bon curé célébra une messe de Requiem pour quelqu'un qu'il ne voulut jamais nommer.

Voilà une étrange histoire, n'est-ce pas, messieurs? conclut le narrateur.

Eh bien, je ne vous ai pourtant conté là que ce que j'ai vu de mes yeux et entendu de mes oreilles, — avec nombre d'autres personnes parfaitement dignes de foi.

Qu'en dites-vous?

Rien?

Ni moi non plus.

Louis Fréchette, *Contes*, Fides
(coll. «Nénuphar»), 1976

La maison hantée

C'était en 1858.

J'étudiais plus ou moins au Collège de Nicolet.

Notre directeur, l'abbé Thomas Caron — Dieu bénisse un des plus saints prêtres de notre temps, et l'un des plus nobles cœurs qui aient honoré l'humanité! — l'abbé Thomas Caron me permettait d'aller tous les soirs travailler dans sa chambre, durant ce que nous appelions les «trois quarts d'heure» — période importante qui s'écoulait entre la prière du soir et le coucher, et que cinq ou six d'entre nous employaient à étudier l'histoire, et le reste... à «cogner des clous».

Il me tolérait même quelquefois jusqu'au moment de sa tournée dans les dortoirs, c'est-à-dire une heure de plus.

Que voulez-vous? Comme dans tous les autres collèges du pays, il était de tradition à Nicolet de défendre comme un crime aux élèves la perpétration d'un seul vers français.

Que le vers fût rimé ou non; que la mesure y fût ou n'y fût pas, il importait peu; l'intention était tout.

Or, non seulement j'étais un coupable, mais j'étais encore un récidiviste incorrigible.

Et le brave abbé, indulgent pour toutes les faiblesses — ne comprenant guère d'ailleurs pourquoi l'on fait un crime à des collégiens de rythmer en français ce qui leur passe de beau et de bon dans la tête, tandis qu'on les oblige de s'ankyloser l'imagination à charpenter des vers latins, d'autant plus boiteux qu'ils ont de plus vilains pieds et de plus belles chevilles, — le brave abbé m'avait dit :

— Le règlement est là, vois-tu, je n'y puis rien. Mais viens à ma chambre, le soir ; tu auras une table, une plume, de l'encre et du papier. Si tu fais des vers, c'est moi qui te punirai.

Cela m'avait donné confiance, et, tous les soirs — pendant que le saint homme lisait son bréviaire ou confessait quelque garnement coupable de désobéissance ou de distraction dans ses prières — je piochais courageusement mes alexandrins, en rêvant toutefois aux océans de délices dans lesquels devaient nager les heureux possesseurs d'un dictionnaire de rimes.

J'avouerai que l'inspiration ne donnait pas toujours ; et lorsque le bon abbé voulait bien faire diversion à mes efforts par la lecture d'un article de journal plus ou moins intéressant, je ne protestais pas plus qu'il ne faut au nom de mes droits outragés.

Il en était de même lorsqu'un visiteur se présentait.

Si je sentais qu'il n'y avait point indiscrétion, je n'avais aucun scrupule à lâcher une strophe à moitié finie pour écouter de mes deux oreilles, quand la conversation devenait intéressante.

Le soir dont je veux vous parler, elle l'était.

Le visiteur — aucun inconvénient à le nommer — s'appelait l'abbé Bouchard ; il était curé à Saint-Ferdinand, dans le township d'Halifax.

Il se rendait — avec un ancien élève nommé Legendre — à Trois-Rivières, où il allait consulter son évêque au sujet d'une affaire mystérieuse à laquelle il s'était trouvé mêlé, et dont il ne se rendait aucun compte.

Voici en résumé ce qu'il nous raconta :

Vous allez peut-être me prendre pour un fou, dit-il. Je vous l'avouerai, du reste, je me demande moi-même quelquefois si ce que j'ai vu et palpé est bien réel : et je douterais de ma propre raison si des centaines de mes paroissiens — hommes intelligents et dignes de foi — n'étaient pas là pour attester les mêmes faits.

En tout cas, si le témoignage des sens peut avoir quelque valeur et quelque autorité, je serais sur mon lit de mort que je n'ajouterais ni ne retrancherais une syllabe à ce que je vais vous dire.

À peu de distance de mon presbytère, il existe une petite maison pauvre, habitée par une veuve et ses deux enfants : un garçon d'à peu près vingt-quatre ans, et sa sœur cadette qui, elle aussi, a dépassé la vingtaine. L'appartement n'est composé que d'une seule pièce.

Dans un coin, le lit de la mère ; dans l'autre, celui de la fille ; au centre et faisant face à la porte d'entrée, un poêle à fourneau — ce que nos campagnards appellent un poêle « à deux ponts ».

Le garçon, lui, couche au grenier, qui communique avec l'étage inférieur par une trappe et une échelle.

L'autre jour, le bedeau vint m'annoncer qu'on avait « jeté un sort » chez les Bernier.

— Allez donc vous promener, lui dis-je, avec vos sorts. Vous êtes fou !

— Mais, monsieur le curé, un tel et un tel peuvent vous le dire.

— Vous êtes fous tous ensemble ; laissez-moi tranquille ! J'eus beau, cependant, me moquer de ces racontars, tous les jours ils prenaient une telle consistance, les témoins se présentaient si nombreux, les détails semblaient si positifs, que cela finit par m'intriguer, et je consentis à me rendre aux sollicitations de plusieurs personnes qui désiraient me voir juger par moi-même des choses extraordinaires qui se passaient, disait-on, chez les Bernier.

Le soir même, j'arrivais sur les lieux en compagnie de

M. Legendre, que voici; et je me trouvai au milieu d'une dizaine de voisins et voisines réunis là par la curiosité.

Il n'y avait pas cinq minutes que j'étais entré que j'avais pris place sur une des chaises plus ou moins éclopées qui, avec les lits, le poêle, une vieille table et un coffre, composent l'ameublement du logis, lorsqu'un son métallique me fit tourner la tête.

C'était tout carrément le tisonnier qui s'introduisait de lui-même dans ce que nous appelons la «petite porte» du poêle.

Convaincu que tout cela n'était qu'une supercherie, et bien déterminé à la découvrir, je ne me laissai pas impressionner tout d'abord par la vue de cette tige de fer qui semblait animée par quelque force mystérieuse.

Je la pris dans ma main, pour m'assurer si elle n'était pas mue par quelque fil invisible.

Nulle apparence de rien de ce genre.

Au même instant, voilà la trappe de la cave qui se soulève, et des centaines de pommes de terre se mettent à monter et à trotter dans toutes les directions sur le plancher.

Je pris de la lumière, ouvris la trappe et visitai la cave.

Personne! rien d'étrange, si ce n'est les pommes de terre qui se précipitaient dans mes jambes et roulaient sous mes pieds, en cabriolant du haut en bas et du bas en haut des quelques marches branlantes qui conduisaient au sous-sol.

Je remontai assez perplexe, mais pas encore convaincu.

À peine eus-je reparu dans la chambre, ma chandelle à la main, qu'une vieille cuiller de plomb, lancée par je ne sais qui, vint tomber droit dans mon chandelier.

Cela me parut venir de la table; et je n'en doutai plus quand je vis tout ce qu'il y avait de cuillers cassées, de couteaux ébréchés et de fourchettes veuves de leurs fourchons, sortir du tiroir et sauter aux quatre coins de la pièce avec un cliquetis de vieille ferraille.

J'ouvris le tiroir et l'examinai attentivement.

Il était dans l'état le plus normal du monde.

Pas un fil, pas un truc.

Cela commençait à m'intriguer vivement.

Je repris mon siège, et me remis à observer avec plus d'attention que jamais.

Pendant tout ce temps, les autres spectateurs — désireux d'avoir mon avis, et, dans ce but, voulant probablement me laisser toute liberté d'action — restaient silencieux et tranquilles, chuchotant à peine de temps en temps quelques paroles entre eux.

— Tiens, fit tout à coup la mère Bernier, qu'est donc devenue ma tabatière ? Je viens de la déposer ici sur le bout de mon rouet. C'est encore ce vieux démon qui fait ça pour me taquiner, j'en suis sûre. Il me fait quelquefois chercher ma tabatière durant des heures ; et puis tout à coup il me la remet là, sous le nez.

— Il ne la vide pas, au moins ? demanda quelqu'un.

— Non, mais il ne me la remplit pas non plus, bien qu'elle en ait grand besoin. C'est à peine s'il me reste une prise ou deux dans le fond.

Je ne fis guère attention à ce bavardage, mon regard était attiré depuis un instant vers le lit de la jeune fille, où il me semblait voir remuer quelque chose.

Enfin, j'étais fixé : il n'y avait plus à en douter, quelqu'un devait être sous le lit, qui tirait les couvertures dans la ruelle.

— Allons, dis-je aux quelques jeunes gens qui se trouvaient là, que le moins peureux de vous autres aille voir qui est caché là-dessous.

Un gros gaillard s'avance, se baisse, et au moment où il se glissait la tête sous la couchette, reçoit une claque en plein visage qui l'envoie rouler à deux pas plus loin.

Tout le monde avait entendu le bruit du soufflet, et chacun put en constater les traces sur la figure du pauvre diable qui l'avait reçu.

Je repris la chandelle, et regardai sous le lit : il n'y avait rien.

En revanche, je fus témoin, comme je relevais la tête, du phénomène le plus extraordinaire et le plus concluant qui puisse frapper les sens d'un homme éveillé et *compos mentis*.

C'est ce phénomène, absolument inexplicable et radicalement impossible sans intervention surnaturelle, qui est la cause de mon voyage ici.

Jugez-en.

Cette couchette de la jeune fille est faite, comme plusieurs couchettes d'enfants à la campagne, avec de petits barreaux verticaux qui en font tout le tour, à distance de quelques pouces les uns des autres, emmortaisés par le haut et par le bas dans la charpente du lit.

Les uns peuvent être plus ou moins solides dans leurs alvéoles ; mais j'ai pu constater — plus tard — que la plupart adhéraient aux mortaises, parfaitement immobilisés.

Imaginez-vous donc si je restai pétrifié, lorsque ma chandelle à la main, je vis là, sous mes yeux, tous ces barreaux se mettre à tourner d'eux-mêmes comme des toupies, avec un bruit de machine en rotation, sans que personne autre que moi fût à portée du lit.

Et, pendant ce temps-là, les vitres tintaient, les cuillers sautaient, toute la ferblanterie de la maison jouait du tambour, et les pommes de terre dansaient une sarabande diabolique dans tous les coins.

Je passai mon chandelier à quelqu'un, et j'empoignai deux des barreaux : ils me roulèrent dans les mains en me brûlant la peau.

M. Legendre en fit autant : ses solides poignets n'eurent pas plus de succès que les miens.

J'étais abasourdi.

Mais un incident comique devait se mêler à toute cette fantasmagorie ; je me retournai tout à coup, sur une exclamation de la mère Bernier :

— Monsieur le curé! criait-elle, voici ma tabatière revenue. Et voyez, elle est pleine! Décidément, les sorciers ont du bon.

La vieille prenait vaillamment son parti des circonstances; et quant à moi, j'avais aussi pris le mien.

Me voici, accompagné d'un témoin, qui peut déclarer que je n'ai pas perdu la raison, et demain j'aurai une entrevue avec mon évêque.

— Mais, intervint M. l'abbé Caron, à quoi les gens de la maison attribuent-ils tout cela?

— Voici! répondit le curé de Saint-Ferdinand.

On raconte que, quelques jours avant ces manifestations, un vieux mendiant — c'est toujours quelque vieux mendiant — était entré chez les Bernier et leur avait demandé à manger.

On lui avait donné des pommes de terre bouillies, mais sans lui offrir à partager ni la table de famille, ni le morceau de lard qui se trouvait dessus.

Le vieux était parti mécontent, grommelant les paroles de rigueur:

— Vous vous souviendrez de moi!

En le regardant aller, on l'avait vu se pencher sur un ruisseau qui coule au coin de la maison, et y jeter quelque chose.

Le premier seau d'eau qu'on avait retiré du ruisseau s'était répandu de lui-même sur le plancher.

On en avait puisé d'autres, mais pas moyen d'en retenir une goutte dans aucun vase de la maison.

La famille dut s'approvisionner ailleurs.

On sait le reste.

L'abbé Bouchard quitta le collège le lendemain matin et, le soir venu, je dis à notre bon vieux directeur:

— Eh bien, que pensez-vous de ce qui nous a été raconté hier au soir?

— Peuh! me répondit-il avec une certaine hésitation; il y a une jeune fille dans la maison, cela pourrait bien tout expliquer.

Et il changea de conversation.

Que voulait-il dire?

Avait-il un pressentiment des futures découvertes de Charcot relatives aux phénomènes de l'hystérie?

En tout cas, je n'entendis reparler de cette étrange histoire qu'un peu plus tard, à Québec, où je rencontrai le même curé Bouchard, accompagné cette fois d'un nommé Bergeron.

— Voyons, lui dis-je, et votre affaire de sorciers, où en est-elle?

— Cela s'est passé comme c'est venu, me répondit-il, j'ai exorcisé, et tout a été fini.

— Je vais vous le dire, moi, fit le nommé Bergeron, quand le curé eut tourné le dos.

On a pris les moyens ordinaires pour se débarrasser de ces sortilèges.

Voyant que les prières du curé n'aboutissaient à rien, un jour qu'un vieux moyeu de roue était entré de lui-même dans la maison et s'était précipité dans le poêle qu'il avait failli démonter, le jeune Bernier saisit le moyeu et se mit à le larder de coups de couteau.

Le lendemain, le mendiant dont la visite avait été le signal de tout le tintamarre, fit son apparition, livide, courbé, tremblant, marchant avec peine et demandant pardon.

— Cherchez dans le ruisseau, dit-il; vous y trouverez un petit caillou vert. Enterrez-le bien profondément quelque part, et rien d'extraordinaire ne vous arrivera plus.

C'est ce qu'on fit, et tout rentra dans le calme.

Mais le plus surprenant, c'est que le jour même où le moyeu de roue avait été ainsi lacéré par une lame d'acier, un vieux mendiant s'était présenté chez un médecin d'une paroisse voisine de Saint-Ferdinand, le dos tout sillonné de coupures sanguinolentes...

Vrai ou non, c'est ce qu'on m'a rapporté, fit mon interlocuteur sous forme de conclusion.

(*Le Monde illustré*, 23 avril 1898 ;
paru d'abord sous le titre
« *Le sorcier de Saint-Ferdinand* »,
dans *Canada-Revue*, février 1892)

Coq Pomerleau

Inutile de vous présenter Jos Violon, n'est-ce pas? Mes lecteurs connaissent le type.

Je ne dirai pas qu'il était en verve, ce soir-là : il l'était toujours ; mais il paraissait tout particulièrement gai ; et ce fut par des acclamations joyeuses que nous l'applaudîmes, quand il nous annonça le récit des aventures de Coq Pomerleau.

Nous fîmes silence ; et, après s'être humecté la luette d'un petit verre de rhum, s'être fait claquer la langue avec satisfaction, et avoir allumé sa pipe à la chandelle, en disant : « Excusez la mèche ! » il commença par sa formule ordinaire :

— Cric, crac, les enfants ! Parli, parlo, parlons ! Pour en savoir le court et le long, passez le crachoir à Jos Violon ! Sacatabi, sac-à-tabac, à la porte les ceuses qu'écouteront pas !...

Puis, s'essuyant les lèvres du revers de sa manche, il aborda carrément son sujet :

— Vous avez p'tête ben entendu dire, les enfants, que dans les pays d'en haut, y avait des rivières qui coulaient en remontant. Ç'a l'air pas mal extrédinaire, c'pas ; et ben faut pas rire des ceuses qui vous racontent ça. Ces rivières-là sont ensorcelées. Écoutez ben ce que je m'en vas vous raconter.

C'était donc pour vous dire, les enfants, que c't' automne-là j'étais, m'a dire comme on dit, en décis de savoir si j'irais en hivernement. Y avait quatorze ans que je faisais chanquier, je connaissais les hauts sus le bout de mon doigt, le méquier commençait à me fatiguer le gabareau[1] et j'avais quasiment une idée de me reposer avec la bonne femme, en attendant le printemps.

J'avais même déjà refusé deux bons engagements, quand je vis ressourdre un de mes grands oncles de la Beauce, le bom' Gustin Pomerleau, que j'avais pas vu depuis l'année du grand choléra[2].

Y m'emmenait son garçon pour y faire faire sa cléricature de voyageur et son apprentissage dans l'administration de la grand'hache et du bois carré.

Ça prenait Jos Violon pour ça, vous comprenez.

Le bonhomme aimait à faire des rimettes:

— Mon neveu, qu'y me dit, v'là mon fils, j'te le confie, pour son profit.

Fallait ben répondre sur la même air, c'pas? J'y dis:

— Père Pomerleau, j'suis pas un gorlot, laissez-moi le matelot, *sed libera nos a malo* !

C'est ça, par exemple, qui tordit l'ambition au bom' Gustin! Y pensait pas que Jos Violon pouvait le matcher de c'te façon-là, ben sûr.

— Comment c'qui s'appelle, le petit? que je dis.

— Ah! ben dame, ça, comment c'qui s'appelle? je pourrais pas dire. Son parrain y avait donné un drôle de nom qui rimait presque à rien; et comme sa mère pouvait jamais s'en rappeler, elle l'a toujours appelé P'tit Coq. Ça fait que depuis ce temps-là, les gens de par cheux nous l'appellent pas autrement que le Coq à Pomerleau, ou ben Coq Pomerleau tout court. On y connaît pas d'aut' signature.

---

1. Le corps.
2. Une épidémie de choléra tua plusieurs centaines de personnes au Québec en 1836.

Et pour mettre le fion au document, v'là le bonhomme encore parti sus la rimette :

— Tu trouveras pas, sous vot' respec', dans tout Québec, la pipe au bec, un jeune homme plus correc', t'auras pas honte avec !

— Eh ben, que j'y dis, ça y est, mon Coq, j'te prends ! Va t'acheter une chemise rouge, des bottes malouines, une paire de raquettes, un couteau à ressort, une batte-feu, avec une ceinture fléchée ; t'es mon clerc ! Et pi si t'es plôqué[3], et que tu te comportes en brick[4], y aura pas un ciseau dans Sorel pour t'en remontrer l'année prochaine, je t'en signe mon papier !

Huit jours après, on se crachait dans les mains, et ho ! sus l'aviron.

Parce que faut vous dire, les enfants, que dans ce temps-là, c'était pas le *John-Munn*[5] ni le *Québec* qui nous montait au Morial. On faisait la route en canots d'écorce, par gang de trois, quatre, cinq canots, en nageant et en chantant, qu'y avait rien de plus beau.

À c't heure, bondance ! y a pus de fun à voyager. On part, on arrive : on voyage pas. Parlez-moi d'y a vingt-cinq à trente ans, c'est Jos Violon qui vous dit ça ! C'était queuque chose, dans ce temps-là que le méquier de voyageur !

Le Coq, qu'avait jamais, lui, travelé autrement qu'en berlot ou en petit cabarouette dans les chemins de campagne, avait pas tout à fait la twist[6] dans le poignet pour l'aviron ; mais on voyait qu'y faisait de son mieux pour se dégourdir.

Avec ça qu'y devait avoir de quoi pour se dégourdir le canayen en effette, parce que, de temps en temps, je le voyais

---

3. De l'anglais *plack*, adresse, audace.
4. Brave, gaillard.
5. Bateau nommé d'après son constructeur, qui faisait la navette entre Québec et Montréal, vers 1846 à 1856. Le bateau *Québec* faisait le même service entre les deux villes.
6. Mot anglais, habileté, adresse.

qui se passait la main dans sa chemise, et qui se baissait la tête, sous vot' respec', comme pour sucer quèque chose.

Je croyais d'abord qu'y prenait une chique ; mais y a des imites pour chiquer. On a beau venir de la Beauce, un homme peut toujours pas virer trois ou quatre torquettes[7] en sirop dans son après-midi.

Enfin, je m'aperçus qu'au lieu de prendre une chique, c'était d'autre chose qu'y prenait.

— L'enfant de potence ! que je dis, il va être mort-ivre avant d'arriver à Batiscan. Mais, bougez pas ! c'est pas pour rien dire de trop, mais j'cré que si le vlimeux avait besoin de s'exercer le bras, c'était toujours pas pour apprendre à lever le coude.

Sous ce rapport-là, les camarades aussi ben comme moi, on fut pas longtemps à s'apercevoir que sa cléricature était faite ; le flambeux gardit sa connaissance jusqu'à Trois-Rivières.

Là, par exemple, les enfants, ça fut une autre paire de manches. C'était pus un jeune homme, c'était une tempête.

Où c'qu'il avait appris à sacrer comme ça ? je le demande.

C'était toujours pas à Trois-Rivières, puisqu'il venait d'arriver. En tout cas, il avait pas besoin de faire de cléricature pour ça non plus. C'est mon opinion !

Dans la soirée, on se rencontrit avec d'autres voyageurs qui partaient pour les chanquiers du Saint-Maurice ; et je vous persuade que les voyageurs de Trois-Rivières, les enfants, c'est ça qu'est toffe !

Quoi qu'il en soit, comme dit M. le curé — à propos de je sais pas quoi, v'là la chicane pris entre mon Coq Pomerleau épi une grande gaffe de marabout de six pieds et demi, du nom de Christophe Brindamour, qu'avait un drôle de surbroquet.

Christophe Brindamour, vous comprenez, c'était ben

----

7. Du normand *torquer*, tordre. Feuilles de tabac enroulées très serrées, comme tordues en spirale.

trop long à dégoiser pour les camarades. On l'avait baptisé le grand *Crisse*, en manière de raccourcis.

Ah! le Jupiter, c'est ça qu'avait du criminel dans le corps!

Je pensais ben qu'y ferait rien qu'une bouchée de mon petit apprenti de la Beauce; mais comme ils étaient ben soûls tous les deux, ils se firent pas grand mal.

Seulement, le grand Crisse avait c'te histoire-là sus le cœur, lui; et, le lendemain matin, quand nos canots prirent le large, il était là sus le quai, qui inventait la vitupération des sacrements contre Coq Pomerleau.

On avait beau nager et filer dru, on entendait toujours sa voix de réprouvé qui hurlait à s'égosiller:

— Par le démon des Piles, par le chat noir des Forges, par le gueulard du Saint-Maurice, et tous les jacks mistigris du Mont-à-l'Oiseau, j'te maudis, j'te'mmorphose et j't'ensorcelle jusqu'à la troisième régénération! Que le choléra morbus te revire à l'envers, et que le diable des Anglais te fasse sécher le dedans sus le bord du canot comme une peau de chat sauvage écorché. C'est le bonheur que j'te souhaite!

Exétéra. Y en avait comme ça une rubandelle[8] qui finissait pus; que ça nous faisait redresser les cheveux, je vous mens pas, raides comme des manches de pipes. Y nous semblait voir des trâlées de diablotins et de gripettes y sortir tout vivants du gosier. Ah! le Chrysostome...!

Le pauvre Coq Pomerleau en tremblait comme une feuille, et baissait la tête pour laisser passer la squall[9] en prenant son petit coup.

Enfin, on finit toujours par être hors de vue, et chacun fit de son mieux pour continuer la route sur une autre chanson.

On répondait faraud en accordant sus l'aviron, et malgré toutes les invictimes du grand Crisse, ça montait sus le lac comme une bénédiction.

---

8. Déformation de ribambelle.
9. Mot anglais, rafale.

Mais Coq Pomerleau avait comme manière de diable-bleu dans le pignon, et qu'on chantît ou qu'on se reposît, y restait toujours jongleur.

L'aviron au bout du bras, ou ben le sac de provisions sus le dos dans les portages, il avait toujours la mine de ruminer quèque rubrique d'enterrement.

— Mon oncle... qu'y me dit un soir.

L'insécrable m'appelait toujours son oncle, malgré que je fus pas plus son oncle qu'il était mon neveu.

— Mon oncle, qu'y me dit un soir avant de s'endormir, j'sut ensorcelé.

— De quoi?

— J'sut ensorcelé.

— Es-tu fou?

— Quand j'vous dis!

— Tais-toi donc!

— J'vous dis que j'sut ensorcelé, moi! Le grand Crisse m'a ensorcelé. Vous voirez si y nous arrive pas quèque malheur!

— Dors, va!

Mais c'était toujours à recommencer, et ça fut comme ça jusqu'à Bytown [10].

Pas moyen de y aveindre autre chose de dedans le baril. Le grand Crisse à Brindamour l'avait ensorcelé; ça, il l'avait si ben vissé dans le coco, que y avait pas de tire-bouchon capable d'en venir à bout. Il en démordait pas.

— Vous voirez, mon oncle, qu'y me renotait du matin au soir, vous voirez que le maudit nous attirera quèque vilaine traverse.

Enfin, n'importe, comme dit M. le curé, nous v'lons rendus à Bytown, not' dernier poste avant de s'embarquer dans la Gatineau, là où c'que j'allions faire chanquier pour les Gilmore.

---

10. Ancienne dénomination d'Ottawa.

Comme de raison, pas besoin de vous dire que c'est pas dans le caractère du voyageur de passer tout dret quand on arrive à Bytown. Y faut au moins faire là une petite estation, quand on y fait pas une neuvaine.

Pour tant qu'à mon Coq Pomerleau, ça fut une brosse[11] dans les règles.

Le rhum y coulait dans le gosier, qu'il avait tant seulement pas le temps d'envaler.

Une éponge, les enfants! Ou plutôt un dalot à patente.

Parole de Jos Violon, j'ai vu pintocher ben des fois dans ma profession de voyageur; et ben, ça me faisait chambranler rien qu'à le regarder faire.

Pour piquer au plus court, je pourrais pas dire si c'te inondation-là durit ben longtemps, mais je sais ben qu'arrivés su not' départ, mon Coq Pomerleau était si tellement soûl, que je fus obligé de le porter dans le canot.

Épi en route sus la Gatineau, en chantant:

> *C'est les avirons qui nous mènent en haut,*
> *C'est les avirons qui nous montent.*

Faulait nous voir aller, les enfants!

On aurait dit, ma grand'conscience, que les canots sortaient de l'eau à chaque coup d'avirons.

Pas de courant pour la peine; on filait comme le vent, ni plus ni moins.

Coq Pomerleau, lui, ronflait dans le fond du canot, que c'était un plaisir de l'entendre. Ça marchit comme ça, jusqu'à tard dans l'après-midi.

Mais j'étions pas au plus beau, comme vous allez voir.

Quand ça vint sus les quatre heures, v'là-t-y pas mon paroissien qui se réveille...

Enragé, les enfants! Enragé!

---

11. Mot populaire, soûlerie.

On savait ben ce qu'il avait bu, mais on savait pas ce qu'il avait mangé : il avait le démon dans le corps.

— J'sut ensorcelé ! qu'y criait comme un perdu : j'sut ensorcelé !

J'essayis de le calmer, mais j't'en fiche ! Y sautait dans le canot comme un éturgeon au bout d'une ligne.

Ça pouvait nous faire chavirer, vous comprenez ben. V'là les camarades en fifre.

— Faites-lé tenir tranquille ! que me crie le boss, ou ben, je le fais bougrer à l'eau.

C'était pas aisé de le faire tenir tranquille, le véreux connaissait pus personne. Y criait, y hurlait, y tempêtait, y se débattait comme un possédé, y avait pas moyen d'en jouir.

Tout à coup, bang ! v'là une, deux, trois lames dans le canot.

Le boss lâche une bordée de sacres, comme de raison.

— À terre ! qu'il crie ; à terre, bout de crime ! Laissons-lé en chemin, et que le diable le berce ! On va-t-y se laisser neyer par ce torrieux-là ?

Et v'là le canot dans les joncs.

— Débarque ! débarque, pendard ! on en a assez de toi.

— J'sut ensorcelé ! criait Coq Pomerleau.

— Eh ben, va te faire désensorceler par ta grand'mère, ivrogne ! que répondait le boss.

— Débarque ! débarque ! criaient les autres.

Y avait pas moyen de rébicheter[12], faulait ben obéir.

Mais c'était mon clerc, c'pas ; je pouvais pas l'ambâdonner.

— Je débarque avec, que je dis.

— Comme tu voudras, que fait le boss. Et nous v'lons tous les deux dans la vase jusqu'aux genoux.

— Quiens ! v'là des provisions, que me crie un des camarades en me jetant la moitié d'un petit pain, et bonsoir !

Après ça, file !

---

12. Corruption de rebiffer.

Pas besoin de vous dire si j'avais le visage long, tout fin seul sus c'te côte grève, avec mon soûlard sus les bras, et la moitié d'un petit pain pour toute consolation.

Chanceusement que Jos Violon est pas venu au monde dans les concessions, vous savez ça. J'avais remarqué en montant un vieux chanquier en démence, où c'que j'avions campé une fois dans le temps, et qui se trouvait pas ben loin d'où c'qu'on nous avait dit bonsoir.

J'traînis mon Coq Pomerleau jusque-là ; on cassit une croûte, et la nuit arrivée, nous v'là couchés sus un lit de branches de sapin, et dors, garçon !

Le lendemain, au petit jour, on était sus pied.

Mais v'là-t-y pas une autre affaire ! Embrouillés, les enfants, embrouillés, que y avait pas moyen de reconnaître où c'que j'en étions.

Coq Pomerleau surtout se tâtait, se revirait sus tous les bords, reniflait, regardait en l'air, comme un homme qu'a perdu trente-six pains de sa fournée.

Il était ben dessoûlé pourtant ; mais malgré ça, il avait l'air tout ébaroui.

— Mon oncle ! qu'y me dit.

— De quoi ? que je réponds.

— De queu côté qu'on est débarqué hier au soir ?

— C'te demande ! de ce côté icitte.

— C'est pas sûr, qu'y dit. Je l'cré ben, que c'était pas sûr ; moi-même y avait un bout de temps que je me demandais si j'avais la berlue.

Mais puisque le Coq s'apercevait de la manigance comme moi, fallait ben qu'y eût du r'sort là-dedans.

Croyez-moi ou croyez-moi pas, les enfants, j'étions reviré bout pour bout, ou sens devant derrière, comme on voudra. Tandis qu'on dormait, le sorcier nous avait charriés avec le chanquier de l'autre côté de la Gatineau. Oui, parole de Jos Violon ! c'était pas croyable, mais ça y était.

—Je vous le disais ben, que le maudit Brindamour m'avait ensorcelé! que fit Coq Pomerleau.

— Si y t'avait ensorcelé tout seul, au moins! que j'y réponds; mais, d'après c'que je peux voir, j'sommes ensorcelés tous les deux.

Coq Pomerleau, lui, qu'avait fêté, c'était pas surprenant qu'y fut un peu dans les pataques; mais moi, qu'est toujours sobre... vous me connaissez.

C'est vrai que je défouis[13] pas devant une petite beluette[14] de temps en temps pour m'éclaircir le verbe, surtout quand j'ai une histoire à conter ou ben une chanson de cage à cramper sur l'aviron; mais, parole de voyageur, vous pouvez aller demander partout où c'que j'ai roulé, et je veux que ma première menterie m'étouffe si vous rencontrez tant seulement un siffleux[15] pour vous dire qu'on a jamais vu Jos Violon autrement que rien qu'ben!

Mais c'était pas tout ci tout ça; ensorcelé ou pas ensorcelé, on pouvait point rester là à se licher les babines dans c'te vieille cambuse qui timbait en bottes; fallait rejoindre les camarades.

— Quand même que le diable nous aurait traversés de l'aut'côté de la rivière, que je dis, ça nous empêche pas de suivre le rivage, ça: on sait toujours ben de queu côté qu'y sont: on va partir!

Et nous v'là partis.

Ça allait petit train, comme vous pensez ben. Mais — une permission du bon Dieu — devinez de quoi c'qu'on trouve échoué dans le fond d'une petite crique? Un beau canot tout flambant neu, avec une paire d'avirons qu'avaient l'air de nous attendre.

---

13. Défouir: reculer.
14. Soûlerie.
15. Marmotte.

Il était peut-être pas perdu, le canot, mais on le trouvit tout de même ; et on fit pas la bêtise de le laisser perdre.

Ça fait que nous v'lons à nager du côté du chanquier. Y avait pas un brin de courant ; et, bateau d'un nom ! on filait que, y avait des fois, on aurait dit que le canot allait tout seul.

Y avait ben une grosse heure qu'on envoyait fort de c'te façon-là, quand le Coq s'arrête net de nager, et me dit :

— Mon oncle !

— De quoi ? que je réponds.

— Y a pas rien que nous aut' qu'étions ensorcelés.

— Oui ? quoi c'que y a encore ?

— La rivière est ensorcelée elle étout.

— Tu dis ?

— Je dis que la rivière étout, est ensorcelée.

— Comment ça ?

— Eh ben, regardez voir : la v'là qui coule en remontant.

— Hein !...

Aussi vrai comme vous êtes là, les enfants, j'crus qu'y venait fou ; mais à force de faire attention, en mettant la main dans le courant, en laissant aller le canot, en fisquant[16] le rivage, y avait pas moyen de se tromper : la vingueuse de rivière remontait.

Oui, sus mon âme et conscience, a remontait !

C'était la première fois que je voyais ça.

Où c'que ça pouvait nous mener, c'te affaire-là ? On le savait point.

— C'est ben sûr qu'on s'en va dret dans le fond de l'enfer, que dit Coq Pomerleau ; revirons !

— Oui ! j'cré ben que c'est mieux de reviver en effette, que je dis, avant que le courant soye trop fort.

Et je nous mettons à nager sus l'aut' sens, tandis que le Coq Pomerleau marmottait dans ses ouïes :

---

16. Déformation de fixant.

— Le maudit Brindamour! si jamais j'le rejoins, y me paiera ça au sanctus!

— Mais quoi c'qu'on va faire? que je dis : on n'est pas pour retourner crever de faim dans le vieux chanquier.

— Redescendons à Bytown, que fait Coq Pomerleau. J'en ai déjà assez de la vie de voyageur, moi; j'aime mieux la charrue.

— Comme tu voudras, que je dis; je commence à être joliment dégoûté moi étout. Courageons un peu, et j'attraperons Bytown en moins d'une journée, si le diable s'en mêle pas.

Mais y s'en mêlait sûr et certain, parce que le plusse qu'on descendait vers le bas de la rivière, et le plusse que le courant remontait et repoussait dur. Faulait plier les avirons en deux pour avancer.

Y avait-y une plus grande preuve qu'on nous avait jeté un r'sort?

Et dire que je devais ça à ce rôdeux de Coq Pomerleau!

Je me promettais ben de jamais prendre personne en apprentissage, quand on aperçut un canot qui venait au-devant de nous autres. Y venait vite, comme de raison, il avait le courant de son bord, lui.

Comme on allait se rencontrer, j'entendis une voix qui criait :

— C'est-y toi, Jos Violon?

— Oui! que je dis tout surpris.

— Il est-y dessoûlé?

Je vous mens pas, en entendant ça, je lâche mon aviron.

— Le Coq, que je dis, c'est nos gens!

— Comment, nos gens? qui reviennent de Bytown?

— Eh oui! mais pas un mot! Y sont ensorcelés eux autres étout.

C'était ben le cas, allez; on passit l'hiver ensorcelés, tout ce que j'en étions.

Le soleil lui-même était ensorcelé; y savait jamais de queu côté se lever ni se coucher.

Les camarades prenaient ça en riant eux autres, je sais pas trop pourquoi; mais Coq Pomerleau pi moi, j'avions pas envie de rire, une miette!

Aussi, ça fut mon dernier hivernement dans les chanquiers.

Pour tant qu'à Coq Pomerleau, il est allé une fois dans le Saint-Maurice pour rencontrer le grand Christophe Brinda-mour. Il en est revenu, à ce qu'on dit, avec trois dents de cassées et un œil de moins. Et cric, crac, cra; sacatabi, sac-à-tabac; son histoire finit d'en par là.

(*La Presse*, 24 décembre 1898)

Les marionnettes

Une légende qui a longtemps eu cours dans nos campagnes, c'est celle de *Marionnettes* — nom populaire des aurores boréales — qu'on pouvait, disait-on, faire apparaître et danser à volonté par des moyens cabalistiques.

L'histoire suivante illustre cette légende. C'est encore Jos Violon, le vieux conteur des «Chantiers» qui a la parole :

D'après ce que je peux voir, les enfants, vous avez pas connu Fifi Labranche, le joueur de violon. Vous êtes ben trop jeunes pour ça comme de raison, puisqu'il est mort à la Pointe-aux-Trembles, l'année du «grand choléra».

En v'là un rôdeux qu'avait de la twist dans le poignet pour faire sauter la jeunesse, dans son temps! M'a dire comme on dit, ça se battait pas! Quand il avait l'archet au bout du poignet, on pouvait courir toute la côte du Sud, depuis la Baie-du-Febvre jusqu'au Cap-Saint-Ignace, sans rencontrer, parmi les vieux comme parmi les jeunes, un snorreau pour le matcher.

Y sont rares les ceuses qu'ont pas entendu parler de Fifi Labranche pi de son violon.

Eh ben, donc, c'était à seule fin de vous dire, les enfants, qu'un automne, je métais associé justement avec lui. Pas associé pour jouer de la musique, vous entendez ben ; parce que, malgré qu'on m'appelle Jos Violon — un nom de monsieur

que j'ai toujours porté un peu correct, Dieu merci ! — ça
jamais pris moi pour jouer tant seurment un air de bombarde.

C'était pas dans mes éléments.

Non. Fifi Labranche et pi moi, on s'était associé tout
bonnement pour faire du bois carré. C'était un bon piqueux
que Fifi Labranche ; et pour tant qu'à moi, on me connaît,
pour jouer de la grand'hache dans le chêne, dans l'orme, dans
le pin rouge ou l'épinette blanche, c'était comme lui pour
jouer des reels pi des gigues ; on aurait été virer loin avant de
trouver quèque un pour m'en remontrer ! C'est moi qui vous
le dis !

Ça fait que, c't'hiver-là, on fut camper tous les deux dans
les environs de la Gatineau, sus la rivière à Baptiste, qu'on
appelle, avec une gang de malvats qu'un des foremans du
bonhomme Wright avait caracolés dans les Cèdres, une paroisse de par en haut.

Les voyageurs des Cèdres, les enfants, ça sacre pas comme
les ceuses de Sorel, non ! Ça invictime pas le bon Dieu et tous
les saints du calendrier comme les hurlots de Trois-Rivières
non plus. Ça se chamaille pas à toutes les pagées de clôtures
comme les batailleurs de Lanoraie. Mais pour parler au diable,
par exemple, y en a pas beaucoup pour les accoter.

Tous les soirs que le bon Dieu amène, sus les cages
comme dans le bois, ces pendards-là ont toujours queuque
sorcilège de paré.

Ah ! les enfants de perdition !

J'en ai vu qui levaient des quarts de lard sus le bout de
leux doigts, comme si ç'avait été des traversins, en baragoui-
nant des prières à l'envers, où c'que y avait pas mèche pour un
chréquin de comprendre un motte.

J'ai vu un Barabbas qui rongeait des tisons, sus vot'
respèque, comme sa chique.

Y en avait un — un nommé Pierre Cadoret dit La Babiche — qu'avait emporté une poule noire avec lui. Quoi c'qu'y

faisait de ça ? Le bon Dieu le sait ; ou plutôt le diable, parce que, tous les matins, au petit jour, la vingueuse de poule noire chantait le coq comme si elle avait eu toute une communauté de basse-cour à desservir.

Oui, parole de Jos Violon, les enfants ! j'ai entendu ça de mes propres yeux plus de vingt fois !

Enfin, des vrais réprouvés, tout c'qu'ils en étaient.

Ça me peignait joliment le caractère à brousse poil, vous comprenez, d'être obligé de commercer avec ces espèces-là. Je suis pas un rongeux de balustres, Dieu merci ! mais les poules noires et pi moi, ça fait deux, surtout quand c'est des poules qui chantent le coq.

Ce qui fait que je gobais pas fort c'te société-là. Mais j'étais matché avec Fifi Labranche, c'pas ; je laissais le reste de la gang fricoter leux sacrilèges entre eux autres ; et, après les repas, on jouait une partie de dames à nous deux en fumant not' pipe, histoire de tuer le temps sans mettre not' pauvre âme entre les griffes de Charlot.

Mais ça fut comme rien, allez : la mauvaise compagnée, c'est toujours la mauvaise compagnée. Comme dit M. le curé, dis-moi c'que tu brocantes, et j'te dirai c'qui t'tuait.

La veille de Noël au soir, le boss vint nous trouver :

— Coutez donc, vous deux, qu'y nous dit, c'est-y parce que vous êtes des dos blancs de la Pointe-Lévis que vous voulez pas vous amuser avec les autres ? Me semblait que t'avais apporté ton violon, Fifi : comment ça se fait qu'on l'entend jamais ? Ho ! tire-moi l'outil du coffre, et joue-nous un reel à quatre, une gigue simple, une voleuse, tout ce que tu voudras, pourvu que ça gigote. Écoutez, vous autres, là-bas ; j'allons avoir de la musique. Les ceuses qu'ont des démangeai-sons dans les orteils ont la permission de se les faire passer.

Fifi Labranche était pas ostineux :

— Je défouis pas, qu'y dit.

Et le v'là qu'aveint son violon, passe l'arcanson sus son

archette, s'assit sus le coin de la table, casse une torquette, se crache dans les mains; et pi crin! crin! crin! en avant, les boys!

Le poêle était rouge dans le milieu de la place : au bout d'une demi-heure, on pouvait, je vous mens pas, tordre les chemises comme des lavettes.

— C'est ça qui s'appelle jouer du violon! que dit le boss en rallumant sa pipe : Fifi, t'es pas raisonnable de pas jouer pus souvent que ça.

— Corrèque! que dirent tous les autres, faut qu'y joue pus souvent que ça!

— Jouer du violon quand personne danse, c'est pas une grosse job, que dit Fifi.

— Mais de quoi c'qu'on fait donc là? que demande un de nos coupeux de chemin, justement l'homme à la poule noire, un grand maigre-chigne qui se baissait pour passer dans les portes — La Babiche, comme on le nommait, — ça s'appelle pas danser, ça? On est pas après écosser des fèves, à c'qui m'semble.

— Oui, vous dansez à soir parce que c'est demain fête. Si vous étiez obligés d'aller bûcher demain matin avant le jour, vous seriez pas aussi souples du jarret. Qu'en dis-tu, Jos Violon?

— Potence! que je dis, pour tant qu'à moi, je ménagerais mes quilles pour aller me coucher.

— Quiens, c't'affaire! que dit La Babiche, quand les hommes dansent pas, on fait danser d'autre chose.

— Qui ça? Les chaudrons, manquabe? les tables, les bancs?

— Non, mais les marionnettes.

— Les marionnettes?

— Oui, les marionnettes...

Vous savez p't'ête pas c'que c'est que les marionnettes, les enfants; eh ben, c'est des espèces de lumières malfaisantes qui se montrent dans le Nord, quand on est pour avoir du frette. Ça pétille, sus vot' respèque, comme quand on passe la main, le soir, sus le dos d'un chat. Ça s'élonge, ça se racotille, ça s'étire et ça se beurraille dans le ciel, sans comparaison comme si le diable brassait les étoiles en guise d'œufs pour se faire une omelette.

C'est ça, les marionnettes !

M. le curé, lui, appele ça des *horreurs de Morréal*, pi y dit que ça danse pas.

Eh ben, je sais pas si c'est des horreurs de Morréal ou ben de Trois-Rivières, mais j'en ai ben vu à Québec étout ; et je vous dis que ça danse, moi, Jos Violon !

C'est ben le diable qui s'en mêle, je le cré ben, mais ça danse ! Je les ai vues danser, et pi j'avais pas la berlue.

Fifi Labranche étout les a vues, puisque c'est lui qui les faisait danser, à preuve que son violon en est resté ensorcelé pour plus de trois mois.

Parce qu'y faut vous dire qu'en attendant parler de faire danser les marionnettes, le pauvre Fifi, qu'était un bon craignant Dieu comme moi, s'était un peu rebicheté.

— Mais quand y en a pas, qu'y dit, de marionnettes...

— Quand y en a pas, on les fait venir, que dit La Babiche, c'est ben simple.

— Comment, on les fait venir ?

— Dame oui, quand on sait les paroles.

— Queux paroles ?

— Les paroles pour faire venir les marionnettes.

— Tu sais des paroles pour faire venir les marionnettes, toi ?

— Oui, pi pour les faire danser. J'ai appris ça tout petit, de mon grand-père, qu'était un fameux joueur de violon, lui étout, dans son temps.

— Tu pourrais faire venir les marionnettes à soir ?

— Ben sûr ! le temps est clair, si tu veux jouer du violon, je dirai les paroles, et vous allez les voir arriver.

— Je serais curieux de voir ça, que dit Fifi Labranche.

— Fifi, que j'y dis, méfie-toi, c'est pas des jeux de chréquins, ça !

— Ouacht ! qu'y répond, pour une fois on n'en mourra pas.

— C'est correct, Fifi ! que dirent tous les autres, laisse Jos Violon faire la poule mouillée, si ça y fait plaisir, et pi toi roule ta bosse avec les bons vivants.

— Fifi, que j'y répète, prends garde ! Tu devrais pas te mêler de ces paraboles-là. C'est des manigances du Malin qu'y veulent te faire faire. Tu connais La Babiche... Et pi le jour de Noël encore !...

Mais j'avais pas fini de parler qu'ils étaient déjà tous rendus sus le banc de neige, la tête en l'air, et reluquant du côté du Nord, pendant que Fifi Labranche accordait son violon. Ma foi, tant pire ! je fis comme les autres en me disant en moi-même :

— Tant que je ferai rien que regarder, y peut toujours pas m'arriver grand mal.

Y faisait un beau temps sec ; pas une graine de vent, la boucane de not' cheminée montait dret comme un cierge pascal, et les étoiles clignaient des yeux comme une créature qu'enfile son aiguille. On entendait les branches qui craquaient dans le bois, je vous mens pas, pires que des coups de fouette de charrequiers.

— Es-tu prêt, Fifi ? que dit La Babiche.

— Oui, que répond mon associé ; quoi c'que vous voulez que je joue ?

Joue c'que tu voudras, pourvu que ça saute.

— Le *Money musk* ?

— Va pour le *Money musk* !

Ça fut comme un cilement de toupie, les enfants ; l'archette fortillait dans les mains de Fifi sans comparaison comme une anguille au bout d'une gaffe.

Et zing ! zing ! zing !... Les talons nous en pirouettaient

dans le banc de neige malgré nous autres. Je cré que le v'limeux avait jamais joué comme ça de sa vie.

La Babiche, lui, marmottait on sait pas quelle espèce de zitanie de sorcier, les yeux virés à l'envers, en même temps qu'y faisait toutes sortes de simagrées avec son pouce, par devant, par derrière, à gauche, à drette — comme on dit, aux quat'vents.

Et le *Money musk* allait toujours. Fifi zigonnait comme un enragé.

Tout d'un coup, je sens comme un frisson de glace qui me griffait entre les deux épaules; je venais d'entendre quatre ou cinq de ces petites pétarades de peau de chat que je vous ai parlé tout à l'heure.

— Les vlont! que se mettent à crier les camarades; les vlont. Hourra pour La Babiche! Envoie fort, Fifi!

En même temps on apercevait comme manière de petites lueurs grisâtres qui se répandaient dans le Nord, comme si on avait barbouillé le firmament avec des allumettes soufrées.

— Envoie fort, Fifi, les v'lont! que répétait la gang de possédés.

Comme de faite, les damnées lueurs arrivaient par-ci par-là tout doucement, se faufilaient, se glissaient, s'éparpillaient, se tordaient comme des pincées de boucane blanche entortillées après des éclairs de chaleur.

— Envoie fort, Fifi! que criaient la bande d'insécrables.

La Babiche étout envoyait fort, parce que v'là des flamm-mèches, pi des étincelles, pi des braises qui se mettent à monter, à descendre, à s'entrecroiser, à se courir après comme une sarabande de fi-follets qu'auraient joué à la cachette en se galvaudant avec des rondins de bois pourri. Des fois, ça s'amortissait, on voyait presque pus rien; et pi crac! ça se mettait à flamber rouge comme du sang.

— Envoie fort, Fifi! envoie fort!...

Fifi pouvait pas faire mieux, je vous le garantis; le bras y allait comme une manivelle, et je m'aperçus qu'y commençait à blémir. Moi les cheveux me regrichaient sour mon casque comme la queue d'un matou fâché.

— Fifi, viens-t'en, que j'y dis ; viens-t'en ! le diable va en emporter quelqu'un, c'est sûr !

Mais le malheureux m'entendait pus. Y paraissait aussi possédé que les autres, et le *Money musk* retontissait sour son archette qu'on aurait dit des cris de chats sauvages écorchés par une bande de loups-cerviers. Vous avez jamais rien entendu de pareil, les enfants !

Mais c'était pas le plus beau, pourtant, vous allez voir.

Pendant que tous mes garnements criaient à s'égosiller, vlà-t-y pas les marionnettes maudites qui se mettent à danser.

Parole la plus sacrée, les enfants ! Jos Violon est pas un menteur, vous savez ça — vlà l'engeance infernale qui se met à danser, ma grand'conscience du bon Dieu, comme des grand'personnes. Y perdaient pas un stop, si vous plaît !

Et pi ça se tassait, ça se poussait, ça se croisait, ça baraudait, ça sautait les uns par-dessus les autres ; des fois on les voyait raculer, et pi tout d'un coup y s'avançaient...

Oui, je vous conte pas d'histoires, les enfants, les noms de gueuses d'horreurs de Morréal, comme dit M. le curé, s'avançaient si tellement en accordant sur le *Money musk* de Fifi, que les vlont presque sus nous autres !

Je vous ai déjà dit, à c'qui me semble, que j'étais pas un peureux, et pi je peux vous en donner des preuves ; eh ben, en voyant ça, je vous le cache point, je fais ni une ni deux, je lâche la boutique, je prends mes jambes à mon cou, et les cheveux drettes sus la tête, je cours me cacher dans la cabane.

Cinq minutes après, quatre hommes rapportaient le pauvre Fifi sans connaissance.

Y fut une journée sans parler, pi trois jours sans pouvoir lever sa hache pour piquer. Il avait, à ce que disait le foreman, une détorse dans la langue, pi un torticolis dans le bras. C'est ce que le foreman disait, mais moi je savais mieux que ça, allez!

Toute la semaine y fut jongleur: pas moyen même de y faire faire sa partie de dames. Y bougonnait tout seul dans son coin, comme un homme qu'aurait, sus vot' respèque, le sac aux sentiments revirés à l'envers.

Ça fait que la veille du jour de l'An, vlà les camarades qu'avaient encore envie de danser.

— Hourra, Fifi! aveins les tripes de chat, pi brasse-nous un petit virpâle, c'est le temps! que dit le boss. Faut pas se laisser figer comme du lait caillé, hein! Êtes-vous prêts, là, vous autres?

— Oui, oui, ça y est! que dit toute la gang en se déchaussant et en se crachant dans les mains; ho! Fifi, dégourdis-nous les erminettes!

Je pensais que le pauvre esclopé se ferait prier: mais non. Il aveint son violon, graisse son archette, se crache dans les mains à son tour, et commence à jouer le *Money musk*.

— Ah! ben, que dirent les danseux, y a un bout pour le *Money musk*! on n'est pas des marionnettes.

— C'est drôle, que dit Fifi en se grattant le front, c'est pourtant pas ça que j'avais l'intention de jouer. Allons, de quoi t'est-ce que vous voulez avoir? Une gigue simple? un harla-patte?

— Un cotillon, bondance! faut se faire aller le canayen à soir.

— C'est correct! que dit Fifi.

Pi y recommence à jouer... le *Money musk*...

— Coute donc, Fifi, viens-tu fou, ou ben si tu veux rire de nous autres avec ton *Money musk*? On te dit qu'on en a assez du *Money musk*.

— Ma foi de gueux, je sais pas ce que j'ai dans les doigts, que dit Fifi: je veux jouer un cotillon, et pi ça tourne en *Money musk* malgré moi.

— Est-ce que t'a envie de nous blaguer?

— Je veux être pendu si je blague !

— Eh ben, recommence, torrieux, et pi fais attention !

— Allons, vlà Fifi qui se piète ; et pi l'archette d'une main, le violon de l'autre, le menton arbouté sus le tirant, et les deux yeux fisqués sus la chanterelle, y recommence.

Ça fut rien qu'un cri, les enfants :

— Ouah !...

Avec une bordée de sacres.

Y avait de quoi : le véreux de Fifi jouait encore le *Money musk*.

— Batêche ! qu'y dit, y a du criminel là-dedans ; je vous jure que je fais tout mon possible pour jouer un cotillon, moi, et pi le vingueux de violon veut pas jouer autre chose que le *Money musk*. Il est ensorcelé, le bout de crime ! Un violon que vlà quinze ans que je joue avec ! Vlà c'que c'est que de faire danser le diable avec ses petits. Quins ! tu me feras plus d'affront, toi ! va retrouver les gueuses de marionnettes !

Et en disant ça, y prend le désobéissant par le manche, et le lance à tour de bras dans le fond de la cheminée, où c'qui se serait débriscaillé en mille morceaux, ben sûr, si j'avions pas été là pour l'attraper, m'a dire comme on dit, au vol.

Deux autres fois, dans le courant de l'hiver, le pauvre Fifi Labranche prit son archette pour essayer de jouer queuque danse : pas moyen de gratter autre chose que le *Money musk* !

La dernière fois, y voulut jouer une de ces bonnes vieilles airs de cantiques de par cheux nous qui vont sus le train de la Blanche : je t'en fiche ! le violon partait tout seul et jouait le *Money musk* !

On peut pas être plus ensorcelé que ça, c'pas ?

Enfin ça durit comme ça jusqu'au printemps, jusqu'à ce qu'en descendant l'Ottawa avec not' cage, Fifi Labranche eut la chance de faire bénir son violon par le curé de l'Île Perrot, à la condition qu'y ferait pu jamais danser les marionnettes de sa vie.

Y avait pas beaucoup besoin de y faire promettre ça, je vous le persuade!

Toujours qu'après ça, ça marchit comme auparavant. Fifi Labranche put jouer n'importe queu rigodon à la mode ou à l'ancienne façon.

Vlà c'que Jos Violon a vu, les enfants! de ses propres oreilles!

Eh ben, vous me crairez si vous voulez, mais le tord-vice de Fifi — pour me faire passer pour menteur manquablement — a jamais voulu avouer, jusqu'à sa mort, que son violon avait été ensorcelé.

Y disait que c'était un tour qu'il avait inventé pour se débarrasser des ceux qui voulaient le faire jouer à tout bout de champ, tandis qu'il aimait mieux faire sa partie de dames.

Je vous demande un peu si c'était croyable!

C'est toujours pas à moi qu'on fait accraire des choses pareilles. Parce que j'y étais! j'ai tout vu! et, c'est pas à cause que c'est moi mais tout le monde vous dira que Jos Violon sait c'qui dit.

Avec ça que l'autre violon — celui de Fifi Labranche — est encore plein de vie comme moi; c'est le garçon de George Boutin qu'en a hérité.

Y peut vous le montrer, si vous me croyez pas.

Et cric, crac, cra! sacatabi, sac-à-tabac! mon histoire finit d'en par là!

Louis Fréchette, *Contes*, Montréal, Fides (coll. «Nénuphar»), 1976

Le loup-garou [1]

Avez-vous entendu dire que la belle Mérance à Glaude Couture était pour se marier, vous autres?

Non.

— Eh ben, oui ; y paraît qu'a va publier la semaine qui vient.

— Avec qui ?

— Devinez.

— C'est pas aisé à deviner ; elle a une vingtaine de cavaliers autour d'elle tous les dimanches que le bon Dieu amène.

— Avec Baptiste Octeau, je gage !

— Non.

— Damase Lapointe ?

— Vous y êtes pas... Tenez, vaut autant vous le dire tout de suite : a se marie avec le capitaine Gosselin de Saint-Nicolas.

— Avec le capitaine Gosselin de Saint-Nicolas ?

— Juste !

— Jamais je vous crairai !

— A va prendre ce mécréant-là ?

---

1. On retrouve certains traits du présent récit dans *L'enfant mystérieux* de mon confrère, M. W. Eug. Dick. Évidemment nous avons dû nous inspirer à des traditions plus ou moins identiques. (*L.F.*)

— Ah! mais, c'est qu'il a de quoi, voyez-vous. Il lui a fait présent d'une belle épinglette d'or, avec une bague en diamant; et la belle Mérance haït pas ça, j'vous l'dis!

— C'est égal: y serait ben riche fondé, propriétaire de toutes les terres de la paroisse, que je le prendrais pas, moi.

— Ni moi: un homme qu'a pas plus de religion...

— Qui fait pas ses pâques depuis une citée de temps...

— Qu'on voit jamais à l'église...

— Ni à confesse...

— Qui courra le loup-garou un de ces jours, certain!

— Si tu disais une de ces nuits...

— Dame, quand il aura été sept ans sans recevoir l'absolution...

— Pauvre Mérance, je la plains!

— C'est pas drôle d'avoir un mari qui se vire en bête tous les soirs pour aller faire le ravaud le long des chemins, dans les bois, on sait pas où. J'aimerais autant avoir affaire au démon tout de suite.

— C'est vrai qu'on peut le délivrer...

— Comment ça?

— En le blessant, donc: en y piquant le front, en y coupant une oreille, le nez, la queue, n'importe quoi, avec quèque chose de tranchant, de pointu: pourvu qu'on fasse sortir du sang, c'est le principal.

— Et la bête se revire en homme?

— Tout de suite.

— Eh ben, merci! j'aime mieux un mari plus pauvre, mais qu'on soye pas obligé de saigner.

— C'est comme moi! s'écrièrent ensemble toutes les fillettes.

— Vous croyez à ces blagues-là, vous autres? fit une voix; bandes de folles!

La conversation qui précède avait lieu chez un vieux fermier de Saint-Antoine de Tilly, où une quinzaine de jeunes gens du canton s'étaient réunis pour une «épluchette de blé d'Inde», après quoi on devait réveillonner avec des crêpes.

Comme on le voit, la compagnie était en train de découdre une bavette : et, de fil en aiguille, c'est-à-dire de potin en cancan, les chassés-croisés du jabotage en étaient arrivés aux histoires de loups-garous.

Inutile d'ajouter que cette scène se passait il y a déjà bien des années, car — fort heureusement — l'on ne s'arrête plus guère dans nos campagnes, à ces vieilles superstitions et légendes du passé.

D'ailleurs, l'interruption lancée par le dernier des interlocuteurs prouve à l'évidence que, même à cette époque et parmi nos populations illettrées, ces traditions mystérieuses rencontraient déjà des incrédules.

— Tout ça, c'est des contes à ma grand'mère! ajouta la même voix, en manière de réponse aux protestations provoquées de tous côtés par l'irrévérencieuse sortie.

— Ta, ta, ta!... Faut pas se moquer de sa grand'mère, mon petit! fit une vieille qui, ne prenant point part à l'épluchette, manipulait silencieusement son tricot, à l'écart, près de l'âtre, dont les lueurs intermittentes éclairaient vaguement sa longue figure ridée.

— Les vieux en savent plus long que les jeunes, ajouta-t-elle : et quand vous aurez fait le tour de mon jardin, vous serez pas si pressés que ça de traiter de fous ceux qui croient aux histoires de l'ancien temps.

— Vous croyez donc aux loups-garous, vous, mère Catherine? fit l'interrupteur avec un sourire goguenard sur les lèvres.

— Si vous aviez connu Joachim Crête comme je l'ai connu, répliqua la vieille, vous y crairiez ben vous autres étout, mes enfants.

— J'ai déjà entendu parler de c'te histoire de Joachim Crête, intervint un des assistants; contez-nous-la donc, mère Catherine.

— C'est pas de refus, fit celle-ci, en puisant une large prise au fond de sa tabatière de corne. Aussi ben, ça fait-y pas de mal aux jeunesses d'apprendre ce qui peut leux pendre au bout du nez pour ne pas respecter les choses saintes et se gausser des affaires qu'ils comprennent point. J'ai pour mon dire, mes enfants, qu'on n'est jamais trop craignant Dieu.

Malheureusement, le pauvre Joachim Crête l'était pas assez, lui, craignant Dieu.

C'est pas qu'il était un ben méchant homme, non ; mais il était comme j'en connais encore de nos jours : y pensait au bon Dieu et à la religion quand il avait du temps de reste. Ça, ça porte personne en route.

Il aurait pas trigaudé un chat d'une cope, j'cré ben ; y faisait son carême et ses vendredis comme père et mère, à c'qu'on disait. Mais y se rendait à ses dévotions ben juste une fois par année ; y faisait des clins d'yeux gouailleurs quand on parlait de la quête de l'Enfant-Jesus devant lui : et pi, dame, il aimait assez la goutte pour se coucher rond tous les samedis au soir, sans s'occuper si son moulin allait marcher sus le dimanche ou sus la semaine.

Parce qu'il faut vous dire, les enfants, que Joachim Crête, avait un moulin, un moulin à farine, dans la concession de Beauséjour, sus la petite rivière qu'on appelle la Rigole.

C'était pas le moulin de Lachine, si vous voulez ; c'était pas non plus un moulin de seigneurie ; mais il allait tout de même, et moulait son grain de blé et d'orge tout comme un autre.

Il me semble de le voir encore, le petit moulin, tout à côté du chemin du roi. Quand on marchait pour not' première communion, on manquait jamais d'y arrêter en passant, pour se reposer.

C'est là que j'ai connu le pauvre malheureux : un homme dans la quarantaine qu'haïssait pas à lutiner les fillettes, soit dit sans médisance.

Comme il était garçon, y s'était gréé une cambuse dans son moulin, où c'qu'il vivait un peu comme un ours, avec un engagé du nom de Hubert Sauvageau, un individu qu'avait voyagé dans les Hauts, qu'avait été sus les cages, qu'avait couru la prétentaine un peu de tout bord et de tout côté, où c'que c'était ben clair qu'il avait appris nen de bon.

Comment c'qu'il était venu s'échouer à Saint-Antoine après avoir roulé comme ça? On l'a jamais su. Tout c'que je peux vous dire, c'est que si Joachim Crête était pas c'que y avait de plus dévotieux dans la paroisse, c'était pas son engagé qui pouvait y en remontrer sus les principes comme on dit.

L'individu avait pas plus de religion qu'un chien, sus vot' respèque. Jamais on voyait sa corporence à la messe; jamais il ôtait son chapeau devant le Calvaire; c'est toute si y saluait le curé du bout des doigts quand y le rencontrait sus la route. Enfin, c'était un homme qu'était dans les langages, ben gros.

— De quoi c'que ça me fait tout ça? disait Joachim Crête, quand on y en parlait; c'est un bon travaillant qui chenique pas sus l'ouvrage, qu'est fiable, qu'est sobre comme moi, qui mange pas plusse qu'un autre, et qui fait la partie de dames pour me désennuyer: j'en trouverais pas un autre pour faire mieux ma besogne quand même qu'y s'userait les genoux du matin au soir à faire le Chemin de la Croix.

Comme on le voit, Joachim Crête était un joueur de dames: et si quéqu'un avait jamais gagné une partie de polonaise avec lui, y avait personne dans la paroisse qui pouvait se vanter de y avoir vu faire queuque chose de pas propre sus le damier.

Mais faut craire aussi que le Sauvageau était pas loin de l'accoter, parce que — surtout quand le meunier avait remonté de la ville dans la journée avec une cruche — ceux qui passaient le soir devant le moulin les entendaient crier à tue-tête chacun leux tour: — Dame! — Mange!— Soufflé! — Franc-coin! — Partie nulle!... Et ainsi de suite, que c'était comme une vraie rage d'ambition.

Mais arrivons à l'aventure que vous m'avez demandé de vous raconter.

Ce soir-là, c'était la veille de Noël, et Joachim Crête était revenu de Québec pas mal lancé, et — faut pas demander ça — avec un beau stock de provisions dans le coffre de sa carriole pour les fêtes.

La gaieté était dans le moulin.

Mon grand-oncle, le bonhomme José Corriveau, qu'avait une pochetée de grain à faire moudre, y était entré sus le soir, et avait dit à Joachim Crête :

— Tu viens à la messe de Mênuit sans doute ?

Un petit éclat de rire sec y avait répondu. C'était Hubert Sauvageau qu'entrait, et qu'allait s'assire dans un coin, en allumant son bougon.

— On voira ça, on voira ça ! qu'y dit.

— Pas de blague, la jeunesse ! avait ajouté bonhomme Corriveau en sortant : la messe de Mênuit, ça doit pas se manquer, ça.

Puis il était parti, son fouet à la main.

— Ha ! ha ! ha !... avait ricané Sauvageau ; on va d'abord jouer une partie de dames, monsieur Joachim, c'pas ?

— Dix, si tu veux, mon vieux ; mais faut prendre un coup premièrement, avait répondu le meunier.

Et la ribote avait commencé.

Quand ça vint sus les onze heures, un voisin, un nommé Vincent Dubé, cogna à la porte :

— Coute donc, Joachim, qu'y dit, si tu veux une place dans mon berlot pour aller à la messe de Mênuit, gêne-toi pas : je suis tout seul avec ma vieille.

— Merci, j'ai ma guevale, répondit Joachim Crête.

— Vont'y nous ficher patience avec leux messe de Mênuit ! s'écria le Sauvageau, quand la porte fut fermée.

— Prenons un coup ! dit le meunier.

Et en avant la pintochade, avec le jeu de dames !

Les gens qui passaient en voiture ou à pied se rendant à l'église, se disaient :

—Tiens, le moulin de Joachim Crête marche encore : faut qu'il ait gros de farine à moudre.

— Je peux pas craire qu'il va travailler comme ça sus le saint jour de Noël.

— Il en est ben capable.

— Oui, surtout si son Sauvageau s'en mêle...

Ainsi de suite.

Et le moulin tournait toujours, la partie de dames s'arrêtait pas ! et la brosse allait son train.

Une santé attendait pas l'autre.

Queuqu'un alla cogner à la fenêtre :

— Holà ! vous autres ; y s'en va mênuit. V'là le dernier coup de la messe qui sonne. C'est pas ben chrétien c'que vous faites là.

Deux voix répondirent :

— Allez au sacre ! et laissez-nous tranquilles !

Les derniers passants disparurent. Et le moulin marchait toujours.

Comme il faisait un beau temps sec, on entendait le tic-tac de loin ; et les bonnes gens faisaient le signe de la croix en s'éloignant.

Quoique l'église fût à ben proche d'une demi-lieue du moulin, les sons de la cloche y arrivaient tout à clair.

Quand il entendit le tinton, Joachim Crête eut comme une espèce de remords :

— V'là mênuit, qu'y dit, si on levait la vanne...

— Voyons, voyons, faites donc pas la poule mouillée, hein ! que dit le Sauvageau. Tenez, prenons un coup et après ça je vous fais gratter.

— Ah ! quant à ça, par exemple, t'es pas bletté pour, mon jeune homme !... Sers-toi, et à ta santé !

—À la vôtre, monsieur Joachim !

Ils n'avaient pas remis les tombleurs sus la table, que le dernier coup de cloche passait sus le moulin comme un soupir dans le vent.

Ça fut plus vite que la pensée... crac! v'là le moulin arrêté net, comme si le tonnerre y avait cassé la mécanique. On aurait pu entendre marcher une souris.

— Quoi c'que ça veut dire, c'te affaire-là? que s'écrie Joachim Crête.

— Queuques joueurs de tours, c'est sûr! que fit l'engagé.

— Allons voir c'que y a, vite!

On allume un fanal, et v'là nos deux joueurs de dames partis en chambranlant du côté de la grand'roue. Mais ils eurent beau chercher et fureter dans tous les coins et racoins, tout était correct; y avait rien de dérangé.

— Y a du sorcier là-dedans! qu'y dirent en se grattant l'oreille.

Enfin, la machine fut remise en marche, on graissit les mouvements, et nos deux fêtards s'en revinrent en baraudant reprendre leux partie de dames — en commençant par reprendre un coup d'abord, ce qui va sans dire.

— Salut, Hubert!

— C'est tant seulement, monsieur Joachim...

Mais les verres étaient à peine vidés que les deux se mirent à se regarder tout ébarouis. Y avait de quoi: ils étaient soûls comme des barriques d'abord, et puis le moulin était encore arrêté.

— Faut que des maudits aient jeté des cailloux dans les moulanges, balbutia Joachim Crête.

— Je veux que le gripette me torde le cou, baragouina l'engagé, si on trouve pas c'qu'en est, c'te fois-citte!

Et v'là nos deux ivrognes, le fanal à la main, à rôder tout partout dans le moulin, en butant pi en trébuchant sus tout c'qu'y rencontraient.

Va te faire fiche! y avait rien, ni dans les moulanges ni ailleurs.

On fit repartir la machine; mais ouichte, un demi-tour de roue, et pi crac!... Pas d'affaires: ça voulait pas aller.

— Que le diable emporte la boutique! vociféra Joachim Crête. Allons-nous-en!

Un juron de païen lui coupa la parole. Hubert Sauvageau, qui s'était accroché les jambes dans queuque chose, manquable, venait de s'élonger sus le pavé comme une bête morte.

Le fanal, qu'il avait dans la main, était éteindu mort comme de raison; de sorte qu'y faisait noir comme chez le loup: et Joachim Crête, qu'avait pas trop à faire que de se piloter tout seul, s'inventionna pas d'aller porter secours à son engagé.

— Que le pendard se débrouille comme y pourra! qu'y dit, moi j'vas prendre un coup.

Et, à la lueur de la chandelle qui reluisait de loin par la porte ouverte, il réussit, de Dieu et de grâce, et après bien des zigzags, à se faufiler dans la cambuse, où c'qu'il entra sans refermer la porte par derrière lui, à seule fin de donner une chance au Sauvageau d'en faire autant.

Quand il eut passé le seuil, y piqua tout dret sus la table ou c'qu'étaient les flacons, vous comprenez ben; et il était en frais de se verser une gobe en swignant sus ses hanches, lorsqu'il entendit derrière lui comme manière de gémissement.

— Bon, c'est toi? qu'y dit sans se revirer; arrive c'est le temps.

Pour toute réponse, il entendit une nouvelle plainte, un peu plus forte que l'autre.

— Quoi c'que y a!... T'es-tu fait mal?... Viens prendre un coup, ça te remettra.

Mais bougez pas, personne venait ni répondait.

Joachim Crête, tout surpris, se revire en mettant son

tombleur sus la table, et reste figé, les yeux grands comme des piastres françaises et les cheveux drets sus la tête.

C'était pas Hubert Sauvageau qu'il avait devant la face : c'était un grand chien noir, de la taille d'un homme, avec des crocs longs comme le doigt, assis sus son derrière, et qui le regardait avec des yeux flamboyants comme des tisons.

Le meunier était pas d'un caractère absolument peureux : la première souleur passée, il prit son courage à deux mains et appela Hubert :

— Qui c'qu'a fait entrer ce chien-là icitte ?

Pas de réponse.

— Hubert ! insista-t-il la bouche empâtée comme un homme qu'a trop mangé de cisagrappes, dis-moi donc d'où c'que d'sort ce chien-là !

Motte !

— Y a du morfil là-dedans ! qu'y dit : marche te coucher, toi !

Le grand chien lâcha un petit grognement qui ressemblait à un éclat de rire, et grouilla pas.

Avec ça, pas plus d'Hubert que sus la main.

Joachim Crête était pas aux noces, vous vous imaginez. Y comprenait pas c'que ça voulait dire ; et comme la peur commençait à le reprendre, y fit mine de gagner du côté de la porte. Mais le chien n'eut qu'à tourner la tête avec ses yeux flambants, pour y barrer le chemin.

Pour lorsse, y se mit à manœuvrer de façon à se réfugier tout doucement et de raculons entre la table et la couchette, tout en perdant le chien de vue.

Celui-ci avança deux pas en faisant entendre le même grognement.

— Hubert ! cria le pauvre homme sur un ton désespéré.

Le chien continua à foncer sus lui en se redressant sus ses pattes de derrière, et en le fisquant toujours avec ses yeux de braise.

— À moi!... hurla Joachim Crête hors de lui, en s'acculant à la muraille.

Personne ne répondit; mais au même instant, on entendit la cloche de l'église qui sonnait l'Élévation.

Alors une pensée de repentir traversa la cervelle du malheureux.

— C'est un loup-garou! s'écria-t-il, mon Dieu, pardonnez-moi!

Et il tomba à genoux.

En même temps l'horrible chien se précipitait sus lui.

Par bonheur, le pauvre meunier, en s'agenouillant, avait senti quèque chose derrière son dos, qui l'avait accroché par ses hardes.

C'était une faucille.

L'homme eut l'instinct de s'en emparer, et en frappa la brute à la tête.

Ce fut l'affaire d'un clin d'œil, comme vous pensez bien. La lutte d'un instant avait suffi pour renverser la table, et faire rouler les verres, les bouteilles et la chandelle sus le plancher. Tout disparut dans la noirceur.

Joachim Crête avait perdu connaissance.

Quand il revint à lui, quéqu'un y jetait de l'eau frette au visage, en même temps qu'une voix ben connue y disait:

— Quoi c'que vous avez donc eu, monsieur Joachim?

— C'est toi, Hubert?

— Comme vous voyez.

— Où c'qu'il est?

— Qui?

— Le chien.

— Queu chien?

— Le loup-garou.

— Hein!...

— Le loup-garou que j'ai délivré avec ma faucille.

— Ah! ça, venez-vous fou, monsieur Joachim?

—J'ai pourtant pas rêvé ça... Pi toi, d'où c'que tu deviens?

— Du moulin.

— Mais y marche à c'te heure, le moulin?

— Vous l'entendez.

— Va l'arrêter tout de suite: faut pas qu'y marche sus le jour de Noël.

— Mais il est passé le jour de Noël, c'était hier.

— Comment?

— Oui, vous avez été deux jours sans connaissance.

— C'est-y bon Dieu possible! Mais quoi c'que t'as donc à l'oreille, toi? du sang!

— C'est rien.

— Où c'que t'as pris ça? Parle!

— Vous savez ben que j'ai timbé dans le moulin, la veille de Noël au soir.

— Oui.

— Eh ben, j'me suis fendu l'oreille sus le bord d'un sieau.

Joachim Crête, mes enfants, se redressit sur son séant, hagard et secoué par un frémissement d'épouvante:

— Ah! malheureux des malheureux! s'écria-t-il; c'était toi!...

Et le pauvre homme retomba sus son oreiller avec un cri de fou.

Il est mort dix ans après, sans avoir retrouvé sa raison.

Quant au moulin, la débâcle du printemps l'avait emporté.

Louis Fréchette, *Contes*, Fides
(coll. «Nénuphar»), 1974

PAMPHILE LEMAY

—∾⌘∾—

Fils de Léon Lemay, cultivateur, marchand et aubergiste, et de Louise Auger, Léon-Pamphile Lemay (on trouve aussi Le May et LeMay) naît le 5 janvier 1837 à Lotbinière. De 1846 à 1850, il étudie à Trois-Rivières, au Collège des frères des Écoles chrétiennes. Il retourne en 1850 à Lotbinière, pour cause de maladie, et entre en 1852 au Petit Séminaire de Québec. Ses études classiques terminées, il s'inscrit en droit, abandonne, se rend aux États-Unis, d'où il revient presque aussitôt, travaille quinze jours chez un marchand général à Sherbrooke et entreprend finalement, à Ottawa, des études de philosophie et de théologie bientôt interrompues à cause d'une dyspepsie chronique. En 1860, il est stagiaire chez les avocats Lemieux et Rémillard, à Québec, où il rencontre Louis Fréchette. Fréchette et lui sont bientôt nommés traducteurs au Parlement provincial. Admis au barreau en 1865, Pamphile Lemay devient bibliothécaire de l'Assemblée législative (1867) et s'installe à Québec. C'est l'époque où il écrit des poèmes, des romans, des pièces de théâtre et un recueil de contes, Contes vrais (1899), qu'il réédite en 1907 après l'avoir considérablement augmenté. Membre fondateur de la Société royale du Canada en 1882 et docteur ès lettres en 1888, il prend sa retraite en 1892 et se fixe défnitivement à Saint-Jean-Deschaillons, où il meurt le 11 juin 1918. Il a épousé en 1865 Célima Robitaille.

Fantôme

Son cœur était pris. À la vérité, elle ne l'avait pas défendu, car elle voulait un maître, et elle se sentait faite pour la servitude, la douce servitude des âmes tendres, qui portent comme un trophée les chaînes de l'amour, et comme un diadème la couronne d'épines des épreuves.

Ce n'était pas dans les enivrantes fêtes du monde qu'elle l'avait rencontré. La lumière un peu aveuglante des candélabres dorés n'avait jamais enveloppé, de son chaud rayonnement, la tête un peu mutine de cette libre fille des champs. Mais le cœur se réveille aussi bien dans le calme endormeur de la vallée, que sur les cimes bruyantes qui regardent le ciel ; et les amitiés qui naissent au soleil de la prairie, ou sous la ramure parfumée, gardent toujours quelque chose de leur suavité première.

Ensemble, aux jours de leur enfance, ils avaient fréquenté l'école du village. Elle, plus jeune et plus studieuse, lui, moins adonné à l'étude qu'au jeu, et regardant souvent, d'un œil coquin, par-dessus son livre ouvert, la petite écolière du banc voisin.

Ils avaient marché, poussés par la foule qui se hâte vers l'avenir, et quinze ans après, Joséphine Duvallon, la petite studieuse d'autrefois, était une grande brune, fraîche et rose comme un fruit mûr, et Mathias Padrol, son petit ami, robuste, large d'épaules, la lèvre marquée d'une moustache noire en accent circonflexe, passait à bon droit pour le plus faraud de la paroisse. Il n'en était pas le plus beau. Jean-Paul Duvallon, le frère de Joséphine, avait meilleure tournure. Puis son œil bleu plein de rêves troublait agréablement les jeunes âmes. Les sensibles villageoises se tournaient vers lui, comme les marguerites des prés se tournent vers la lumière. Mathias aurait été jaloux s'il n'eût aimé la sœur de son ami.

Un jour, ils partirent ensemble, Mathias et Jean-Paul, pour courir après la fortune. Ce fut un jour de deuil pour leurs familles et pour la jeunesse de la paroisse.

L'absence avait duré trois ans, et les jeunes voyageurs parlaient de leur retour au pays. Cependant Mathias revint seul. Il avait le teint bronzé par le soleil, les mains gercées par le travail, le front traversé par une ride, le regard chargé d'une lueur singulière. Avec tout cela, fier d'être au milieu des siens, pendant que ses compagnons peinaient encore là-bas, dans les montagnes de la Californie, le pic à la main pour déterrer les filons d'or, le pistolet à la ceinture pour se defendre contre les bandits.

Lui, il avait été très heureux. Sa bêche infatigable avait découvert d'inépuisables veines, et il avait marché dans la poussière d'or, comme d'autres marchent dans la boue. Il ne s'était pas montré souvent dans les rues de San Francisco, redoutant les appels séduisants des chopes mousseuses, des tapis verts, des alcôves sombres. Il avait mieux aimé la vie solitaire dans les âpres montagnes, les jours laborieux, les nuits reposantes sous les rameaux embaumés. C'était lui qui disait cela.

L'espoir d'éblouir sa paroisse par l'éclat de sa fortune avait été un aiguillon puissant, il ne le cachait pas. Il aimait les richesses et, dans sa vanité, il ne lui déplaisait nullement d'éclabousser ses amis restés gueux.

Maintenant l'heure du repos sonnait. Il allait jouir en paix du fruit de ses labeurs : il se promettait une longue existence de plaisirs.

Bien des jeunes gens lui portaient envie et regrettaient de ne l'avoir pas suivi au pays de l'or. Ils ne songeaient pas aux autres qui n'étaient point revenus, à Casimir Pérusse, à Robert Dulac, à Jean-Paul Duvallon, le frère de Joséphine, la sage petite écolière d'antan. Oui, ce Mathias Padrol, il faisait bien des jaloux.

Le lendemain de son arrivée on était venu le voir d'une lieue à la ronde. La maison s'était remplie. On avait ouvert la chambre de compagnie, comme pour le curé, et c'est là qu'on était venu d'abord lui serrer la main ; mais bientôt les fumeurs avaient fait irruption dans la cuisine, et les femmes s'étaient groupées un peu partout. Il fallait bien le voir et l'entendre. Lui, il passait d'une pièce à l'autre, fier de cet empressement, agitant la grosse breloque d'or qui pendait à sa chaîne de montre, et faisant miroiter, comme par hasard, l'énorme chaton qui lui embarrassait les doigts.

Les Duvallon étaient accourus les premiers. Le père, la mère et la fille. C'était là toute la famille maintenant. Ils ne demeuraient pas loin, la quatrième terre en gagnant l'église. Ils avaient espéré presser sur leur cœur l'enfant prodigue, mais Jean-Paul ne se trouvait pas encore riche, et il restait là-bas, dans l'ennui, guettant une dernière occasion de réaliser de jolis bénéfices.

Pourtant, il avait écrit qu'il partirait avec Mathias. Ils ne s'étaient jamais séparés. Ils ne se sépareraient jamais... Entre son vieux père et sa vieille mère, il pouvait vivre heureux sur le bien des ancêtres...

Il avait même laissé deviner un secret qui jetait l'âme de sa sœur dans un doux émoi : ils seraient, Mathias et lui, unis bientôt par un lien plus fort que l'amitié. Cela dépendrait d'elle, Joséphine...

La mère Duvallon pleurait, Joséphine se consolait, disant que c'eût été trop de bonheur à la fois. Le père était songeur et ne disait mot.

— Il reviendra, affirmait Mathias, ne vous découragez point...

Le temps de régler certaines affaires importantes... Vous le reverrez, bien sûr... Il m'a prié de vous embrasser tous, et de vous dire de vivre sans inquiétude...

— Et nous autres qui comptions l'avoir à notre petite fête du foulage! s'écria la mère Duvallon, en s'essuyant les yeux avec le coin de son tablier.

*
* *

En ce temps-là la vie des champs était plus rude qu'aujourd-'hui, mais elle était plus belle. Les rapports entre les voisins étaient plus intimes; les mœurs avaient encore quelque chose de patriarcal. La paroisse était une grande famille tenant feu et lieu un peu partout, à la «grand-côte» et dans les «concessions», sous l'œil du curé et des vieillards.

L'industrie dormait. La machine n'avait pas remplacé les bras et la corvée florissait. Non pas la corvée humiliante et lourde de la féodalité, qui taillait le peuple à merci, mais la corvée de la liberté chrétienne, qui s'empresse à secourir la souffrance.

Et parmi ces petites fêtes du travail, le foulage des étoffes de laine n'était pas sans originalité.

La mère Duvallon, qui portait allégrement ses soixante années, avait filé bien des aunes pendant les longues soirées de l'automne. Et toujours, pour accompagner le grondement du fuseau où se tordait le brin soyeux, un refrain d'ancienne chanson avait voltigé sur ses lèvres. Joséphine, debout devant le métier bruyant, avait tissé les étoffes nouvelles. Le bourdonnement du rouet, le claquement des marches sous des pieds vaillants, la course étourdissante de la navette sur la chaîne, le choc vif et dur des lisses sur la trame, tout cela avait rempli la maison d'un bruit singulier, et ceux qui passaient devant la porte se détournaient pour voir un peu les bonnes ouvrières, et mieux entendre les joyeux échos du travail.

Maintenant plusieurs pièces d'étoffe, roulées avec soin et recouvertes d'un drap, à cause de la poussière, attendaient, au grenier, l'heure du foulage. Elle arriva.

Quand les invités entrèrent, le grand chaudron pendait à la crémaillère, au-dessus d'une flamme vive, dans la vaste cheminée de la cuisine. Dans cette ardente lueur du brasier, avec sa robe de suie, il paraissait plus noir. L'eau dont il était plein commençait à frissonner sous les rayons de la chaleur, et une buée legère, bientôt évaporée, cachait à demi le crochet de fer et les pièces enfumées de l'antique instrument. Dehors, sur des foyers de cailloux tout étroits il y avait des feux de sarments qui pétillaient, et, sur ces feux, dans plusieurs ustensiles, l'eau bouillante chantait aussi.

Une auge longue, profonde et large comme un canot de voyageurs, occupait le milieu de la pièce : et, tout près, à l'un des bouts de cette auge, on avait placé un dévidoir solide. Des bâtons de merisier ou de bouleau, dépouillés de leur écorce, durs et pesants, étaient rangés le long de la cloison.

Mathias Padrol était venu l'un des premiers. Il lui tardait de voir Joséphine et de lui dire comme il l'avait trouvée jolie, le dimanche précédent, quand elle avait fait la quête, à l'église, pour la chapelle de la Sainte Vierge. Il n'était pas, toutefois, sans éprouver un serrement de cœur, en songeant qu'il faudrait parler encore de Jean-Paul, son compagnon demeuré là-bas.

— À l'ouvrage, mes enfants, commanda le père Duvallon. voici les pièces d'étoffe qui descendent du grenier.

— Que ceux qui ont de bons bras prennent les rames, ajouta madame Duvallon, en montrant les rondins sans écorce, qui faisaient des lignes claires sur le bleu sombre de la cloison.

La première pièce se déroula lentement et descendit dans l'auge pleine d'eau.

— Au nouvel arrivé, au voyageur des «pays hauts», l'honneur de commencer, proposa Pierre Beaulieu, le premier voisin.
Un murmure approbateur suivit.

Mathias Padrol alla prendre un des plus longs gourdins, et vint se placer auprès de l'auge. D'autres firent comme lui. Ils étaient six, trois d'un côté, trois de l'autre. Ils formaient la première «escouade». D'un bras nerveux, avec leurs bâtons, ils poussèrent de-ci de-là, dans l'auge profonde, le tissu neuf qui s'imbiba d'eau chaude et devint très lourd.

Ils chantèrent des «chansons à la rame», des chansons aux refrains cadencés que toutes les voix répétaient, et leurs bâtons, en poussant l'étoffe, s'enfoncèrent dans l'eau comme des avirons. Quand ils les relevaient, des gouttes brûlantes ruisselaient comme des colliers de perles avec un bruissement clair.

— Drôles de canotiers, qui se tiennent debout en dehors de leur canot, et plongent leurs pagaies en dedans, fit une jeune fille, avec un éclat de rire.

— C'est qu'il n'y a plus d'eau dans la rivière, depuis que le père Chiniquy a prêché la tempérance, répliqua l'un des «fouleurs».

— Si les jeunes filles venaient nous aider à ramer, la barque irait plus vite, observa un autre.

— Et l'aviron pèserait moins, affirma un troisième.

Quelques jeunes filles, des plus rieuses, s'empressèrent de mettre leurs mains blanches sur les pagaies d'un nouveau genre, et l'étoffe roula dans sa couche humide avec un élan rapide. Des couplets d'un mouvement plus vif accompagnèrent le murmure de l'eau tourmentée. Il y avait des moments de repos. Puis, d'autres jeunes gens s'approchaient, à leur tour, de l'immense vaisseau où trempaient les aunes de drap neuf, et continuaient avec ardeur l'ouvrage commencé.

On avait jeté, dans l'eau chaude, quelques morceaux de savon fait à la lessive, et des bulles où s'allumaient de douces lueurs semblaient sourdre, comme des étincelles, du fond noir de l'auge, et une écume légère et blanche s'attachait, comme une dentelle fragile, aux longues parois.

Parfois une aigrette humide se détachait du tissu violemment secoué, et venait s'abattre sur une robe rose, ou sur un gilet noir. Des rires éclataient, et la robe ou le gilet s'en allaient se sécher poétiquement à la flamme du foyer.

C'est ainsi que Mathias et Joséphine, robe et gilet largement éclaboussés, s'appuyèrent au manteau de la cheminée. La flamme ondoyait, les vêtements séchaient, et les cœurs se réchauffaient. Tous les foyers bien attisés peuvent incendier les âmes, sans brûler leur chétive enveloppe.

Sur le grand dévidoir lentement tourné par des bras fermes, les aunes d'étoffe s'enroulèrent, trempées, chaudes, fumantes, et l'eau tombait en gouttes pressées, comme d'un nuage qui crève. Des femmes, un balai de cèdre à la main, essuyaient à mesure les ravages de l'ondée, et le plancher, sous le frottement des branches odorantes, prenait les clartés douces d'un brouillard au lever du soleil.

Au travail, succéda le plaisir, un plaisir fait de danses qui roulaient comme des tourbillons, de chansons lancées à plein gosier, de causeries jetées par bribes, d'un bout à l'autre de la salle.

Cependant, retirés dans un coin de la pièce, assis sur un coffre peint en bleu, près du lit de «parade» dont les rideaux de toile tombaient jusques à terre, Mathias et Joséphine avaient longtemps parlé tout bas, comme des amoureux qui ont peur d'ébruiter leur secret. Albert Dupuis, le menuisier qui avait bâti la maison du père Duvallon, un honnête homme et un bon ouvrier, avait jeté souvent de leur côté un regard inquiet et jaloux. Depuis longtemps il aimait la jeune fille, en silence et avec discrétion. Maintenant il regrettait de ne pas lui avoir «parlé» plus tôt. Le premier est toujours le premier.

Il fallut se reposer de la danse et des jeux, comme on s'était reposé du travail. Il fallut aussi calmer la faim qu'avaient

aiguisée l'exercice et la gaieté. Le réveillon survint. Il fut ac-
cueilli avec enthousiasme. Au dessert, après les chansons,
Mathias fut prié de raconter quelque chose. Il parla de son
retour.

*
* *

Ils étaient partis plusieurs ensemble pour revenir au pays. Ils
avaient traversé les montagnes et les prairies, armés comme
pour la guerre, car les sauvages qui errent dans ces contrées
lointaines sont traîtres et féroces. Ils avaient marché par des
sentiers ardus, le long des ravins ténébreux, au-dessus des pré-
cipices où grondaient des torrents invisibles. Ils avaient esca-
ladé des rochers abrupts calcinés par le soleil. Grâce à leur
connaissance de la forêt, à leur prudence, à l'ombre des arbres
touffus, ils traversèrent heureusement la chaîne des Rocheuses,
et descendirent dans l'immense prairie qui s'étend, comme un
océan sans limites, vers le soleil levant. Désormais il fallait
marcher à ciel ouvert. Plus de savane, plus de rochers, plus de
ravins pour les protéger. S'ils étaient aperçus par les Indiens, ils
seraient attaqués, et, s'ils étaient attaqués, pourraient-ils se
défendre avec succès et sauver leur vie?

Ils cheminaient à grands pas, dans le foin qui recouvre
d'un voile mouvant l'immensité de la plaine, et en cheminant,
ils regardaient à l'horizon, pour voir si la silhouette de quelque
bande ne s'y lèverait point, comme un nuage menaçant.

Un soir, dit-il, le soleil, descendu lentement du ciel bleu,
s'enfonçait dans les vagues lointaines de la prairie, comme un
œil sanglant qui va se fermer, et les herbes légères qui ondu-
laient au souffle du vent paraissaient bercer des éclairs. Nous
nous étions arrêtés pour contempler ce spectacle magnifique,
et par instant, nous ne pouvions nous défendre d'un frisson de
peur, car il nous semblait que le feu s'était allumé dans cet
océan de verdure aride, et qu'il s'avançait sur nous avec la

rapidité du torrent. Tout à coup, dans ce rayonnement merveilleux de la prairie, à une distance immense, nous aperçûmes
des ombres qui s'agitaient. Des profils d'hommes et de chevaux se dessinèrent peu à peu, noirs et superbes, sur le fond
de lumière. Les chevaux couraient, les hommes étaient armés.
On ne traverse point ces déserts sans carabines, revolvers ou
poignards. Nul doute, c'étaient des Indiens à la recherche
d'une caravane, ou fuyant après un pillage.

Les ombres grandissaient en se détachant de l'horizon de
feu. La troupe se dirigeait sur nous. Était-ce hasard ? Nous
avait-elle aperçus ? Impossible de fuir ; nous n'avions pas de
montures, et les coursiers sauvages venaient comme le vent.
Nous étions cinq, les Indiens paraissaient une cinquantaine. Et
puis, ces hommes-là sont d'une adresse incroyable. Debout sur
leurs chevaux au galop, ils lancent le lasso qui étrangle, la
flèche qui transperce ou la balle qui foudroie.

Nous eûmes un moment d'angoisse extrême, et nous
nous dîmes adieu.

Jean-Paul s'écria :

— Si je meurs, si vous vous sauvez...

— Jean-Paul ! firent ensemble les Duvallon, stupéfaits.

— Il est donc mort ! s'écria la mère, d'une voix brisée par
le désespoir.

— Mathias, pourquoi nous avoir caché cela ? reprocha
Joséphine, en laissant tomber sur sa main sa figure inondée de
larmes.

Le père Duvallon se leva de table et se prit à marcher à
grands pas.

Il murmurait :

— Jean-Paul !... Mon Dieu ! c'est-il possible ?...

Et tout le monde se mit à parler à la fois. C'était un bruit
sinistre de plaintes, de regrets, de soupirs, de sanglots. Mathias
eut un moment de frayeur. On l'entendit murmurer entre ses
dents serrées par le dépit :

— Ai-je été assez bête ?

Cependant on crut bien que le mouvement de colère venait de la peine qu'il causait à cette brave famille Duvallon. Il s'en voulait. Il ne pouvait toujours plus se taire maintenant. Il fallait tout dire. Le mal, au reste, n'en serait pas plus grand : le coup était porté.

— Voici, continua-t-il, il ne faut jamais se hâter de publier les mauvaises nouvelles. Pourquoi faire pleurer les gens aujourd'hui, si l'on peut attendre à demain ? Voilà pourquoi j'ai été discret. Et puis, il n'est pas sûr que Jean-Paul ait été tué. Il peut revenir. Vous savez, dans ces immenses prairies on se perd, on s'égare, on prend des routes qui ne conduisent pas toujours où l'on veut aller. Il est peut-être dans les mines à piocher de l'or, et il attend une caravane pour revenir.

C'est plus sûr, une caravane... Il allait, il allait...

— Oh ! Ce sont des illusions, des illusions ! interrompit le père Duvallon.

— Le cher enfant, il est bien mort ! il est bien mort ! sanglotait la pauvre mère.

Joséphine se retira dans sa chambre, pour pleurer, et on l'entendit gémir, car la porte resta entrouverte. Ses meilleures amies, entrées avec elle, s'efforçaient de la consoler.

Et puis, chacun évoquait le souvenir du malheureux jeune homme. On parlait de son enfance et de sa jeunesse, de ses alternatives de douce gaieté et de singulière tristesse. On vantait son amour du travail, sa complaisance, sa sensibilité. Il était pieux, il était fidèle à ses amitiés.

Un vieux chantre au lutrin, le père José-Henri, qui mettait sa gloire à chanter plus haut que les autres les psaumes des vêpres, raconta comme il se hâtait de se rendre à l'église, le dimanche, pour servir la messe, ou s'asseoir dans les stalles dorées du sanctuaire, avec les autres enfants de chœur. Il se souvenait de son air digne et de sa démarche mesurée, alors que vêtu de sa jupe noire et de son surplis blanc aux larges manches, il était thuriféraire, les jours de grande fête. Nul mieux que lui ne balançait l'encensoir. Il faisait, d'un geste aisé, décrire à la chaîne luisante une courbe gracieuse ; et l'encensoir retombait mollement, sans bruit et sans perdre le feu bénit, puis remontait encore, trois fois pour le curé, trois fois pour chaque côté du chœur, et trois fois pour le peuple.

Alors un nuage d'encens roulait dans l'air tiède de l'église, et s'étendait comme un voile de gaze azurée sous les arceaux de la voûte.

Cependant l'on entourait Mathias. Il fallait savoir comment cela avait fini, cette attaque des Indiens.

— Dis tout, raconte tout ce que tu sais, cela vaut mieux, observa le père Duvallon.

Mathias, s'efforçant de paraître ému, reprit d'une voix basse, comme s'il eût eu peur de réveiller de nouvelles douleurs :

— Il ne fallait pas songer à demeurer ensemble, car le groupe que nous formions pouvait être vu d'une longue distance. Chacun prit donc de son côté, au pas de course, et chercha une cachette sous les touffes de foin, dans les replis du sol, qui sont comme les ondulations des eaux. Pour moi, je me jetai immédiatement à terre, et j'attendis, dans une terreur que je ne saurais peindre, et en conjurant le ciel de me prendre en pitié, l'arrivée de la bande cruelle. Je m'imaginais que mes compagnons, poussés par l'instinct plutôt que guidés par la réflexion, se sauveraient aussi loin que possible, et seraient en conséquence observés plus longtemps. J'avais raisonné juste. J'aurais voulu retenir Jean-Paul, mais il était déjà loin.

Au bout de quelques instants j'entendis le galop des coursiers. Il produisait un grondement sourd comme le tonnerre qui roule, et le sol frémissait sous mes membres. L'ardente chevauchée approchait. Elle approchait en poussant des clameurs féroces. Soudain, je me vois envelopper d'un nuage horrible. Une sueur froide m'inonde et je me prends à trembler comme dans la fièvre.

Elle courait toujours. Elle s'éloignait. Je n'avais pas été vu. Le bruit infernal allait mourant. Mais voici qu'un hurlement nouveau remplit les airs, un hurlement de joie. Mes compagnons avaient été découverts, sans doute ; quelques-uns d'entre eux, du moins. Je n'osais pas remuer, de crainte de me trahir, et toute la nuit je restai sous le foin qui m'avait sauvé.

Le matin, quand les sauterelles et les criquets se mirent à voltiger au-dessus des brins de mil, ou à crier leurs rauques saluts au soleil levant, les Indiens avaient disparu, et je me trouvai seul au désert. J'appelai mes compagnons, mais nulle voix ne répondit à la mienne. Que sont-ils devenus ? Ont-ils été tués ? Sont-ils prisonniers ? Je l'ignore.

*
* *

Deux fois les jours sombres et courts de l'automne s'étaient enfuis comme des volées de corbeaux, et deux fois l'hiver, de son écharpe de neige, avait enveloppé nos campagnes endormies. Noël avait chanté l'hosanna auprès de l'Enfant-Dieu et le monde avait de nouveau tressailli d'allégresse, au souvenir du plus consolant des mystères. Le carnaval avait encore secoué ses grelots éveillés au milieu de la foule distraite, puis le carême était venu mettre un peu de cendre sur la tête des chrétiens en leur murmurant d'une voix grave :

«Homme, souviens-toi que tu n'es que poussière et que tu retourneras en poussière !»

On était au dimanche de Pâques fleuries, et les jours de grande tristesse qui allaient venir seraient suivis d'un solennel et joyeux alleluia.

Un alléluia joyeux, surtout, pour les jeunes gens qui devraient se jurer un éternel amour au pied des autels. Et parmi ces heureux que proclamait la rumeur, se trouvaient Mathias Padrol et Joséphine Duvallon.

Le père Duvallon avait besoin d'un homme pour l'aider à ses travaux. Le rude labeur de toute une vie aux champs commençait à peser sur ses épaules, et les ouvriers se faisaient rares. Les mines d'or de la Californie, et les manufactures de la république voisine, attiraient toujours la jeunesse. Elle entendait, dans un rêve obsesseur, le bruit des machines puissantes; elle voyait les étincelles des paillettes d'or. Il fallait partir. Mathias demeurerait avec son beau-père. Il serait l'enfant de la maison, puisque Jean-Paul ne revenait point.

Les bans furent publiés du haut de la chaire. Première et dernière publication. La chose fut remarquée, parce qu'à cette époque on ne se dispensait pas aisément des trois publications exigées par la discipline de l'Église. On savait que Mathias avait de l'argent, et qu'il aimait à trancher du grand.

Les invités à la noce étaient nombreux. Le père Duvallon se serait bien donné garde d'oublier un parent ou un ami. Il n'aurait voulu froisser personne, d'abord; puis, il aimait bien s'amuser un brin. Mathias et les siens, un peu pingres, un peu vaniteux, auraient préféré trier les convives. Ils durent cependant ouvrir grande la porte, pour ne pas déplaire au père Duvallon. Et puis, ça n'arriverait toujours qu'une fois.

Le matin était un peu froid, mais les chemins étincelaient comme des ceintures diamantées, sous les reflets d'un beau soleil d'avril. Le soleil, un jour de mariage, semble un gage de bonheur. L'union sera sans nuages.

Une longue file de voitures se dirigea vers l'église. On entendait de loin la gaie musique des sonnettes argentines et des grelots sonores. De loin on voyait glisser, sur l'éclatant tapis de neige, les profils sombres des chevaux et des «carrioles».

Les cloches voulurent être de la fête, et quand la noce franchit le seuil de l'église, elles jetèrent, dans le ciel limpide, les éclats joyeux de leurs grosses voix d'airain.

La cérémonie tardait un peu. Le servant n'arrivait pas. Les cierges étaient allumés dans leurs chandeliers d'argent ciselé, deux sur l'autel et six sur la balustre, auprès des vases de fleurs artificielles, devant les mariés. Leurs petites flammes douces étoilaient de points d'or le sanctuaire vide.

L'officiant s'était habillé pour la messe. Il avait mis un vêtement riche, comme les jours de grande fête : une chasuble de soie blanche, toute moirée, avec une large croix et des guirlandes de roses brodées en or. Il attendait, debout devant la haute armoire de la sacristie, vis-à-vis un crucifix d'ivoire. Il s'impatientait. On a beau avoir de la douceur, on ne saurait empêcher la bile de s'échauffer un peu, quand on attend par la faute d'un autre.

Enfin, la porte s'ouvrit, et deux jeunes garçons se précipitèrent vers la garde-robe où pendaient les surplis.

Le prêtre murmura :

— Deux, maintenant... Aurait mieux valu un seul qui serait arrivé plus tôt.

Les petits servants se hâtaient de se vêtir. L'un d'eux, le plus jeune, dit à l'autre, en attachant autour de sa taille les cordons de sa jupe noire :

— T'es-tu mis au chœur, déjà ?... As-tu servi des mariages ?

L'autre ne répondit point. Il cherchait un surplis, parmi tous ces vêtements blancs et noirs, qui semblaient des spectres accrochés à la file.

— Ne prends pas celui-là. C'est au petit Moraud... Il vient de Jean-Paul Duvallon... c'est un souvenir... Tu le mets ?... M. le curé pourrait bien te le faire ôter.

L'autre ne répondit encore rien. Il s'habillait, et le surplis un peu raidi par l'empois, et la jupe, noire comme une plume de corbeau, lui allaient à merveille.

— Veux-tu porter le bénitier, reprit le premier, moi je porterai le livre ?... Comme tu voudras. Ça m'est égal.

Son compagnon, toujours silencieux, ne le regardait seulement pas.

— On n'est pas dans l'église ici, tu peux lâcher ta langue.

Le cure gronda :

— Allons ! Avancez !

lls accoururent. L'un prit le livre, l'autre prit le bénitier.

Le prêtre s'inclina devant le crucifix d'ivoire, et se dirigea vers le sanctuaire, sans plus se soucier des petits servants qui marchaient devant lui.

Presque tous les bancs de la nef étaient occupés. On aurait dit un jour férié. Il y avait beaucoup de curieux, des femmes surtout.

La lourde porte du chœur, toute sculptée, tourna lentement sur ses gonds de cuivre poli. La cérémonie commençait. Il se fit dans les bancs un mouvement houleux comme sur la mer. Les promis s'agenouillèrent sur la plus haute marche du balustre. La jeune fille, devant le mystère nouveau, sentait son cœur se serrer comme dans une angoisse. Elle était heureuse pourtant. Le jeune homme, un peu raide, la tête haute, tâchait de paraître beau. Il s'occupait de lui-même.

Après une courte lecture sur la sainteté du sacrement de mariage, le prêtre s'adressant au marié, demanda :

— Mathias Padrol, prenez-vous Joséphine Duvallon, qui est ici présente, pour votre future et légitime épouse ?

— Oui, Monsieur, répondit d'une voix forte le jeune homme.

Alors le prêtre reprit :

— Joséphine Duvallon, prenez-vous Mathias Padrol, qui est ici présent, pour votre futur et légitime époux ?

— Non, Monsieur, répondit une voix faible.

Il y eut un mouvement de surprise dans la foule. Plusieurs se levèrent debout sur les bancs pour voir ce qui allait suivre.

Le prêtre, stupéfait, regardait la fiancée et semblait attendre une explication.

Mathias, la figure toute rouge à cause de la honte, ou peut-être de la colère, demanda tout haut :

— Pourquoi ?

Le curé, retrouvant le calme nécessaire, dit à l'épousée :

— Il ne fallait pas venir ici, mon enfant... C'est la profanation d'un grand sacrement... Si ce n'est tout à fait la profanation, c'est le mépris... Or, Dieu se sent offensé... Il ne faut pas agir ainsi dans le temple du Seigneur, au pied de l'autel, en présence de Jésus-Christ...

— Mais, Monsieur le curé, je n'ai rien dit, repartit la promise toute tremblante, et des larmes dans les yeux.

— Comment, ce n'est pas vous qui avez répondu : Non ?

— Je n'ai pas eu le temps de répondre, Monsieur le curé.

L'officiant s'indigna :

— Il y a donc, ici, quelqu'un qui oublie volontairement le respect dû à Dieu et à la sainte religion. On veut changer en comédie un des actes les plus solennels de la société chrétienne. Que l'on prenne garde. La loi civile viendra, s'il en est nécessaire, au secours du culte sacré...

Il regarda les servants tour à tour, comme s'il les eût soupçonnés de cette indécente plaisanterie. Ils se tenaient à ses côtés, l'un à droite, l'autre à gauche, calmes, immobiles, les yeux fixés sur la mariée.

Puis les regards se portèrent alors vers eux. Ils n'avaient pas l'air de grands coupables. Le plus jeune se mit à sourire, trouvant cela drôle, sans doute. L'autre était très pâle et une tristesse étrange se peignait sur sa figure d'adolescent.

La mariée les regarda aussi et elle tressaillit.

On entendit chuchoter.

— C'est le petit Antoine Beaudet, celui-ci. On le connaît ; il sert la messe tous les dimanches. Mais l'autre... l'autre... qui peut-il être ? On dirait que c'est Jean-Paul... enfant de chœur. Vous vous en souvenez ?

Mathias lui-même, comme pris de vertige, se mit à parler à sa future.

— Quel est ce petit servant ? Comme il ressemble à ton frère !... Tu dois savoir son nom... Je ne le remets pas, moi...

La fiancée eut envie de pleurer; cela lui aurait fait du bien. Elle s'efforça de sourire. Le prêtre recommença:

— Joséphine Duvallon, prenez-vous Mathias Padrol, qui est ici présent, pour votre futur et légitime époux?

Elle n'eut pas davantage le temps de répondre. Une voix lugubre qui sortait comme d'une tombe répéta:

— Non, Monsieur.

Cette fois, il passa un frisson de terreur sur la foule attentive, et il se fit un silence qui avait quelque chose d'effrayant. Le curé ne dit rien. Il croyait toujours à un mauvais plaisant. Un ventriloque peut-être, qui se cachait dans l'assemblée pieuse, et bravait, pour s'amuser, les foudres du Seigneur. Il se pencha vers la jeune fille, afin de recevoir sa réponse.

Elle allait dire: oui, quand ses regards rencontrèrent de nouveau les regards du servant que personne ne connaissait. Elle poussa un grand cri et s'affaissa.

Mathias voulut la secourir. Un vent brûlant passa qui éteignit les cierges, et tout le monde entendit le bruit d'un soufflet sur une joue.

Le marié releva la tête. C'est lui qui venait d'être souffleté. Il voulait voir l'insolent qui l'avait frappé. Il demeura terrifié. Puis, d'une voix pleine d'épouvante, il cria deux fois:

— Jean-Paul!.. Jean-Paul!

Et il sortit de l'église, titubant comme un homme ivre, les yeux dilatés par l'effroi, pâle, avec une tache rouge sur la joue, la marque du soufflet.

Où allait-il?

L'un des petits servants avait grandi tout à coup, et il paraissait un homme maintenant. Et cet homme, c'était Jean-Paul Duvallon. Il portait au cou une large blessure, et son front était percé d'une balle. Il avait la teinte livide du cadavre et ses yeux versaient des larmes.

— Assassiné!... il a été assassiné! s'écrièrent plusieurs.

Mais l'assassin, où est-il? Est-ce l'Indien de la prairie? est-ce le jeune homme superbe qui s'en va avec le soufflet du mort sur la joue ?

L'église retentit de lamentations, les cloches sonnèrent un glas funèbre ; le prêtre, dépouillant ses vêtements pompeux, mit sur ses épaules la chasuble noire et dit la messe pour le repos de l'âme de Jean-Paul Duvallon.

Il n'y avait plus qu'un petit servant.

Ainsi finit la noce, ainsi finit mon histoire.

Pamphile Lemay, *Contes vrais,*
Fides, (coll. « Nénuphar), 1973.

Le loup-garou

I

Si je mens, c'est d'après Geneviève Jambette.

Il y a «beau temps passé» depuis qu'elle nous faisait ses récits de loups-garous, de feux follets et de chasse-galerie. J'allais alors à «l'école de l'église», et je n'étais qu'un gamin espiègle qui faisait des niches à la destinée. À l'entrée de l'existence où je me trouvais placé, je regardais la vie par le gros bout de la lunette. Elle se perdait dans un lointain mystérieux. Ô la douce illusion!

Je n'ai fait qu'un pas de l'enfance à la vieillesse. Le temps d'espérer en vain! d'aimer en fou, de rêver en poète et de souffrir en martyr. C'est tout. Mais il ne faut pas que je m'oublie à parler de moi; c'est du loup-garou à Geneviève Jambette que je dois vous entretenir aujourd'hui.

Pauvre Geneviève, elle était vieille déjà quand elle nous racontait ses histoires si vraies!

Satanpiette! disait-elle, c'est la pure vérité.

Demandez à Firmin.

Firmin, c'était son frère.

Elle demeurait à deux lieues de l'église, et pour ne pas manquer la messe, elle arrivait la veille des fêtes et des dimanches. Combien, dans nos campagnes brûlantes de foi, font ainsi toujours!

Et toujours nos maisons hospitalières s'ouvrent avec plaisir pour les recevoir.

C'était chez le père Amable Beaudet qu'elle descendait; et c'est là que je l'ai bien des fois écoutée. Elle est morte depuis longtemps la vieille conteuse naïve, et bien peu se souviennent d'elle aujourd'hui. La postérité n'existe pas pour elle, car dans son amour de la vertu, elle aurait pu dire comme la Vierge à l'ange: « *Quomodo fiet istud quoniam virum non cognosco?* »

Et ceux qui n'ont pas d'enfants meurent plus profondément que les autres.

— Le loup-garou! le loup-garou! me criez-vous, ennuyés ou curieux.

Franchement, je ne sais pas trop si je vais me rappeler la chose.

Ah! bon! Geneviève commençait ainsi:

— Mes petits enfants, il faut aller à confesse et faire ses pâques. Celui qui est sept ans sans faire ses pâques «court» le loup-garou.

— Mais est-ce qu'il y a des chrétiens qui restent sept ans sans communier à Pâques? disions-nous étonnés.

— Oui, il y en a malheureusement. Ils sont rares, mais il y en a. Et si le monde continue comme il est parti, dans cinquante ans, ça ne sera pas drôle. On ne rencontrera que des loups-garous, la nuit.

— Est-ce que c'est malin, un loup-garou?

C'est ce pauvre Hubert Beaudet, mort à l'autel, qui demandait cela d'un ton gouailleur. Et la vieille répondait:

— C'est effrayant. Ça ressemble à un autre loup, mais ce n'est pas pareil. Les yeux sont comme des charbons ardents, les poils sont raides, les oreilles se dressent comme des cornes, la queue est longue. Ils rôdent, cherchant qui les délivrera.

— Les délivrer? Comment?

— Il faut leur tirer du sang. Une goutte suffirait.

— Et si on tuait le loup-garou ?

— On tuerait le chrétien.

— Pendant le jour, où se cachent-ils, les loups-garous ? fit Élisée, le frère d'Hubert.

— Le jour, ils reprennent leur forme humaine. On ne les distingue point des autres hommes. Au premier coup de minuit la métamorphose commence, et elle dure jusqu'à la première blancheur de la « barre » du jour.

Ici, la conteuse crédule toussait, humait une prise, dépliait son mouchoir de poche à grands carreaux et nous enveloppait d'un regard vainqueur. Puis elle reprenait sur un ton confidentiel :

— Firmin, mon frère, en a délivré un. Il y a plusieurs années de cela. Il a failli perdre connaissance. Il ne s'y attendait pas, et il croyait avoir devant lui un vrai loup des bois qui voulait le dévorer.

— Non ! Pas possible ! Vous vous moquez de nous !

— Satanpiette ! c'est la pure vérité. Demandez à Firmin. Vous ne croyez peut-être pas aujourd'hui, car vous êtes jeunes ; mais vous grandirez, et alors vous comprendrez mieux les châtiments du ciel.

Voici donc l'histoire du loup-garou délivré par Firmin, le frère de Geneviève.

II

Misaël Longneau, du Cap-Santé, et Catherine Miquelon, de chez nous, allaient contracter mariage. Le troisième ban venait d'être publié. Une connaissance qui s'était faite l'hiver précédent, à l'époque du carnaval. Les Miquelon étaient allés voir un de leurs parents, au Cap-Santé, et les jeunes gens s'étaient rencontrés là, en soirée. Ils avaient dansé ensemble, ensemble ils s'étaient assis à la table pour le réveillon.

Elle avait croqué, de ses belles dents blanches, la croûte dorée d'un pâté; il avait rempli son verre plus d'une fois, le gaillard, car il était noceur en diable.

Quand le père Miquelon attela pour s'en revenir, le lundi gras dans la relevée, Misaël, qui était fier de montrer son jeune cheval, son harnais blanc et sa carriole vernie de frais, proposa à Catherine de la reconduire chez elle. La jeune fille n'eut garde de refuser. Le «pont» était pris. Une glace vive et miroitante couvrait toute la largeur du fleuve, depuis la rivière Portneuf jusqu'à la Ferme.

Il fallait entendre le trot rapide des chevaux, et le chant des «lisses» d'acier sur la route sonore. Les «balises» de sapin fuyaient, deux par deux, comme si elles eussent été emportées par un torrent. Mais les jeunes gens ne regardaient guère la plaine nouvelle, et n'écoutaient guère la sonnerie des grelots de cuivre. Ils se regardaient à travers le frimas léger qu'une buée froide attachait à leurs cils; ils écoutaient la voix suave qui montait du fond de leurs cœurs.

Le voyage ne leur parut pas long. Ils avaient perdu l'idée de la distance et du temps. Ainsi font les heureux. Ceux qui souffrent éprouvent le contraire: le temps leur dure et le chemin n'a plus de bout.

Misaël «enterra» le mardi gras auprès de sa jeune amie. Un enterrement joyeux, celui-là. Pas de tombe noire ni de cierges mélancoliques; pas de psaumes lugubres ni de fosse béante où s'entassent, avec un bruit sinistre, les pelletées de terre bénite; mais une table chargée de mets appétissants, des bougies pétillantes, des refrains égrillards, des verres profonds où tombaient, avec un gai murmure, les gouttes d'or de la vieille «jamaïque». Les dépouilles mortelles, c'étaient toutes les aimables folies auxquelles on disait adieu.

III

Les amours fidèles de Catherine et de Misaël duraient depuis un an, et le mariage devait avoir lieu après le carême.

En ce temps-là le carême était rude : l'abstinence et le jeûne recommençaient chaque jour. Nos pères étaient de grands pécheurs ou de grands pénitents. Ils étaient plus forts que nous, à cause de la vie des champs et de l'arôme des bois. Nous, leurs fils dégénérés, nous respirons trop l'air impur des villes, et nous dévastons trop nos campagnes. Retournons à la charrue et plantons des arbres autour de nos demeures, et nos fils, plus forts et plus vertueux que nous, feront, pendant de longs carêmes, pénitence pour nos péchés...

Donc, le troisième ban venait d'être publié. Le « marié » était arrivé chez sa future, avec son garçon d'honneur, son père et plusieurs de ses amis. Chacun se disputait le plaisir de les héberger. C'était la veille du mariage, et il fallait fêter la « mariée ». Les invités se rendirent, le violonneux en tête, chez le père Miquelon. Ils venaient dire un tendre adieu à la jeune fille qui s'apprêtait à soulever un coin du voile mystérieux, derrière lequel se dérobent les femmes graves et les matrones prudentes. Ils venaient lui faire des souhaits qui jetteraient un peu de trouble dans son âme inexpérimentée.

Les noces allaient être joyeuses ; elles commençaient si bien. Les violons vibraient sous le crin rude des archets ; les danses faisaient entendre au loin leurs mouvements rythmés ; les pieds retombaient en mesure comme les fléaux des batteurs de grain. Or, pendant que le rire s'épanouissait comme un rayonnement sur les figures animées, et que les refrains allègres se croisaient comme des fusées dans l'atmosphère chaude, le premier coup de minuit sonna. Le « marié » s'esquiva sournoisement. Il sortit.

Minuit, c'était l'heure marquée pour le départ. Les violons détendirent leurs cordes mélodieuses et ne chantèrent plus. Le garçon d'honneur s'avança alors dans la foule agitée par le plaisir et demanda :

— Le marié est-il ici ? Il faut qu'il me suive ; il est encore mon prisonnier. Demain une jolie fille le délivrera.

Ce fut d'abord un éclat de rire. Puis, après un moment, l'un des convives dit qu'il l'avait vu sortir, au coup de minuit, par la porte de derrière. Il était nu-tête.

On attendit quelques instants, le garçon d'honneur entrouvrit la porte et jeta un coup d'œil au dehors. Il ne vit personne. Il sortit. Au bout d'un quart d'heure il rentra : il était seul.

— C'est singulier, remarqua-t-il.

— L'avez-vous appelé ?

— Oui, mais inutilement.

Catherine, la fiancée, devenait inquiète.

— Il va rentrer, disait-on ; il ne peut rien lui arriver de fâcheux.

— Qui sait, encore ?... Un étourdissement, une chute...

Tous les hommes se mirent à chercher. Ils cherchèrent dans la grange, sur le foin, dans la «tasserie», à l'écurie et à l'étable, dans les «parcs» des chevaux et des bêtes à cornes, dans les crèches, partout.

Une heure sonna et Misaël n'était pas revenu. Des femmes se mirent à pleurer. Catherine était pâle à la lumière des bougies, et une horrible angoisse lui serrait le cœur. Elle souffrait beaucoup.

Quand deux heures sonnèrent, la plupart des hommes étaient rentrés. Ils causaient à voix basse, comme auprès d'un mourant. Tout à coup la porte s'ouvrit et le «marié» parut. Il était livide. Cependant ses yeux étincelaient encore. Du sang coulait le long de son bras, et tombait goutte à goutte du bout de ses doigts glacés. Firmin le suivait, presque blême, et l'air hébété d'un homme qui ne sait s'il dort ou s'il veille, s'il a fait un rêve affreux ou un acte atroce.

— D'où viens-tu, Misaël? que t'est-il donc arrivé? demanda le garçon d'honneur.

Il expliqua assez gauchement qu'il avait éprouvé un singulier malaise tout à coup, et qu'il était sorti, pensant bien que l'air froid le remettrait... qu'il était tombé sur la glace et s'était fait une blessure à l'épaule... Il avait marché sans savoir où il allait, ayant probablement perdu connaissance.

Firmin le regardait avec de grands yeux animés. Il aurait bien voulu parler, c'était visible; et il laissait voir qu'il en connaissait long, par ses signes de tête et ses haussements d'épaules. Cependant il ne dit rien. La blessure fut pansée. On aurait dit un coup de couteau. Il y a des glaçons qui tranchent ou percent comme un poignard.

La gaieté revint. On but une dernière rasade, et, le lendemain matin, la cloche carillonna l'heureux mariage de Catherine avec Misaël.

—Et le loup-garou?

Attendez une minute.

Avant la messe, Misaël entra au confessionnal. Il y resta longtemps. Firmin recommença ses gestes et ses signes de la veille, mais avec une nuance approbative. Il ne dit pas un mot cependant, car il avait promis de ne point parler.

Or, voici ce qui était arrivé dans la nuit. Chacun cherchait de son côté le marié si étrangement disparu. Firmin pensa qu'il pouvait être allé à l'écurie où se trouvait son jeune cheval. Pourtant, nu-tête, ça n'avait guère de bon sens. N'importe, il s'y rendit. Comme il levait le crochet de fer qui tenait la porte fermée, il entendit marcher sur la neige, derrière lui. Il crut d'abord que c'était quelqu'un de la noce. Un autre pouvait avoir comme lui l'idée de venir ici. Il se retourna. Une bête de la taille d'un gros chien, mais plus élancée, venait par le sentier qui reliait la grange à la maison. Elle était noire avec des yeux rouges; des yeux flamboyants qui éclairaient comme des lanternes. Il eut peur, tellement peur qu'il resta là, sans ouvrir, immobile, incapable de faire un pas. L'animal s'avançait vers lui et le regardait. Il crut qu'il allait être dévoré. L'instinct de la conservation lui revint alors, il fit sauter le crochet de fer et se précipita dans l'écurie. La bête redoutable entra avec lui. Il fit le signe de la croix, tira son couteau de poche et s'apprêta à défendre sa vie. Il pensait bien que c'était un loup véritable. L'animal se dressa, lui mit sans façon sur les épaules, ses pattes velues, et allongea, comme pour le mordre ou le lécher, son museau pointu d'où s'exhalait un souffle brûlant. Firmin frappa. Le couteau atteignit l'épaule et fit couler le sang. Aussitôt le loup disparut, et un homme blessé à l'épaule surgit on ne sait d'où.

— Vous m'avez délivré, merci, fit cet homme.

— Comment, Misaël, c'est vous?

— Oh! n'en dites rien, s'il vous plaît!

— Vous «courez» le loup-garou?... Mon Dieu! qui aurait pensé cela?... Il y a donc sept ans que vous n'avez pas fait vos pâques?

— Sept ans; mais ne parlez pas de cela, je vous en prie. Je vais aller à confesse demain matin, et je serai bon chrétien à l'avenir.

— Le jurez-vous?

— Je le jure!

— Je serai à l'église, et si vous ne tenez point votre parole, je dirai tout. Le mariage sera manqué.

— C'est entendu.

*
* *

La voilà finie, cette histoire.

Geneviève Jambette avait le soin d'ajouter :

— Firmin, mon frère, n'a jamais soufflé mot de cela, et la chose n'a jamais été connue.

Ça finissait par un éclat de rire.

Vous allez me dire, peut-être, que vous ne croyez pas un mot de cela... Eh bien! moi non plus.

(*Contes vrais*, 1907 ; parut d'abord
sous le titre «Un loup-garou»,
dans la *Revue canadienne*, avril 1896)

Sang et or [1]

Un soir, je racontais l'histoire de la maison hantée à mes voisins : le bonhomme Chénard, le vieux Blais, le vieux Letellier, le père Ducap et plusieurs autres. Cela les amusait assez, mais ils paraissaient suspecter un peu mon honnêteté de conteur, et ils me décochaient tour à tour, pour l'acquit de leur conscience, de petits traits malins qui faisaient rire tout le monde et me chatouillaient désagréablement. Je n'en laissais rien voir. Je sais dissimuler comme un vrai diplomate. Cependant, le père Ducap devint tout à coup fort pensif. Il semblait ne plus rien entendre. Quand j'eus fini, il se leva, et lentement, d'une voix grave que faisait vibrer l'émotion :

— Je connais, moi, dit-il, ce qui s'est passé dans cette maison du bois du moulin. Je sais quel spectre le hantait et quel crime fit descendre sur elle la malédiction de Dieu.

Il garda le silence un instant. Nous étions tous fort surpris, car il n'avait jamais parlé de ces choses. D'ordinaire on se hâte de dire ce que l'on sait.

Il en est même qui disent ce qu'ils ne savent pas. Il avait eu sans doute quelque bonne raison pour se taire.

— C'est que moi, reprit-il, je ne croyais ni au hibou fantastique, ni au fantôme expansif de la masure. Les ricanements et les plaintes des trépassés ne m'ont jamais empêché de

1. Quatrième et dernière partie du conte « La maison hantée ».

dormir. Mais si ce que l'on vient de raconter est vrai, je n'ai plus qu'à m'incliner.

— Je vous jure que c'est vrai, affirmai-je avec aplomb.

Il parut réfléchir un moment encore, puis il ajouta:

— Il est toujours pénible de dire du mal des autres, et surtout des siens.

— Comment! repris-je très étonné, vous voulez vous amuser à nos dépens. Vous n'êtes pas de la famille de ce damné.

— Je suis de la famille de ce damné, mais par alliance, et c'est encore trop, avoua-t-il.

Puis, comme fortifié par cet aveu, il continua:

— Enfin, ce n'est pas ma faute, c'est le hasard. L'ivraie se mêle au bon grain, les chardons poussent au milieu des fleurs. Quand il s'agit des âmes et des consciences, des vertus et des vices, c'est le bon Dieu qui fait le triage, et il le fait bien.

Nous le prions alors de raconter cela... de dire tout. Nous sommes des gens d'honneur, et capables de garder un secret quand c'est nécessaire.

— Pas ce soir, demain, répond-il. Il faut que je me recueille un peu. Bien des choses s'effacent de ma mémoire maintenant; et puis, je ne sais pas s'il est bien opportun de réveiller des souvenirs mauvais, et de raconter la vie de ceux qui n'ont pas craint le Seigneur.

Le lendemain, dès après le souper, nous étions tous assis dans nos fauteuils de frêne, les uns à demi perdus dans l'ombre des angles, les autres se profilant dans un cercle de pâle lumière, à une petite distance de la table où brûlait mélancoliquement une lampe de verre. Nous causions spectres, fantômes et revenants, en attendant le vieux voisin qui devait nous renseigner sur les habitants de la maison hantée. Il tardait. Peut-être ne voulait-il plus parler. Son secret mourrait avec lui. Le poêle grondait sous «l'attisée» d'épinette rouge... ou l'attise, si vous l'aimez mieux.

Tout à coup, on entend craquer la neige sous des pieds pesants, à la porte. C'est lui, le bon vieillard. Il entre. Nous échangeons les cordialités ordinaires. Il suspend au crochet de fer son casque, son capot d'étoffe grise, réchauffe au poêle ses mains frileuses, et vient s'asseoir près de la table, en pleine lumière. Nous voulions ne rien perdre des impressions de cette honnête figure de vieux. Nous étions très attentifs, très anxieux. Un latiniste dirait:

Conticuere omnes, intentique ora tenebant;
Inde toro pater Æneas sic orsus ab alto.

Vous vous souvenez des premiers vers du second livre de l'*Énéide*?

Il n'y avait pas chez nous de reine malheureuse, toute pâmée d'amour; il n'y avait que les bonnes ménagères du voisinage, bien abritées contre les tempêtes du cœur par le soin des marmots, les oraisons jaculatoires et les soixante et quinze ans du nouvel Énée.

Le père Ducap toussa trois fois, se campa sur sa chaise, et commença en ces termes:

— Ce damné était mon oncle.

— Votre oncle? fîmes-nous, épouvantés.

— Mon père et lui avaient épousé les deux sœurs, deux jeunes filles assez jolies et fort avenantes, disait-on, mais de caractères tout à fait différents. Ma mère était douce et charitable, l'autre, dure et avare. On est toujours cruel quand on aime l'argent.

Les deux mariages eurent lieu un même matin, dans l'église de Sainte-Anne-de-Beaupré. C'est de Sainte-Anne que viennent mes ancêtres maternels. Mon père, lui, était de l'Île d'Orléans, l'île des sorciers, comme on l'appelait jadis.

Mon oncle Michel Babylas n'avait pas de parents dans nos environs. Il se disait originaire des vieux pays. Même, il affirmait descendre en ligne indirecte du grand prêtre Hanan, qui

s'était si fort moqué de Jésus. C'était du badinage, vous comprenez ; il ne pouvait pas montrer ses parchemins. Mais ce qu'il
aurait bien pu faire, par exemple, c'eût été de crucifier le doux
Sauveur du monde.

Il était petit, bronzé, très vif et grand parleur. Il s'était fait
marchand forain, et parcourait nos paroisses, sa pacotille sur le
dos. Ce fut dans l'une de ses tournées d'affaires qu'il fit connaissance de mademoiselle Lucie Dupincourt, la sœur de ma
mère.

La jeune fille se sentit fière d'être remarquée, et répondit
aux avances galantes de cet étranger. Imprudente, qui repoussait l'amitié d'un brave garçon de ferme, son voisin, sous prétexte qu'il manquait d'élégance et ne s'exprimait pas avec fa-
cilité.

Les époux Babylas n'eurent qu'un fils. Un enfant comme
les autres pour tout le monde, mais pour eux un petit prodige.
Ils le trouvaient beau, bien fait, pétillant d'esprit, trop fin assu-
rément pour vivre longtemps dans notre pauvre monde,
comme si les niais seuls devaient arriver aux cheveux blancs.
C'est vrai pourtant qu'il mourut jeune, mais pas de trop d'esprit.

Il en avait sa part, qu'il dépensait peut-être à faire des
sottises, comme bien d'autres. Cependant il ne paraissait pas
adonné à la dissipation, et il semblait naturellement bon. Un
fruit encore sain sur un arbre déjà malade. Mais il allait être
piqué d'un ver, lui aussi, comme l'arbre paternel, le ver de
l'ambition. Il voudrait faire parler de lui, et pour cela il faudrait
des écus. L'argent est le commencement de la sagesse selon le
monde, et le piédestal de toutes les grandeurs d'un jour.

Dans nos campagnes, en ce temps-là comme aujourd'hui,
il fallait peiner longtemps pour emplir d'écus un gousset un
peu profond. Il se fatigua d'attendre. Il donna un baiser à sa
mère, une poignée de main à son père, et il mit un paquet
sous son bras. La mère versa une larme et le père sourit.

— Ne m'oublie pas, dit-elle, et reviens bientôt.

— Va et fais de l'argent, recommanda le père. L'argent est un levier formidable, qui peut soulever toutes les volontés, une huile magique qui adoucit tous les rouages, un argument irréfutable, un voile qui cache les défauts, un verre qui grossit les vertus. Pauvre, tu n'es rien; bien pauvre, tu deviens méprisable; très pauvre, tu n'es qu'un sot. Riche, tu mérites la considération et le respect; bien riche, tu as l'esprit et le talent que tu veux payer; très riche, tu possèdes tout le génie qu'une tête humaine peut emmagasiner... et rien n'empêche que tu renifles l'encens de la flatterie jusqu'à pâmoison.

Toutes les plumes sottes ou affamées t'offriront leurs pointes serviles, et tous les rimeurs en mal d'enfant chanteront ta gloire. Et plus tu verseras l'aumône à la réclame et plus la réclame ajoutera de fleurons à ta couronne... Va!

Il était déjà loin sur la route qui mène partout.

*
* *

À la tombée de la nuit, Babylas et sa femme venaient s'asseoir au coin du foyer et regardaient mélancoliquement les félines ondulations de la flamme qui dévorait des sarments résineux, et ils semblaient se complaire dans la morne solitude de leur demeure. Ils conversaient par monosyllabes, soit paresse de l'esprit soit caprice de la voix. Ils se devinaient ou ils se dédaignaient.

Lui, il fumait à longues bouffées un tabac mordant; elle, le menton penché sur sa grosse poitrine, elle faisait jouer les aiguilles de son tricot. Puis, dans leur égoïsme, ils enveloppaient l'âtre d'un regard jaloux, et lui tendaient plaisamment leurs membres un peu frileux.

Il y avait de la tristesse au fond de leur âme. Il y avait aussssi de l'envie, car ils étaient chagrins de la félicité des autres, ne disaient du bien de personne, et ne songeaient à aucune œuvre de charité.

Il y avait même de la haine. Ils auraient voulu voir la misère assiéger le seuil de leurs voisins, et les malheurs empoisonner leur exitence.

Parfois cependant l'amertume se fondait tout à coup, et ils souriaient. Ils parlaient de richesse, ébauchaient des rêves séduisants, se promettaient une vieillesse fortunée.

On ne les aimait guère dans la paroisse. Babylas affichait du mépris pour tout ce qu'on respectait. Il ne prenait jamais le chemin de l'église. Il disait que le confessionnal est un écueil où périt la liberté de l'homme, où s'effeuille l'amour de la femme ; que les prêtres font un métier lucratif et facile ; que la superstition bat son plein dans notre pays ; qu'il n'y a qu'une religion sensée, la croyance en un Dieu qui s'amuse de nos chimères... Un tas de bêtises enfin, qu'on ne se donnait pas la peine de réfuter. On levait les épaules, on tournait le dos.

Le peuple n'est pas savant, dis-je alors, mais il a du bon sens. Il juge vite et bien les personnes qui se mêlent de dogmatiser, sans en avoir la mission. Si le dogme l'embarrasse, il regarde à l'honnêteté de ceux qui l'affirment. Il comprend la morale. Il sent bien qu'il devient meilleur après la prière, plus fort après la confession, plus courageux devant les promesses du ciel, plus charitable au souvenir de la miséricorde divine, plus doux à la pensée de Jésus pardonnant à ses bourreaux.

S'il voit couler une eau limpide, il sait que la source est pure. Quand le fruit est délicieux et sain, les rameaux sont verts, et la sève circule vaillamment dans le tronc ; l'arbre est bon. Les fruits de la religion sont divinement beaux et infiniment bons, donc la religion est infiniment bonne et divinement belle.

Que les rhéteurs, les philosophes et les savants de toutes les époques et de tous les lieux pâlissent sur les livres, interrogent la nature, demandent leurs secrets aux ruines antiques, et cherchent à connaître, jusqu'en ses mystérieuses profondeurs, l'histoire de la vie sur la terre, c'est bien. L'esprit humain a le droit de connaître. Mais qu'il ne cherche pas en dehors de Dieu, c'est peine perdue. Dieu lui a donné le thème, qu'il le développe. Dieu lui a laissé des notes, qu'il les recueille et les commente. Il pourra se tromper, mais ses erreurs n'infirmeront jamais la loi première. Il semblera inventer peut-être, quand il ne retrouvera que la trace perdue. Partout il verra surgir une croyance religieuse, mais nulle part, excepté dans la parole du Christ, il ne trouvera la lumière, nulle part, excepté au pied de la croix, il ne trouvera l'amour, nulle part, excepté dans la foi, il ne trouvera la paix.

Prie et crois, dans ton heureuse ignorance, ô peuple courbé sur la glèbe, car ni la foi, ni la prière ne t'empêcheront d'aspirer plus haut, de voir plus loin, de marcher plus vite. La religion n'enraie pas le progrès, elle le dirige ; la foi n'emprisonne pas la liberté, elle lui donne des ailes ; la charité ne mine pas les institutions financières, elle leur demande un noble emploi de leurs richesses.

Mais, pardon ! je m'aperçois que j'ai pris sans gêne aucune la place de notre cher vieux conteur. Je lui rends la parole, m'écriai-je après cette longue tirade.

Le père Ducap sourit et continua ainsi :

Le vide se fit autour du petit marchand forain. Les amis, les voisins cessèrent même de le visiter, à cause de sa mauvaise conduite. Il était canaille. Sa femme se laissa corrompre. Elle l'avait aimé d'abord ; et l'amour qui donne tant de force et de courage quand il est pur, inspire, quand il est mauvais, une lâcheté singulière et une extrême cruauté.

Elle revit son premier ami, celui qu'autrefois par vanité sotte, elle avait refusé d'épouser. Il était marié et paraissait heureux. Des souvenirs adroitement rappelés, des entretiens prolongés trop longtemps, des soupirs mal étouffés, des regards chargés de flamme, enfin tout ce que la chair en effervescence peut inspirer à l'esprit curieux, elle l'employa, et il fut vaincu.

Babylas découvrit la liaison qui l'outrageait et, un matin, le cadavre de son rival fut trouvé sur la route. Nul n'avait été témoin du crime, cependant tout le monde montrait du doigt le coupable.

L'existence devint insupportable au couple infâme, et la femme adultère et le mari assassin s'en allèrent vivre ailleurs.

C'est à cette époque que fut construite, dans le bois du moulin, à Lotbinière, une maison de pierre dont vous connaissez les débris, sinon l'histoire.

Alors, il n'y avait ni bateaux, ni chemins de fer, et les voyageurs se faisaient conduire d'une ville à une autre, en de lourdes voitures, sur des chemins caillouteux ou coupés d'ornières.

La voie la plus droite était comme aujourd'hui la plus courte, et la plus courte était la plus avantageuse. Économie de temps, de chevaux et d'argent. Or, de Sainte-Croix à Gentilly, la ligne droite coupe de grandes pointes superbes qui font, dans le fleuve, une dentelure de rochers ou de caps, avec d'immenses panaches de forêts et des villages florissants: Le Platon, le Bois des Hurons, tout Lotbinière d'autrefois; le Cap Charles, le Cap à la Roche à Saint-Jean-des-Chaillons; le Cap Levrard et tout Saint-Pierre-les-Becquets. Les voyageurs suivaient d'ordinaire cette ligne droite, et traversaient le bois du moulin, au deuxière rang de Lotbinière.

Sauvage, sur les écorces d'une belle rivière, sous les bois, l'endroit n'était pas mal choisi pour un relai, et hommes et bêtes s'y reposaient avec plaisir.

L'auberge de Babylas fut achalandée. On y dormait un calme sommeil dans cette atmosphère saturée des baumes de la forêt; on y mangeait de bon appétit la perdrix et le lièvre accommodés à des sauces que Brillat-Savarin n'aurait pas soupçonnées; on y buvait le bon vieux rhum de la Jamaïque, qui souventes fois attisa l'esprit de nos pères. Cependant de temps à autre, il se fit à son sujet des confidences étranges, et sa réputation périclita. Les voyageurs n'osaient plus y coucher. On entrait, en passant, boire un verre, manger un potage et l'on se hâtait de fuir. La solitude se fit.

Mais Babylas était riche. Pendant dix ans, il avait exercé son industrie avec succès. Pas difficile sur le choix des moyens, les scrupules ne l'avaient jamais ennuyé. Fort peu de dépenses, pas de toilettes pour le dimanche, pas de cheval à l'écurie, une vache que nourrissaient les plantes du bois et l'herbe des routes, des poules, du gibier, de la fenaison, point n'aurait été besoin de faire de la rapine, pour amasser. Le pécule eût fait boule de neige.

Un jour, la nouvelle se répandit qu'il avait été dévalisé. Personne n'en éprouva de chagrin. Il ne s'expliqua jamais comment son argent si bien caché avait pu être trouvé. Y avait-il eu trahison ? Seule sa femme connaissait la cachette, et elle paraissait fort désolée, elle aussi. Il se passe de si étranges choses parfois dans le cœur des femmes dévoyées.

Cependant toutes ses piastres si âprement amassées n'étaient pas disparues. Il en avait fait deux parts, — pour lui toutes deux, — et les avait enfouies en des cachettes différentes. Il ne risquait jamais tout à la fois. L'une de ces deux parts avait été trouvée. Il devint irritable et sombre. Il se mit à surveiller sa femme avec un soin jaloux. Et comme elle allait au moulin de temps en temps, pour acheter de la farine, il y alla, lui aussi.

Un soir du mois d'octobre, il s'y était rendu pour faire un bout de causerie avec le meunier. Le ciel n'avait pas une étoile, et la rivière coulait noire en son lit de cailloux, entre les deux falaises.

Les meules du moulin tournaient avec un grondement monotone et régulier, broyant le blé que dorait un rayon de la lampe. Au plafond sombre montait une blanche poussière de farine. Toute la pièce semblait remplie d'une brume très légère qui ne laissait d'humidité nulle part, mais qui voilait tous les objets comme d'un subtil pollen de fleurs. Dans l'obscurité qui enveloppait la route et le moulin, le ciel et la côte, s'élevait l'éternelle clameur de la rivière tombant du haut de la chaussée.

Tout à coup, les sabots ferrés d'un cheval retentirent sur le petit pont d'en face. Une voiture passait. Le meunier remarqua:

— Ce sont des voyageurs, car ceux qui vont quérir le prêtre ou le médecin, me disent toujours un mot en passant. S'ils n'entrent pas, ils appellent et je sors.

— Alors, bonsoir; je rentre chez moi, fit Babylas. Le chat doit être au bord du trou quand le rat se montre. Et il sortit.

— Quelle obscurité d'enfer! grommela-t-il.

— Bonne nuit pour le crime, répliqua le meunier en riant.

Babylas entendait le roulement de la calèche, à une petite distance, et il se hâtait, connaissant bien le chemin. Quand il arriva sur la côte, une voix rude criait:

— Ce damné chemin de l'auberge, où est-il?... On ne voit que du noir partout. Il se mit à courir, criant à son tour:

— Attendez, messieurs, je vais vous guider.

La voiture s'arrêta. Babylas prit le cheval par la bride et le conduisit jusqu'à la porte de sa maison.

— C'est un voyageur que je vous amène, monsieur Babylas, fit le cocher en mettant le pied à terre.

— Mille fois merci, monsieur Spénard, et venez souvent.

— Pas en des nuits pareilles. Monsieur était pressé, il fallait bien marcher. Le voici sain et sauf, j'en suis aise et m'en retourne.

Babylas fit entrer son hôte et l'installa dans la meilleure chambre. Il revint ensuite trouver Spénard qui montait déjà dans sa voiture.

— Vient-il de loin? demanda-t-il.

— Je ne crois pas, répondit le cocher, car son bagage est mince.

— Est-ce un commerçant?

— Je n'en sais rien. Peut-être que c'est un pêcheur à la ligne... Il ne parle point.

— Il vous a dit où il allait, au moins?

— Il ne le sait pas. Il a l'air de chercher quelque chose. Il s'est informé seulement du prix et de la qualité des terres, dans nos environs. Il a aussi demandé s'il y avait quelque jolie maison à vendre dans notre village. Il n'y en a point. S'il veut aller plus loin, comme la chose est probable, vous lui trouverez une voiture, n'est-ce pas? Une bonne, car il n'aime pas se faire ballotter comme un colis. Moi je ne peux pas faire une lieue de plus, il faut que je conduise monsieur Baby aux Trois-Rivières, demain matin. Je vous souhaite le bonsoir.

Il s'enfonça dans le chemin ténébreux.

Le voyageur, un jeune homme de vingt-cinq ans, se laissa d'abord tomber sur un sofa, et, la tête dans ses mains, il parut absorbé dans une sérieuse réflexion.

Il avait un air un peu rude. La fatigue, peut-être, ou les contrariétés, les mécomptes; on ne savait. Tout de même, il n'était pas laid avec ses cheveux crépus, son œil perçant, ses joues hâlées, sa moustache épaisse.

Madame Babylas entra. Il eut un tressaillement et il se leva pour la saluer. Elle lui demanda s'il voulait prendre une tasse de thé. Il ne faudrait qu'une minute pour faire bouillir l'eau. Il remercia, prétextant la fatigue et le besoin de dormir.

Elle le conduisit dans une chambre assez propre, et blanchie au lait de chaux, en arrière du salon. Elle se retirait, quand il la rappela pour lui confier une petite sacoche de cuir très ronde et bien pesante.

— Prenez-en grand soin, recommanda-t-il, c'est toute ma fortune. Les yeux de la femme étincelèrent et elle eut un sourire singulier.

— Grand soin, oui, dit-elle... Vous pouvez dormir sur vos deux oreilles.

Quand elle rentra dans la cuisine, Babylas l'attendait debout près de la table. Il prit la sacoche et la soupesa curieusement.

— Qu'y a-t-il donc là-dedans, fit-il, c'est bien lourd?

Puis il ajouta d'un ton sarcastique :

— Est-ce qu'il vend du plomb, ce monsieur-là?

Madame Babylas répondit que c'était peut-être de l'argent, vu qu'il lui avait confié ce petit sac en lui recommandant d'en prendre un soin tout particulier... Qu'il valait une fortune.

— Une fortune!... Une fortune là-dedans! reprit Babylas étranglé par le désir de regarder, de palper, de...

— On pourrait toujours voir, proposa la femme, il n'y a pas de mal à voir.

— Du mal? Mais non, il n'y en a pas... Une fortune! Cela ne se voit pas souvent, comme ça, tout à la fois, d'un coup d'œil. Laissons-le s'endormir. Il semble fatigué... Il est bien fatigué; il l'a dit.

Ils jetèrent des sarments secs dans la cheminée et une flamme vive s'éveilla, remplissant l'humble pièce d'une lueur molle et flottante. Ils éteignirent la bougie. Pourquoi une bougie? Dépense inutile. Le bois ne coûte rien dans la forêt; on peut vaillamment attiser la cheminée.

*
* *

Il devait dormir maintenant. Il était couché depuis une heure, une longue heure. Il dormait en effet. Il dormait d'un sommeil calme, profondément confiant, et un sourire de béatitude avait fait disparaître l'aspect trop rude de sa figure.

Le couple hideux s'approcha du foyer où le bois résineux flambait toujours.

La sacoche était fermée à clef. Il y eut un mouvement d'impatience.

— On ne peut toujours pas briser la serrure, disait la femme.

— Il faut voir tout de même, répliquait l'homme.

Ils s'assirent côte à côte, en face de la flamme et leurs visages inquiets et mauvais prenaient des teintes rouges comme du sang.

Babylas proposa d'aller fouiller les poches du vêtement.

Il faut être bien prudent et ne pas éveiller l'hôte, observa sa femme.

Il partit, marchant sur le bout des pieds, sans souliers et sans lumière. Dix minutes après, il revint tout souriant, montrant une petite clef qu'il tenait entre le pouce et l'index, dévotement. Il mit cette clef dans la serrure en simulant sacrilègement l'hostie sainte que le prêtre offre au communiant. Un sarment se fendit dans le brasier avec un bruit d'explosion, et des étincelles volèrent à la face des misérables.

Le petit sac fut ouvert, et les deux infâmes poussèrent de leur gosier serré par la crainte et le plaisir, une exclamation de surprise. Ils se penchèrent sur le trésor, puis, se regardèrent muets et presque tremblants. Ils avaient peur d'être surpris. Si le voyageur s'éveillait... s'il avait entendu leur cri étouffé !... Mais non, ce n'était pas possible, il dormait bien profondément dans son bon lit de plume, et les portes étaient fermées. Ils enfoncèrent leurs mains dans la sacoche ouverte, et brassèrent les pièces de monnaie et les liasses de billets. Comme ça sonnait agréablement à l'oreille, et comme c'était doux à palper !

— Comptons les écus, proposa la Babylas.

Et ils s'approchèrent l'un de l'autre, comme pour se soutenir dans la lutte qui allait commencer. Ils prirent les billets.

Désenchantement ! Une cinquantaine de misérables unités !

Il y en avait d'autres qu'ils étalèrent d'une main fievreuse.

C'était mieux : des billets de cinq, de dix, de cinquante, de cent.

Un véritable éblouissement. Et ces pièces sonnantes qui

paraissaient blanches tout à l'heure, dans la demi-obscurité, ne voilà-t-il pas qu'elles jettent des reflets fauves maintenant à la lueur du foyer! De l'or! C'est de l'or!

Et sur la petite table qu'on avait approchée de la cheminée, les piles s'élevaient comme des chandeliers d'autel.

Quel rêve! Quel enchantement! Les deux amis, lui et elle, se retiraient un peu en arrière, de temps en temps, pour mieux embrasser d'un coup d'œil ravi, cet échiquier étincelant.

Il y avait dix mille piastres.

Ils comptèrent dix fois chacun, et toujours les dix mille piastres y étaient; jamais moins. Ils ne pouvaient en détourner leurs regards.

— Il faut pourtant remettre cela dans la sacoche, soupira-t-elle.

— Oui, oui, sans doute, mais rien ne presse. Il dort comme un bienheureux... Il devrait ne se réveiller jamais, répondit-il.

— Ne se réveiller jamais... redit-elle, comme un écho mourant.

— Dix mille piastres, femme, c'est le ciel sur la terre, et le ciel, on fait bien d'y entrer quand la porte s'ouvre.

Elle approuva disant qu'un merle en cage vaut mieux que toute une nichée au bois.

Il reprit d'un ton lamentable:

— Ah! si l'on ne nous avait pas dépouillés comme on l'a fait!... C'est peut-être notre argent qui revient ainsi... Il y a des compensations... Et puis sommes-nous obligés de perdre, comme cela, ce que nous avons amassé avec tant de peines!

Il cherchait une excuse au crime dont il sentait les premières suggestions. Elle dit alors d'une voix dolente aussi et en soupirant:

— Non, il ne faut pas se laisser tenter... Les tentations sont fortes parfois et la chair est faible... On prend son bien où on le trouve, c'est vrai... Mais cet argent...

Il l'interrompit brusquement :

— L'argent est à tout le monde... Pas plus à lui qu'à d'autres... On m'a dépouillé, c'est bien ; j'en dépouille un autre, c'est encore bien. Tant pis pour celui qui se fait pincer. Il paie pour tous... C'est au plus fort et au plus fin... Les gros mangent les petits... L'essentiel est de réussir. Le succès justifie tout...

La tentation devenait terrible et ils n'offraient guère de résistance. Ils s'aveuglaient. Les bons même ne résistent pas longtemps à la violence de certaines suggestions. L'énergie s'use vite quand on lutte contre soi-même, et l'homme a tellement besoin de bonheur, qu'il sacrifie souvent une félicité durable mais tardive, à une fatale et passagère satisfaction.

— Qu'as-tu donc envie de faire, Babylas ? demanda la femme un peu émotionnée.

Il répondit froidement :

— Garder cet or.

Elle répliqua qu'il ne se laisserait point dépouiller comme cela, lui... qu'il porterait plainte, et que ce serait difficile, peut-être, de se tirer d'affaire.

— Il n'ira pas porter plainte devant nos magistrats, dans tous les cas. Nous allons prolonger son sommeil... Nous dirons qu'il s'est mis en route à pied, de bon matin, si jamais on nous parle de lui. Nous ne sommes pas tenus de veiller sur les voyageurs... ni de les conduire... ça ira !

Ils remirent l'or et le papier dans la sacoche et se dirigèrent vers la chambre de l'étranger. Lui, il tenait un lourd marteau ; elle, une bougie pleureuse. Quand ils furent devant la porte, il demanda :

— Voulez-vous être éveillé de bonne heure ? Il faisait cela pour voir si le jeune homme dormait. Le jeune homme répondit d'une voix mal éveillée :

— Non ; je suis fatigué, laissez-moi dormir.

Et il se tourna sur sa couche. Ils eurent un mouvement de surprise et de frayeur en l'entendant parler.

La Babylas dit tout bas :

— Viens-t'en.

Et elle tira son homme par le bras.

Quand ils furent devant le feu de l'âtre, elle dit qu'on pouvait prendre un peu d'or sans qu'il s'en aperçut peut-être... Il croira ce qu'il voudra, s'il s'en aperçoit... Personne ne trouvera jamais rien... Il y a des cachettes dans le bois...

— Des cachettes dans le bois, gronda le mari soupçonneux, parles-en.

— Il ne faut pas le tuer, reprit-elle, j'ai peur du sang, moi... Et puis, ce jeune homme, il a sa mère sans doute... sa pauvre mère !... Non, ne le tuons pas... reste ici !

— Folle !

— Je vais l'éveiller.

— Je vais l'endormir, moi.

Et il la menaça de son marteau. Elle supplia : Je vais tout voler... Je vais me sauver avec l'or... Tu diras que je suis la plus misérable des femmes et la honte de ta maison... Que tu m'as chassée déjà... tout !... Mais verser le sang de ce jeune homme qui a mis sa confiance en nous, et dort en rêvant à sa mère, peut-être... À sa mère qui l'attend dans les pleurs et l'ennui. Oh ! non, jamais !

— C'est bien, femme, répliqua-t-il, allons nous reposer comme deux bonnes bêtes, et ne touchons pas un sou de cette fortune qui s'offre à nous... À nous que le monde a ruinés et volés... Viens !

Ils entrèrent dans leur chambre. Le feu s'éteignit dans le foyer et d'épaisses ténèbres remplirent la maison. Ils feignirent le sommeil, car ils s'épiaient l'un l'autre. Des reflets d'or brillèrent devant leurs yeux fermés, dans la nuit... L'obscurité parut s'étoiler avec magnificence... Les piastres précieuses tourbillonnèrent comme une étincelante poussière... Des rêves de fortune ravissants et fous s'ébauchèrent avec délice, puis un sentiment de crainte, comme un souffle froid, les dissipa tout à

coup... Mais ils revinrent toujours, et la volonté faiblissait...
Elle, la Babylas, elle se disait, à la fin, étourdie par la cupidité :

— S'il se mêlait seul de cette affaire... Il devrait y songer... Pourquoi se mettre deux ?...

Et elle faisait semblant de dormir d'un sommeil profond.

Le fluide mystérieux qui parfois vole, rapide comme
l'éclair, d'une personne à une autre, emportant une pensée
intime ou un message étrange, circulait autour de leurs fronts
et mêlait leurs idées criminelles.

Il se leva sans bruit, doucement, alluma une lanterne, puis
l'enveloppa d'un linge pour en dissimuler la lumière. Cela fait,
il prit son marteau et, de nouveau, se rendit dans la chambre
du voyageur. Il attendit debout près du lit paisible. L'étranger
dormait bien. Cela se voyait au mouvement calme et régulier
de ses larges poumons.

Il laissa passer un mince rayon de lumière, et put contempler la figure heureuse de cet homme trop riche, qu'une fatale
destinée venait de mettre devant lui. Il eut un moment d'hésitation et il voila la lueur de sa lampe. Mais, dans les ténèbres,
il vit de nouveau scintiller les pièces d'or, et le vertige le
saisit...

Le coup fut terrible et la mort du jeune homme, instan-
tanée. Il traîna le cadavre dans le bois, puis il revint se coucher
tranquillement. Sa femme ronflait toujours. Il savait bien qu'un
si profond sommeil n'était pas naturel, mais il n'en fit rien
paraître.

Le matin, il dit en se levant qu'il allait réveiller le voyageur. Elle eut un singulier sourire. Il revint en criant :

— Parti ! il est parti !... La chambre est vide !... C'est
étrange !...

Et la sacoche, ajouta-t-il ironiquement ?... A-t-il au moins
oublié la sacoche ?...

— Elle est là, répondit la femme, en montrant le placage
entre les deux fenêtres de sa chambre.

— À nous la fortune! à nous le bonheur! clama Babylas en levant les bras au ciel.

— Mais il va revenir sans doute, observa-t-elle, pour faire croire qu'elle ne devinait pas.

— Jamais! sois tranquille.

Et elle demeura tranquille.

Il alla reprendre sa victime et la cacha dans la rivière, sous quinze pieds d'eau, avec des roches aux pieds et au cou.

*
 * *

À quelque temps de là, ils se rendirent au village pour acheter des vêtements.

Le marchand leur demanda, en mesurant l'étoffe d'une robe, s'il était vrai que leur garçon était de retour.

Ils ne répondirent pas; ils ne purent répondre tant ils furent étonnés, et ils se regardèrent stupidement. Le marchand pensa qu'ils ne l'avaient pas compris:

— Votre fils est revenu? questionna-t-il de nouveau.

— Notre garçon! répétèrent-ils d'une voix haletante. Le marchand continua:

— Il était parti depuis dix ans, n'est-ce pas? Vous m'avez dit cela un jour. Il avait quinze ans alors.

— Quinze ans, oui, balbutia Babylas.

— Et, il est revenu, quelle joie pour vous n'est-ce pas?

— Revenu? comment?... Non, il n'est pas revenu.

La femme de Babylas tremblait et sa pâleur était extrême. Le marchand ajouta:

— C'est le père Spénard, de Saint-Pierre, qui m'a raconté cette nouvelle. Même il m'a dit que c'est son garçon qui l'a conduit chez vous, un soir de l'autre semaine... Il paraît qu'il a rapporté beaucoup d'argent.

— Notre enfant! clama la malheureuse femme, et elle tomba lourdement sur le plancher.

On s'empressa de la secourir, mais elle semblait ne plus vouloir vivre ni penser. Elle reprit ses sens et s'évanouit maintes fois.

— C'est l'émotion, la surprise, disait Babylas tout épouvanté aussi.

Il allait se perdre quand le marchand lui demanda si son garçon était venu sans se faire connaître. Il saisit cette planche de salut :

— Non, il ne s'est pas fait connaître !...

Non !... Pourquoi ?... Nous aurions eu tant de bonheur à le presser dans nos bras !... Nous ne l'avions pas vu depuis dix ans !... Il était parti enfant, il est revenu homme !... nous ne pouvions pas le reconnaître !... Le bon Dieu nous éprouve terriblement !... Mais peut-être qu'il va revenir nous surprendre...

La misérable mère sortit enfin tout à fait de son évanouissement, et demanda à partir, disant avec des larmes qu'elle était malade, qu'elle allait mourir.

Ils s'en allèrent, laissant le marchand fort perplexe. Le monde n'était pas grand alors ; les gens ne se voisinaient pas beaucoup, et les rumeurs s'éteignaient vite. Cependant il se fit bien des suppositions au sujet des Babylas. Mais la police était bénévole et les criminels se cachaient aisément.

Il y eut entre les époux méchants des reproches amers, des menaces redoutables, des haines de damnés. Ils s'accusèrent l'un l'autre et voulurent se tuer. Ils furent tentés de tout avouer par vengeance. Mais la vue du trésor qui brillait toujours dans la pauvre sacoche, adoucit peu à peu l'amertume de leurs paroles et de leurs remords. Les querelles devinrent moins fréquentes.

Si dénaturée que soit une mère, il reste toujours, au fond de son cœur, un souffle de l'amour sacré qu'elle seule peut connaître, et ses efforts pour oublier pleinement la sainte joie de la maternité sont toujours inutiles. Et plus elle se plonge dans le mal pour étouffer la voix de la nature, et plus cette voix invincible lui crie :

— Tu es mère ! tu es mère ! tu es mère !

Moins de deux ans après le meurtre du jeune voyageur, son fils, la femme Babylas mourait. Personne ne comprit le mal qui l'emporta. C'était le remords. Elle avait vu le prêtre.

Babylas vécut plusieurs années encore, seul dans son auberge sanglante. Il se disait pauvre, mais personne ne le croyait, et l'on évitait sa porte comme la porte de l'enfer. Plus encore.

Un matin de janvier, on s'aperçut que le sentier qui conduisait à sa demeure n'était pas battu, et cependant il n'avait pas neigé depuis plusieurs jours. On le crut malade. Il ne fallait toujours pas le laisser mourir comme cela, sans confession. Son âme avait coûté cher à Jésus-Christ. Des voisins ouvrirent la porte. C'étaient Gagnon, Lépire et Rivard. Ils le trouvèrent mort en face de l'âtre éteint.

« *Requiescat in pace* », dit le père Gagnon.

La maison trembla jusqu'en ses fondements, et une voix terrible et mystérieuse répondit :

« *Non est pax impiis !* »

(*Contes vrais*, 1907)

Louvigny de Montigny

～～

Carolus-Glatigny-Louvigny de Montigny naît à Sainte-Jérôme le 1ᵉʳ décembre 1876, du juge Antoine Testard de Montigny et de Marie-Louise Hétu. Il fait ses études classiques au collège Sainte-Marie et commence son droit à l'Université de Montréal mais il abandonne bientôt pour se consacrer au journalisme. Dès 1894, il participe à la fondation de l'École littéraire de Montréal et, l'année suivante, il publie des poèmes dans Le Monde illustré *et* Le Samedi. *Fondateur et rédacteur du journal* Les Débats *(1899) et aussi de* La Gazette municipale, *il obtient en 1910 un poste de traducteur au Sénat du Canada et le conserve jusqu'en 1955. Il se fait le propagandiste de* Maria Chapdelaine *(1937) qu'il découvre dans* Le Temps *de Paris en 1914. Il y voit là le roman de la terre par excellence. Ses essais, ses contes et son étude* La revanche de Maria Chapdelaine *lui valent une réputation qui dépasse les frontières du Québec. En 1925, il est nommé chevalier de la Légion d'honneur. En 1937 il reçoit un prix de l'Académie française et, en 1945, il remporte le prix Ernesta Stern de la Société des gens de lettres et le prix de la langue française de l'Académie française pour* Au pays de Québec. Contes et images. *Il meurt à Ottawa le 20 mai 1955. Il avait épousé Antoinette Helbronner en 1904.*

Le rigodon du diable [1]

Comme le fantôme d'une grande fée de carnaval, une tempête échevelée gambadait, ce soir-là, sur la crête des Laurentides, et le village de Sainte-Agathe-des-Monts disparaissait sous la neige ; la majestueuse étendue du lac des Sables n'était qu'une poussière blanche, non plus distincte des forêts ou de la plaine... On eût dit la paroisse morte et bien enlinceulée si, par les carreaux opalisés, on n'avait vu la lumière extraordinairement abondante en chaque chaumière et si, malgré la rafale, on n'avait entendu de l'intérieur cette joie bruyante qu'exhalent les fêtes de la campagne.

Après la procession du Mardi gras, l'enterrement du carnaval s'accomplissait maintenant sous les toits. On fêtait partout, et particulièrement chez M. le maire Lafantaisie — Agapit de son prénom, ainsi que l'accusait la signature portant sa marque — à qui sa qualité officielle valait la visite de la joyeuse aristocratie du canton. On s'amusait ferme. Après épuisement du répertoire chorégraphique, on avait improvisé un *reel* [2] dont l'exécution promettait de faire crouler la maison sur l'enthousiasme des danseurs. Le beau Chartrand, avec son crincrin, se démenait comme un épileptique ; le frère à Poméla

---

1. Sous-titré en 1899 « Légende pour la veillée du Mardi gras ».
2. Danse populaire.

Sirois, en tapant dans ses mains sous prétexte de maintenir la mesure, chantait pour la vingtième fois son refrain :

> *Mesdemoiselles, mesdemoiselles,*
> *Faites-vous belles, belles, belles,*
> *Si vous voulez vous marier !*
> *V'là l'pas-d'coq qui va commencer :*
> *Arrivez, z'arrivez, frottez du talon, etc.*

Le petit Fournier, à qui ses souliers neufs pesaient, venait de les enlever et se reprenait à sauter avec un regain d'entrain ; le gros Latour, qui suait comme une outre, avait jeté bas sa *bougrine*[3] ; enfin Poméla — une grosse dondon au cœur sensible, qui pleurait à chaque note tendre du violon — n'en était ni plus ni moins qu'au délire, lorsque le père Lafantaisie poussa un Holà ! qui fit passer un tel frisson que la Fournier, nerveuse comme une pouliche malgré ses quatre douzaines de fenaisons[4] et ses treize marmots, eut un sursaut qui éteignit deux chandelles en faisant dégringoler la plate-forme du ménétrier.

— Poteau d'malheur ! Quoi qu'y a ? Quoi qu'y a ? Quoi qui l'a pris ? s'exclamèrent en chœur les invités.

— Y a, y a qu'on est su' mènuit, et que j'veux pas qu'i' soit dit qu'on a dansé su' l' mécardi des Cendres dans ma maison, répondit péremptoirement le maître de céans.

Alors le bedeau, Majorique Dufresne, qui depuis deux ans aspire au conseil du maire :

— Oui, le v'là c'qu'i' y a ! Et il opina du front.

— Sûrement qu' vot' montre est *rétif*, m'sieu le maire, insinua en soufflant le gros Latour.

— Oui, et apparence qu'a vient d'*Morial*, renchérit le grand Sirois, comme l'poulain d'm'sieu l'curé y vient itou (la plus *crapause* de bête que l'iable a jamais créée), et qu'i' y prend

---

3. Vêtement de dessous, sans forme particulière.
4. Vendanges, en 1899.

des *chires*[5] comme ça. J'veux pas *chétiver* personne, mais l'monde est tant *v'limeux* dans c'te ville-là qu'leu perdition s'déteint jusque su' les animaux et pis su' tout c'qui font. Et pis toé, Majorique, t'as pas l'air à m'craire; mais tu peux t'rapp'ler de c'qu'ils ont fait accraire à ta *criature*, de c'qu'ils l'ont *côxée* pour laisser partir ton gars à la guerre où qu'i' s'rait mort trois fois comme un chien si l' parlement l'avait pas fait rev'nir à ses frais et dépens...

— Oh! l'infâme morceau! veux-tu ben t'taire; veux-tu pas conter ça, cré menteur!

— Dans tous les cas, reprend le pére Lafantaisie, moé j'vous dis qu'i' est mènuit et que si y en a un *vingueux* d'bougre qui lève la patte pour danser dans ma maison avant les prochaines Pâques, c'est moé qui va l'faire danser.

Les déclarations de l'amphitryon n'admettaient point de réplique; aussi la conversation et le bal cessèrent-ils tout à fait, jusqu'à ce que Ti-Pite Lamoureux, désigné pour *câler les sets*[6], parce qu'il était plus effronté que les autres, se décidât à parler:

— Eh ben! pour lorse, puisqu'i' faut *s'résiner* à pas danser et qu'on n'a pas envie d'aller s'coucher, contez-nous une histoire, m'sieu l'maire, parc'que, soit dit sans vous offusquer, on a tiriblement l'air bête à nous r'garder comme des chiens d'faïence.

Les danseuses n'étaient pas de cet avis, chacune s'étant munie, avant la danse, d'une médaille de saint Benoît et se riant bien du diable qui pousse les gens à danser «sur le Mercredi des Cendres». Mais il fallait se soumettre à la décision du maire et se résoudre, pour continuer la veillée, à lui entendre raconter une histoire.

Le père Lafantaisie n'avait, de fait, jamais été bon qu'à dire des contes. Étant devenu gros et gauche comme une

---

5. Locution, glisser, tomber.
6. Appeler, réciter des figures de danse.

marmotte à force de manger ses rentes et de dormir, il s'excusait de flâner en disant que c'était sa graisse qui l'empêchait de travailler. Au demeurant, excellent bonhomme, jovial, et aussi drôle à voir qu'à entendre, si joufflu qu'il lui fallait s'incruster des cercles de lunettes dans les paupières pour se maintenir les yeux ouverts, si gras que le sourire était interdit à ce visage incapable de déployer la force requise pour animer ses yeux et ses lèvres. Aussi, ayant perdu l'habitude de rire, avait-il contracté celle d'exprimer sa joie par de petits grognements qui sortaient sans effort pour manifester la prospérité de la paroisse. Le maire Lafantaisie, enfin, plaisait à tous, et on lui pardonnait sa paresse quand on le voyait s'acquitter à sa manière de son devoir envers la société, en amusant ses administrés par la narration de quelques récits, plus ou moins invraisemblables, qu'il débitait avec une désinvolture et une assurance admirables.

— Allez-y, allez-y, père Lafantaisie; t'nez, v'nez vous assire icite, cont' le poêle.

— Oui, c't'en plein ça, consentit le maire; mais tâchez d'vous décoller, les jeunes, dans l'coin; vous avez l'air d'un paquet d'punaises qu'on va échauder. Approchez par icite et lâchez-vous: y a des limites pour *bavasser*[7]... Puisque vous l'voulez, vous m' blâmerez point si vous avez la frousse en sortant d'icite. J'ai tout justement un fion d'histoire qui va vous montrer pourquoi j' veux pas vous laisser danser. T'nez, pas d' blague, chaque fois que j'y pense, j'en tremble des pieds à la tête, et, quand j'y r'pense, j'en r'tremble de la tête aux pieds.

À ce prélude apocalyptique, la grosse Poméla se rapproche de sa mère, par peur de rester près de la porte d'entrée; le petit Fournier rechausse ses souliers; chacun se met d'aplomb sur sa chaise, et le père Lafantaisie, après avoir déchargé son

---

7. Corruption de bavarder.

brûle-gueule et l'avoir installé dans son gousset, après avoir aussi sacramentellement toussé deux fois et craché de chaque côté de lui, tente une révérence et commence enfin, de sa voix aigre d'homme gras :

— C' pas pour me vanter, mes agneaux, mais y a qué'que dix ans, j'étais pas battu comme danseux et comme violoneux — vos pères le savent — et *y en a pas manque* qui ont perdu souvent *la traite*[8] pour vouloir gager qu'i's tiendraient plus longtemps qu'moé. Ç'a pas grand à-propos avec mon histoire, comme de raison, mais c'est tant seulement pour vous dire que, quand j'avais vingt ans, j'avais t'été *enterrer l'mardi gras* chez l'défunt Pierre Trudeau, qui restait dans l'premier rang d'Hartuel, à un mille d'la grande *slague*[9] d'la *conçarne*, su' l'*trécarré* du deuxième rang. Faut vous dire qu'mon défunt père t'nait l'*moulin* d'Hartuel au lac à la Barrière, dans c'temps-là. Toujours que pour lorse, Pierre Trudeau avait pas mal *chancé* avec ses récoltes, et pis les *chanquiers* y avaient donné de quoi faire un *snac*[10] numéro un à la circonstance du Mardi gras.

On s'était rendu là, toutes les jeunesses, pour danser, mais ben plus pour voir la p'tite Trudeau, qui est morte à c'te heure — que l'bon Ieu ait *piqué* d'son âme ! — mais qui, dans c'temps-là, était une *criature* qu'était pas dorée su' tranches, pis c'est tout'.

J'présuppose qu'ça s'rait pas ben drôle d' vous raconter not' veillée. Pour être franc, on s'en rapp'lait pas beaucoup su' la fin. Faut pas l'dire fort, mais on était tous gris comme des grives, oh ! pleins[11], sans comparaison, comme des œufs à deux jaunes. Bons chrétiens malgré tout, on avait lâché la danse à mènuit et on commençait à conter des histoires. Moé, qui étais

---

8. Consommation, payer la traite à ses amis.

9. *Slide*, en 1899. *Slague*, selon Bélisle, est une voiture à quatre roues dont les planches du fond constituent les ressorts. Glissade, selon Dionne.

10. Terme anglais, banquet, festin, repas somptueux.

11. Ivres morts.

pas su'l'sens d'comprendre effrayant, pis qui m'sentais l'cœur *slack*[12] et barbouillé avec des envies d'renverser, j'me dis comme ça que j'ferais ben mieux d'aller me coucher *au plus coupant*. «Ben-l'bonsoir, tout l'monde, que j'dis, à la *revoyure*, la d'moiselle», et pis j'enfile après avoir attelé Fifine.

Hein, Majorique, tu l'as connue, toé, Fifine, une bête qu'avait pas sa pareille sous la calotte du ciel. Eh ben! si tu l'avais vue, ravigotée par le *fret*, c'soir-là, c'tait pus une jument ni un cheval, c'était an'*breume*! Et tant qu'en moins d'une demi-heure, j'tournais l'coin chez Picard, vis-à-vis du bout' d'l'île à Canard-Blanc. Tout d'un coup, pendant que j'glissais comme un charme su' la neige fine, v'là qu' j'entends crier comme une perdue la mère Picard qu'était en jupon dans sa porte et qui s'faisait aller les bras comme un moulin à vent:

— Aie! aie! p'tit coq! arrive icite, arrête ta jument!

— Ben oui, ben oui, que j'y réponds; mais quoi c'qui a pour tant vous *dégosiller*? L'feu est pas à la maison?

— Non, non, mais écoute. Tu vas vite aller *qu'ri* m'sieu l'curé. Mon Picard va passer, c'est sûr. L'véreux doit avoir de gros péchés qu'i' crie comme un possédé après l'prêtre.

Eh ben! c'est moé qui vous l'dis, mes fistons, qu'ça a pas pris *l'goût d'tinette*[13] pour *frapper* le presbytère et faire débarquer l'curé d'son lit'. Et pis ni une ni deuse, on dévire, on griffe le chemin d'raccourci d'Cauchois, et v'là l'cap su' Picard... C'te pauvr' Fifine, toute vaillante d'porter l'curé, s'en faisait encore accraire ce soir-là, ma parole. Ça *ronnait*[14], c'est ben simple, qu'ça en faisait d'la *steam*[15]. Et même que l'curé avait peur et qu'i' m'disait à tout bout d'champ:

— Agapit, mon ami, tu vas m'faire *varser* avec mon bon Ieu!

---

12. Terme anglais, mou, faible.
13. Locution signifiant que ça n'a pas traîné.
14. De l'anglais *to run*, conduire avec empressement.
15. Terme anglais, vapeur.

— *Never mind* [16] de bon Ieu! qu' j'lui répétais en manière d'encouragement, et, housse, Fifine!

T'nez, mes enfants, c'était tout bonnement suparbe d'nous voir déménager par c'te belle nuit du ciel.

Mais tout d'un coup, et sans plus d'raison qu'su' la main, v'là-t-i' pas Fifine qui s'arrête *fret*, et, *ni sacre ni branche*, a' voulait pu avancer. J'pogne mon fouet, et pis fesse! Fifine était figée. J'y dis des mots doux et pis j'finis par m'fâcher.

— Avance din, *p'tite joumée*!

Mot'... pas d'esplique... A' répondit point. L'curé, comme divinant que'que trou dans l'chemin, débarquit, alla d'vant, et Fifine se r'mit à marcher, mais toute démoralisée.

— Que l'iable! quoi qu'ça veut dire?

L'curé marchait tranquillement devant et ne parlait point. Pis, i' m'app'lit, comme ça:

— Agapit, ne vois-tu rien au-d'ssus d'la maison à Cauchois?

J'me frottis les yeux tant que j'pus, mais je n'vis d'un bord qu'une grande croix penchée qu'avait rien d'estrodinaire et, d'l'autre bord, qu'une vieille hangar avec rien d'ssus, rien à côté, rien d'vant, rien derrière, *any way* [17]. Pour tout dire, il timbait une neige poudrante qui empêchait de rien voir. Mais c'que j'vis ben, c'est que l'curé avait un air blême de déterré qui m'fit passer un frisson tout l'tour du corps. I' m'demanda encore:

— Ne vois-tu donc rien au-d'ssus d'la maison à Cauchois?

J'allais ouvrir la bouche pour y répondre, quand un maudit *guibou* d'malheur, fourré dans la grange à côté, s'met à lâcher un *ouac* qui m'fit sauter, sans comparaison, comme un crapaud.

---

16. Locution anglaise, n'importe.
17. Locution anglaise, peu importe, de toute façon.

— *Torrieu!* que j'pus m'empêcher d'soupirer, c'est-i' ça qu' vous voyez, m'sieu l'curé?

— T'es bête, qu'i' m'dit, regarde en arrière, au-d'ssus d'la maison à Cauchois.

— Quand j'vous dis que j'vois rien! J'peux pas conter des ment'ries pour vous faire plaisir.

— Eh ben! débarque et mets-toé dans mes pistes.

J'fis ce qu'i' m'dit et je r'gardai au-d'ssus d' la maison... Ah! *v'lim* de bout d'ciarge! I' m'en vient encore des souleurs, *'ien que* d'y penser. Le v'là, mes cœurs, c'qu'i' avait. Écoutez ben. Au-d'ssus d'la maison à Cauchois, qu'était noire comme un four, dans la *poudrerie*, i's étaient un *set* de quinze, tout en *full-dress*[18], en train d'danser un rigodon infernal dans les airs, autour du iable en personne avec ses cornes pis sa fourche.

Ça tournait comme un' trombe et pis c'était rouge comme l'enfer. Ça avait des faces à l'envers, des mines efflanquées, des vraies gueules en soulier mou ratatiné, qui pouvaient pas crier, mais s'lamentaient tout bas comme des veaux avec la gourme, su' vot' respect.

Tout d'un coup, su' un coup d'vent et su' un aut' *ouac de guibou*, v'là tout' la *gang* qui part comme une *ripousse*... Ah! les couleuvres! ils ont même passé au-d'ssus d'nos têtes!

J'sus pas peureux, mais j'perds pas d'temps pour me bouger à terre, et pour *sarcher* un' prière à que'que saint du ciel. J' trouvais *'ien que Ma culpa, ma culpa, ma culpa, ma culpa*; mais j'me tapais sur l'estomac comme pour m'la défoncer. À la fin, j'me l'vis et tout était disparu, mais l'curé marmottait une prière *itou* et il était blanc comme un drap.

— Quoi qu'c'est donc que *c'ravaud*, qu'j'lui dis?

— Tu t'rappelles que j'vous ai r'commandé, dimanche, d'pas danser su'l'Mécardi des Cendres. Eh ben! Cauchois, j'l'ai entendu dire que j'radotais. V'là son malheur d'avoir ri du

---

18. Locution anglaise, grande toilette.

prêtre et d'avoir dansé pendant que son prochain s'mourait. Prie le bon Ieu pour qu'i' soit pas dans l'enfer.

On se j'tit dans la neige devant la grande croix du chemin, et l'curé se mit à pleurer comme un vrai enfant. Moé, j'avais trop peur pour pleurer, c'est ben clair; et pis, quand on a rembarqué, j'vous passe mon billet qu'i'a pas eu grand *parlement entour*[19] nous deux pour le reste de la route. On avait l'air bête. On arriva toujours chez Picard au bout de vingt minutes; i'avait *viré la crêpe*[20], i'était déja *fret*, et la Picard *braillait*.

L'curé fit une cérémonie, et pis on retourna au village sans dépincer le bec. J'débarquai l'curé au presbytère; i'm'dit encore de prier pour Cauchois, et j'pris l'bord de chez nous... La rivière de la Nation chantait pas comme de coutume, et de même — ça j'en sus ben sûr — le soleil qui s'réveillait à c'te heure-là avait l'air *trisse* effrayant.

Vous comprenez qu'j'étais pas su' l'train d'aller m'coucher su' c'te vision infernale-là. Le jour se l'vait; j'me dis que j'avais *autant d'acquêt* d'pas rentrer. Pour lorse, j'traversais l'village, au pas, pour amuser l'temps, quand j'rencontre le p'tit Amable Godon qui venait au village d'si fin matin *qu'ri d'la fleur*[21]. Eh ben! i'm'dit-i' pas qu'en partant d'chez eux il avait entendu un bruit d'enfer aux Roches-Rouges, de l'autre côté du lac! Comme j'avais justement vu *driller* mes danseux de c'côté-là, vous crairez qu'ça a pas lambiné pour donner une portion à Fifine et pour gagner les Roches-Rouges.

À c'te heure, crayez-moé ou ben crayez-moé point, v'là c' que j'ai vu. La glace était défoncée et, au ras des Roches, y'avait du sang sur la neige avec des traces de griffes. La famille du renégat Cauchois était venue finir là son sabbat avec le iable qui les avait *nayés*!

---

19. *Parlament entour nos deux*, en 1899.
20. Mort.
21. De la farine.

Y a trente ans d'ça, mes enfants. Eh ben! allez demain aux Roches-Rouges du lac Simon, qui ont été baptisées «la Roche du Manitou» d'puis c'temps-là; vous voirez le rigodon du iable et toutes les faces râleuses su' la pierre, marquées d'dans. Canard-Blanc et les aut'sauvages du lac Simon ne tire-raient pas une pardrix sur c'te pointe-là pour an'terre en bois d'bout'. C'est eux autres qui l'ont appelée la Roche du Ma-nitou. Moé, j'sais ben qu'c'est pas l'manitou, mais l'iable qui a fait c'saccage-là, l'iable en parsonne qui a été *nayer* ceuses qui avaient dansé su' l'carême... Et pis vous voudriez à c'te heure que j'vous laisse danser après mènuit, su' l'Mécardi des Cen-dres?... *C'pas sacrant!*

Poméla, achève de *brailler*, et arrive prendre un coup avec nous autres. Voyons, Ti-Pite, innocent, tu comprends donc pas que ça veut dire de passer le flacon[22]! «À la vôtre, et ensemble, pour montrer qu'y a personne de fâché.»

(*Au pays de Québec*, 1945; paru d'abord
dans *Le Monde illustré*, 18 février 1899)

---

22. *Diche*, en 1899.

Bibliographie

AUBERT DE GASPÉ, Philippe-Ignace-François, «L'Étranger», dans *L'influence d'un livre. Roman historique*, Québec, Imprimé par William Cowan & fils, 1837, 122 p. [v. p. 36-47].

AUBERT DE GASPÉ, Philippe-Joseph, «Une nuit avec les sorciers», dans *Les anciens Canadiens*, publié par la direction du «Foyer canadien», Québec, Desbarats et Derbishire, 1863, 411 p. [v. p. 39-57].
——, «La légende du père Romain Chouinard», dans Mémoires, Québec, G.-E. Desbarats, 1866, 411 p.

BEAUGRAND, Honoré, «La chasse-galerie», dans *La chasse-galerie. Légendes canadiennes*, Montréal, [s. é], 1900, 123 p. [v. p. 9-34].
——, «La bête à grand'queue», dans *La chasse-galerie. Légendes canadiennes*, Montréal, [s. é.], 1900, 123 p. [v. p. 43-54].
——, «Le fantôme de l'avare», dans *Le Courrier de Montréal*, vol. I, n° 46 (25 août 1875), p. 1-2.

DICK, Wenceslas-Eugène, «Un épisode de résurrectionnistes», dans *L'Opinion publique*, vol. VII, n° 19 (11 mai 1876), p. 224.
——, «Une histoire de loup-garou», dans *L'Opinion publique*, vol. X, n° 35 (28 août 1879), p. 412-413.

DUCHARME, Charles-Marie, «À la Sainte-Catherine», dans *Ris et croquis*, Montréal, C.O. Beauchemin & fils, 1889, 464 p. [v. p. 271-280].

FAUCHER DE SAINT-MAURICE, Narcisse-Henri-Édouard, «Le feu des Roussi», dans *À la brunante. Contes et récits*, Montréal, Duvernay frères et Dansereau, 1874, 347 p. [v. p. 95-119].

FRÉCHETTE, Louis, «Le revenant de Gentilly», dans *Canada-Revue*, vol. III, n° 1 (janvier 1892), p. 9-11
———, «La maison hantée», dans *Le Monde illustré*, vol. XIV, n° 729 (23 avril 1898), p. 822-823 [parut d'abord sous le titre «Le sorcier de Saint-Ferdinand», dans *Canada-Revue*, vol. III, n° 2 (février 1892), p. 24-26].
———, «Coq Pomerleau», dans *La Presse*, vol. XVI, n° 44 (23 décembre 1899), p. 2.
———, «Les marionnettes», dans *L'Almanach du peuple Beauchemin*, Montréal, Beauchemin, 43e année (1912), p. 268-273 [parut d'abord sous le titre «Le Money Musk», dans *La Patrie* (supp. de Noël), 23 décembre 1899, p. 2].
———, «Le loup-garou », dans *L'Almanach du peuple Beauchemin*, Montréal, Beauchemin, 31e année (1900), p. [104]-132 [parut d'abord en anglais dans *Christmas in French Canada*, Toronto, George N. Morang & Company Limited, 1899, p. 241-262].

LABERGE, Charles, «Conte populaire», dans *L'Avenir*, vol. II, n° 16 (19 février 1848), p. 1.

LEMAY, Pamphile, «Fantôme», dans *La Revue nationale*, vol. II (1895), p. [563]-578.
———, «Un loup-garou», dans *La Revue canadienne*, vol. XXXII (avril 1896), p. [235]-252.
———, «Sang et or», dans *Contes vrais*, Québec, Imprimé par la Cie d'imprimerie « Le Soleil », 1899, 259 p. [v. p. [161]-197].

LÉVESQUE, Guillaume, «La croix du Grand Calumet», dans *L'Écho des campagnes*, vol. II, n°s 1-2 (18 et 25 novembre 1847), p. 1.

MONTIGNY, Louvigny Testard de, «Le rigodon du diable», dans *Le Monde illustré*, vol. XIV, n° 722 (18 février 1899), p. 662-663 [parut d'abord dans *La Presse*, vol XIV, n° 93 (22 février 1898), p. 5].

MORISSETTE, J.- Ferdinand, «Le diable au bal», dans *Au coin du feu. Nouvelles, récits et légendes*, Montréal, Imprimerie Piché frères, 1883, 113 p. [v. p. [21]-31].

OLIVIER, Louis-Auguste, «Le débiteur fidèle», dans *La Revue canadienne*, vol. I (1845), p. 129-131.

POITRAS, Alphonse, «Histoire de mon oncle», dans *La Revue canadienne*, vol. I, n° 10 (8 mars 1845), p. 83-84.

STEVENS, Paul, «Les trois diables», dans *Contes populaires*, Ottawa, G.-E. Desbarats, imprimeur-éditeur, 1867, XIII, 252 p. [v.p. 51-65] [parut d'abord, dans *L'Écho du cabinet de lecture paroissial*, vol. IV, n° 17 (1er septembre 1862), p. 393-397].

TACHÉ, Joseph-Charles, «Ikès le jongleur», dans *Forestiers et voyageurs*, Montréal, Librairie Saint-Joseph, Cadieux et Derome, 1884, 240 p. [v. p. 89-101] [parut d'abord dans *Les Soirées canadiennes*, vol. III (1863), p. 99-113].

———, «Le Noyeux», dans *Forestiers et voyageurs*, Montréal, Librairie Saint-Joseph, Cadieux et Derome, 1884, 240 p. [v. p. 148-153] [parut d'abord dans *Les Soirées canadiennes*, vol. III (1863), p. 161-166].

Table des matières

CHEZ LE MÊME ÉDITEUR

Les meilleurs romans québécois du xixᵉ siècle

2 volumes

Les meilleures nouvelles québécoises du xixᵉ siècle

AGMV Marquis

MEMBRE DE SCABRINI MEDIA

Québec, Canada
2001